Ronny Müller

RUMÄNIEN

REISE Stein HANDBUCH

Rumänien

3. überarbeitete und erweiterte Auflage 1997

Dieses ReiseHandbuch wurde konzipiert und redaktionell erstellt vom
Conrad Stein Verlag, Eichkoppelweg 51, 24119 Kronshagen,
☎ 0431/545-8888, FAX 0431/545-8800, e-mail: SteinVerlag@t-online.de,
internet: http://home.t-online.de/home/SteinVerlag,
für die ReiseHandbuch Stein KG, Kronshagen.

Auslieferung für den Buchhandel: (D) Rotation, Berlin, und alle Barsortimente,
(CH) AVA-buch 2000, Affoltern, (A) Freytag & Berndt, Wien

Der Autor ist für Hinweise und Verbesserungsvorschläge unter Angabe der Auflagen- und Seitennummer an den Verlag dankbar. Leser, deren Einsendung verwertet wird, werden in der nächsten Ausgabe genannt und erhalten als Dank ein Belegexemplar der neuen Auflage oder ein anderes Buch ihrer Wahl aus dem Programm des Conrad Stein Verlags.

Text und Fotos — Ronny Müller
Karten und Pläne — Franny Petersen-Storck, Carsten Tolkmit, Thorbjörn Gill
Lektorat — Anette Reese
Druck — Norddruck Neumann KG, Kiel

Das Titelfoto zeigt den Ortseingang von Turnu Roşu.

Von Ronny Müller ist außerdem im Conrad Stein Verlag erschienen: ReiseHandbuch *Bulgarien*.

Dieses ReiseHandbuch hat 217 Seiten mit 6 schwarzweißen und 13 farbigen Abbildungen sowie 17 Karten und Plänen und 4 Länderskizzen. Es wurde auf chlorfrei gebleichtem Papier gedruckt.

ISBN 3-89392-244-X

002680

Inhalt

Symbole

	Achtung
	Angeln
	Apotheke
	Aussicht
	Auto
	Baden / Swimmingpool
	Bahn(hof)
	Bootstour
	Buchtip / Bibliothek
	Burg
	Bus(bahnhof)
	Café
	Campingplatz
	Elektrizität
	Fahrrad(verleih)
	Flug(hafen)
	Jagd
	Fototip
	Grenzübergang
	Hospital / Erste Hilfe
	Hotel / Motel / Pension
	Informationszentrum
	Hanul / Cabana
	Kanu- / Bootsfahrten
	Kirche / Kloster
	Klima
	Krämerladen
M	Metro
	Moschee
⌘	Museum / Galerie
	Öffnungszeiten
P	Parken
	Polizei
	Post
	Reiten
	Restaurant
	Schiff / Fähre
	Schutzhütte
	Seilbahn
	Sessellift
	Ski-Abfahrt
	Ski-Langlauf
	Staudamm
	Surfen
	Tankstelle
	Tennis
	Theater
	Tierreservate
☺	Tip
	Universität
FUN	Unterhaltung
	Wandern
	Wildcampen

☺ Aktualisierungen zu diesem ReiseHandbuch und anderen Büchern finden Sie in der Homepage des Conrad Stein Verlags im Internet:

http://home.t-online.de/home/SteinVerlag

Vorwort

Rumänien nimmt eine **Sonderstellung** unter den Ländern des ehemaligen Ostblocks ein. Vieles war hier anders und ist auch noch anders. Da sich das Land noch immer recht schwer mit der Demokratie tut, hat der Westen kein direktes Interesse daran, dort wirtschaftlich einzusteigen. Dies führt natürlich dazu, daß sich die in Rumänien herrschende Armut nicht verbessert, sondern sich in einigen Gegenden eher noch verschlimmert. Das Land tritt außer bei etwaigen Unruhen oder Naturkatastrophen kaum in Erscheinung.

Der Tourist sollte wissen, daß trotz der politischen Spannungen kaum eine Gefahr für ihn besteht, da die Menschen aller politischen Strömungen nichts gegen ausländische Touristen einzuwenden haben, im Gegenteil, sie sind stolz darauf, daß sich Leute für ihr Land interessieren.

Die **Gastfreundschaft** der Rumänen ist sprichwörtlich und in wohl keinem anderen europäischen Land so ausgeprägt. Selbstverständlich gibt es auch hier Gauner, aber mit ein wenig Menschenkenntnis kommt man schnell dahinter, wer es gut mit einem meint und wer nicht.

Die **Versorgungslage** hat sich sehr verbessert. Es gibt zumindest in den Großstädten eigentlich alles zu kaufen. Leider sind die Preise für die einheimische Bevölkerung oft unerschwinglich. Immer noch katastrophal sind die hygienischen Zustände vor allem auf Campinglätzen. Aber auch hier tut sich etwas. Einige private Besitzer bemühen sich schon sehr, um den allgemeinen Gepflogenheiten gerecht zu werden. Auf keinen Fall sollte aber ein westeuropäischer Maßstab angesetzt werden. Wer ein wenig wegstecken kann, ist bestimmt in diesem Land im Vorteil.

Was veranlaßt den Touristen, dieses Land trotzdem zu besuchen? Zum Teil liegt es an der **Gastfreundschaft**. Es kann schnell passieren, daß Sie kurzerhand ins Haus eines Einheimischen eingeladen werden. Vor allem auf dem Land mit seinen althergebrachten Bräuchen und den vielen alten Höfen ist der Reisende oft erstaunt, was ihm hier alles aufgetischt wird: selbstgebrannter Schnaps, Fleisch, Suppen und vieles mehr. Interessant ist auch die Zubereitung der Speisen, die der unserer Großmütter entspricht.

Anders als in Ungarn, wo **Zigeuner** nur vor Touristen ihre Musik, die oftmals gar nichts mehr mit der traditionellen Zigeunermusik zu tun hat, spielen, kann es Ihnen in Rumänien durchaus passieren, daß Sie in einem Wirtshaus Zeuge eines richtigen Zigeunerkonzertes werden. So sehr die Zigeuner oft auch beschimpft werden, als Musiker sind Sie überall gern gesehen, und es gibt wohl kaum eine rumänische Hochzeit, wo nicht eine Zigeunerkapelle aufspielt.

Das Reizvollste an Rumänien ist seine überaus vielfältige **Natur**. Unberührte Wälder, einsame Gebirge, das einzigartige Donaudelta und viele andere Naturschönheiten machen das Land zum bevorzugten Ziel von Trekkern, Wanderern, Bergsteigern und Wassersportlern. Wer Ruhe sucht und eine Pflanzen- und Tierwelt, die man in Europa sonst nicht kennt, erleben möchte, ist in diesem Land richtig. Ein teures Auto und gute Kleidung sind hier meist fehl am Platze. Nur der Besucher, der sich mit Rucksack und Zelt auf den Weg macht, wird die Naturschönheiten in vollem Umfang erleben können. Es kann vorkommen, daß mehrere Tage kein Mensch zu sehen ist. Wo gibt es das in Europa sonst noch?

Bären, Wölfe und Luchse sind nur einige der Tiere, die in großer Zahl in Rumänien vorkommen.

Wir können nur hoffen, daß die wunderschöne Natur in diesem Land nicht durch Massentourismus und Umweltverschmutzung das gleiche Schicksal erleidet wie andere Gebiete Europas.

Danke

Ein Dankeschön für wichtige Anregungen und Rückmeldungen geht an: Marco Grunert, Chemnitz; Bruno Ineichen, CH-Kreuzlingen; Gunther Knauthe, Berlin; Andreas Ollenburg, Lemgo; Marlise Willhardt, Duisburg.

Ronny Müller

Über den Autor

Ronny Müller war in fast allen Ländern jenseits des früheren Eisernen Vorhangs unterwegs und hat mehrere Gebirge dieser Region auf eigene Faust durchwandert.

Land und Leute

Lage

Rumänien liegt im Südosten des Kontinents, nördlich der Balkanhalbinsel. Die Länge der Rumänien umschließenden Grenzen beträgt rund 3.180 km. Davon entfallen im Norden bzw. im Osten 1.327 km an die Ukraine und Moldawien, im Westen 445 km an Ungarn, im Südwesten 544 km an Serbien und Vojvodina und im Süden 631 km an Bulgarien.

Das Schwarze Meer stellt den natürlichen Grenzverlauf im Südosten des Landes dar. Die Gesamtlänge der rumänischen Schwarzmeerküste beträgt rund 240 km.

Geographie

Die Oberfläche des Landes nimmt mit 237.000 km² den 12. Platz in Europa ein. Von seiner Größe her ist Rumänien etwa mit dem ehemaligen Jugoslawien vergleichbar.

Das Relief ist ungewöhnlich abwechslungsreich und vielseitig. Die riesigen, vor allem im Westen und Süden Rumäniens gelegenen Ebenen bedecken 36% des Landes. Hügel und Hochland machen etwa 33% der Oberfläche aus.

Die **Karpaten**, die das Land in einer Bogenform auf einer Länge von 900 km durchziehen, bestimmen zum größten Teil die Oberflächenstruktur. 31% Rumäniens sind von Gebirge bedeckt. Die höchsten Gipfel liegen in den Südkarpaten, den sogenannten Transsilvanischen Alpen. Mit seinen über 2.500 m hohen Bergen hat dieses Gebirge in vielen Abschnitten alpinen Charakter.

Um das 400 bis 600 m hoch gelegene, in der Mitte Rumäniens befindliche Siebenbürgische Hochland schließt sich gürtelartig der Kranz der Karpaten an. Im Osten bzw. im Südosten liegen die Hochländer der Moldau und der Dobrudja. Sie liegen auf ähnlicher Höhe wie das Siebenbürgische Hochland.

Am südlichen und östlichen Rand der Karpaten erstreckt sich das sogenannte Karpatenvorland. Diese Erhebungen erinnern stark an die Karpaten selbst, sind aber mit einer Höhe von 500 bis 1.000 m deutlich niedriger.

Das Westgebirge verkörpert durch seine Harmonie der menschlichen Behausungen und sanften Hügel besonders das Idealbild der rumänischen

Landschaft. Diese Berge gehören geologisch gesehen nicht zu den eigentlichen Karpaten.

Einen Kontrast zum Gebirge bildet das **Schwarze Meer**. Der südliche Teil des Strandes ist besonders gut zum Baden geeignet, was natürlich von der Tourismusindustrie des Landes genutzt wurde und immer noch wird.

Im nördlichen Küstenabschnitt liegt eine Gruppe von herrlichen Lagunenseen. Diese Seen gehören fast schon zu dem sich noch weiter im Norden befindlichen Donaudelta.

Das **Donaudelta** ist eine in Europa einmalige Landschaft. Seine gesamte Fläche beträgt 5.640 km^2, wobei 4.340 km^2 zu Rumänien und 1.300 km^2 zur Ukraine gehören. Im Delta leben 300 verschiedene Vogelarten. Darüber hinaus ist das Delta reich an anderen Tier- und Pflanzenarten. Das Delta wird, wie der Name schon sagt, von der Donau gebildet. Dieser Fluß ist der längste rumänische Strom; er berührt auf einer Länge von 1.075 km rumänisches Gebiet.

Weitere bedeutende **Flüsse** sind: Mureş (768 km), Olt (737 km), Prut (716 km), Siret (596 km), Somes (388 km) und der Argeş (344 km).

Es gibt 2.300 **Seen** im ganzen Land, die oft jedoch ziemlich klein sind. Nur die Lagunenseen haben recht beachtliche Ausmaße. So ist die Lagune Razim z.B. 394 km^2 groß. Auch viele **Stauseen** wurden gebaut. Sie sind oft recht malerisch gelegen. Der größte See dieser Art ist der Bicaz-Stausee in den Ostkarpaten.

Zudem gibt es in Rumänien geologische Kuriositäten wie Höhlen, "Schlammvulkane", brennende Erdgasausströmungen, steppenartige Gebiete und vieles mehr.

Klima

In Rumänien herrscht ein gemäßigtes kontinentales Klima vor, d.h. z.T. sehr warme **Sommer** mit oftmals 40 Grad im Schatten. Besonders im südlichen Tiefland ist es sehr heiß. Dagegen sind die **Winter** oft lang und kalt. In einigen Gebieten wurden schon Temperaturen von -40 Grad gemessen. In den Bergen regnet es oft.

Die **Durchschnittswerte** betragen im Sommer 23 Grad und im Winter -3 Grad. Durch die Unterschiede in der Oberflächenstruktur weichen die Werte regional oft stark von den Mittelwerten ab.

Flora und Fauna

Rumäniens größter Naturreichtum sind die einzigartigen dichten, oft undurchdringlichen **Wälder**. Vor langer Zeit bedeckten sie das gesamte Land, während sie heute nur noch 27% der Oberfläche einnehmen. 70% des Waldes besteht aus Laubbäumen, der Rest sind Nadelhölzer.

Rumänien ist mit einem großen pflanzlichen Artenreichtum gesegnet. Hier finden sich Arten, die nur noch selten oder gar nicht mehr in Europa zu finden sind. Einige Pflanzen sind für Rumänien typisch, ja sogar einmalig auf der Welt. Die **Königsteinnelke** wächst z.B. nur auf dem 100 km² großen und bis über 2.000 m hohen Piatra Craiului-Massiv (auch "Königstein" genannt). Die Pflanze ist außer an diesem Standort nirgendwo sonst auf der Welt zu finden.

Auf Feldern wachsen noch die bei uns schon fast vergessenen Feldblumen.

In den riesigen Wäldern begegnet uns eine Tierwelt, die es in vielen Ländern Europas seit Jahrhunderten nicht mehr gibt.

Der König der rumänischen Wälder ist der **Bär**. Etwa 6.000 Tiere sind dort noch heimisch. Trotzdem gehört schon eine Portion Glück dazu, um dieses prächtige Tier zu Gesicht zu bekommen. Wölfe, Luchse und Wildkatzen kommen oft in recht großer Anzahl vor und vervollkommnen den Wildreichtum der rumänischen Wälder.

Weiterhin sind Gemsen, die mächtigen Karpatenhirsche, Auerhähne, Marder, Marderhunde, Wildschweine und viele andere Tiere vertreten.

Die Vielfalt der **Vogelwelt**, vor allem im Donaudelta, ist bekannt. Ca. 300 Arten leben dort, wobei der Pelikan der interessanteste sein dürfte. Im Gebirge trifft man auch den Adler. Der Geier ist vereinzelt zu sehen, jedoch als Brutvogel in Rumänien ausgestorben. In den Gewässern tummeln sich eine große Anzahl von **Fischen** (Welse, Karpfen, Forellen usw.). Der Fischreichtum ist im Donaudelta am größten. Am auffälligsten sind der Stör, der Hausen und im Schwarzen Meer Delphine, Heringe und Seebarsche.

Bevölkerung

Rumänien hat ungefähr 23 Millionen Einwohner. Die Bevölkerungsdichte beträgt 97,7 Einwohner/km². Rund 50% von ihnen leben auf dem Land. Die letzte Volkszählung von 1977 ergab folgende Zusammensetzung der

Bevölkerung: 88,1% Rumänen, 7,9% Ungarn, 1,6% Deutsche und 2,4% Angehörige anderer Nationalitäten.

Mentalität

Die Mentalität der Rumänen ist typisch für Südländer. Es wird Wert auf geselliges Beisammensein gelegt, man trinkt gern einen guten Tropfen, diskutiert und tanzt gern. In den Großstädten geht es meist sehr hektisch zu.

Man ist mir bis jetzt immer höflich und hilfsbereit in schwierigen Situationen entgegengekommen. So haben mich einfache Bauern stundenlang begleitet, um mir einen bestimmten Weg zu zeigen. Die Gastfreundschaft der Rumänen, vor allem in entlegenen Gebieten, ist einfach beeindruckend und wirkt bei unserer mitteleuropäischen Kälte oft sogar peinlich.

In Rumänien gibt es eine große Anzahl von **Zigeunern**, die oft noch so leben, wie man es aus den Filmen kennt: als Kesselflicker oder in einem anderen traditionellen Beruf. Viele von ihnen reisen mit Planwagen durch das Land. In letzter Zeit haben einige wohlhabendere Zigeuner den alten Pferdewagen durch einen gebrauchten westlichen Wagen ersetzt.

Wieviele von ihnen in Rumänien leben, ist nicht genau bekannt. Die Schätzungen gehen von ein bis drei Millionen aus. Leider sind auch in diesem Land Zigeuner nicht allzu beliebt; Mißstände und Konflikte werden oftmals ihnen in die Schuhe geschoben.

Die Anzahl der **deutschen Einwohner** dürfte stark gesunken sein, da viele Rumänien verlassen haben, um nach Deutschland auszuwandern.

Im Donaudelta lebt die Volksgruppe der **Lippovener**. Sie kommen aus Rußland und fanden vor langer Zeit Zuflucht auf rumänischem Boden. Ihre alten Traditionen haben sich diese oft recht verschlossenen Menschen bis heute bewahren können.

Religion

Vor allem die Rumänen sind fast ausschließlich **orthodox**. Einige gehören aber auch der unierten Kirche an, die während der Herrschaft der Kommunisten verboten war.

Die Ungarn sind vorwiegend **katholisch**, während die Deutschen im Land der **evangelischen Kirche** angehören.

Überdies leben in Rumänien 25.000 **Juden** und etwa 40.000 **Moslems**.

Sprache

Im ganzen Land wird **Rumänisch** gesprochen. Der Ursprung dieser Sprache geht auf die Vereinigung des rumänischen Urvolkes, der **Geto-Daker**, mit den damals anwesenden **Römern** zurück. Rumänien ist das einzige Land im Osten, das das Erbe der Sprache der römischen Besetzer bis heute erhalten hat. Es existieren jedoch auch noch viele Wörter, die an die alte Sprache der Geto-Daker erinnern.

Auch **slawische, ungarische** sowie **türkische Elemente** kommen vor. In den Gebieten der Minderheiten wird natürlich auch die entsprechende Muttersprache gesprochen.

Seit etwa 120 Jahren wird Lateinisch geschrieben; davor benutzte man kyrillische Buchstaben.

Wer in Rumänien reist, kommt mit der **deutschen Sprache** recht gut zurecht (zumindest in Transsilvanien). Sehr gern wird auch **Französisch** und **Englisch** gesprochen; besonders bei der Jugend sind diese Sprachen recht beliebt.

Da **Italienisch**, bedingt durch seine Entstehung, der nächste Verwandte des Rumänischen ist, kann das Beherrschen dieser Sprache nur von Vorteil sein. Sie sollten sich jedoch nicht scheuen, ein wenig Rumänisch zu lernen. Das Erlernen selbst dürfte kaum Probleme bereiten.

Am Ende dieses ReiseHandbuches finden Sie ein kleines Wörterbuch mit wichtigen Vokabeln und Redewendungen (☞ Sprachführer).

📖 Eine vorzügliche Hilfe ist der *Sprachführer Rumänisch* aus dem Langenscheidt Verlag, da das Buch recht übersichtlich gestaltet ist. ISBN 3-468-22281-5, DM 16,80.

♦ Empfehlen möchte ich *Rumänisch - Wort für Wort* aus dem Peter Rump Verlag. Ein sehr praxisbezogener Führer mit vielen Erklärungen, die in anderen Büchern nicht zu finden sind. ISBN 3-89416-241-4 (Paperback, 1995), DM 14,80.

Geschichte

Das Gebiet des heutigen Rumäniens war schon im Paläolithikum besiedelt. 1.800 v.Chr. bewohnte eine **indoeuropäische Bevölkerung** den Karpatenraum.

Am Anfang der Eisenzeit konnte man bereits eine **nordthrakische Bevölkerungsgruppe**, die sich innerhalb des Karpatenbogens angesiedelt hatte, von einer **südthrakischen, getischen Bevölkerung** unterscheiden, die südlich vom und außerhalb des Karpatenbogens lebte. Beide Gruppen waren eng miteinander verwandt. 700 v.Chr. gründeten **griechische Kolonisten** in der Dobrudja die Hafenstädte Histria und Tomis. Die einheimischen Bewohner standen somit unter dem starken Einfluß der hellenistischen Kultur, was sich auch auf ihre spätere Entwicklung auswirken sollte.

Ungefähr 50 v.Chr. fand erstmals unter dem Dakerkönig Burebista eine **Vereinigung von Dakern und Geten** zu einem gemeinsamen Staatsgebilde statt.

Zur Zeit der römischen Eroberungen kam es immer wieder zu Auseinandersetzungen zwischen **Römern** und Dakern. Unter dem Dakerkönig Decebal, der erneut die dakischen Stämme vereinte, kam es dann zu schweren Kämpfen mit den römischen Legionen, da die Daker immer wieder in römisch besetztes Gebiet südlich der Donau, das heutige Bulgarien, einfielen.

Der römische Kaiser Trajan (98-117) versuchte in zwei unter großen Verlusten geführten Feldzügen, Dakien zu erobern. Nach dem heroischen Tod Decebals wurde das gesamte dakische Reich römische Provinz. Nicht weit von der alten Hauptstadt der Daker, Sarmizegetusa, entfernt, wurde von den Römern die neue Hauptstadt der Provinz Dakien, Colonia Ulpia Traiana Dacia Sarmizegetusa, gegründet.

Um den **Sieg Roms** zu bekräftigen, baute man in der Nähe des heutigen Adamclissi das Siegesdenkmal Tropaeum Traiani, das auch heute noch zu sehen ist.

Die Römer errichteten überall Gebäude, gründeten Bäder und führten im gesamten Dakien ihre Kultur ein, die mit der Zeit in immer größerem Ausmaß von der einheimischen Bevölkerung übernommen wurde.

Trotz dieses geistigen und wirtschaftlichen Aufschwungs, den die römische Besetzung Dakien brachte, bedrängten die Daker die Römer so sehr, daß diese um 271 Dakien aufgaben und das Land verließen. Mit dem Abzug der Römer verfielen auch die Städte und Kulturbauten; zurück blieb eine romanisierte dakische Bevölkerung.

Danach zogen viele Völker nach Dakien oder durchquerten es lediglich. Zu nennen wären die Goten, die Hunnen und die Awaren.

Die Ansiedlung **slawischer Stämme** stellte erneut einen bedeutenden Einschnitt in das Leben Dakiens dar. Zu dieser Zeit setzte auch die Christianisierung weiter Teile des Landes ein. Um 800 n.Chr. nahm das rumänische Volk seine endgültige Form an.

Es entstand eine völlig eigenständige, sich von den übrigen romanischen Völkern unterscheidende Nation.

Im 10. Jahrhundert begannen die **Magyaren** Transsilvanien zu erobern. Sie drangen im 12. Jahrhundert bis an die Karpatengrenze vor.

Ein großer Teil des rumänischen Gebietes stand jetzt unter dem Einfluß der Ungarn. Diese Besetzung behinderte die Entwicklung des rumänischen Volkes.

Südlich und östlich der Karpaten, in der Moldau und der Walachei, gerieten die Rumänen unter den Einfluß der **Tataren**, die mehrmals in das Land einfielen. Als die Macht des bulgarischen Reiches sank, bekam Rumänien wieder direkten Kontakt mit dem Byzantinischen Reich.

Zum Schutz ihrer Grenzen und zur Urbanisierung Transsilvaniens holten sich die Ungarn im 12. Jahrhundert Siedler aus Flandern und eventuell auch aus dem Rhein-Mosel-Gebiet. Die heute unter dem Namen **Siebenbürger Sachsen** bekannten Zugezogenen haben allerdings mit Sachsen nichts zu tun. Sie siedelten sich im Raum Braşov (Kronstadt), in Sibiu (Hermannstadt) und im Kokelgebiet an. Die Siebenbürger Sachsen genossen weitreichendere Privilegien als die einheimische Bevölkerung.

Eine verheerende Katastrophe stellte 1241 der Einfall der **Mongolen** ins Land dar, bei dem zahlreiche Städte zum Teil stark zerstört wurden.

Durch die Krise im ungarischen Reich und den Untergang der Arpaden-Dynastie sowie einiger anderer Umstände wurde die Bildung eines rumänischen Staates, der Ţara Româneasca, südlich der Karpaten begünstigt.

Als **Basarab der Große** (1317-1352) einige Gebiete von den Tataren befreite und bis in die Region nördlich der Donaumündung vordrang, die nach ihm Bessarabien genannt wurde, und er vor allem in von den Ungarn besetztes Gebiet vorstieß, zwang er den ungarischen König Karl I. Robert zum Feldzug gegen ihn. Dieser endete mit Karls Niederlage, und daraufhin wurde die Walachei von Ungarn unabhängig. Kaum waren die Staaten der Moldau und der Walachei gegründet, standen die **osmanischen Heere** an der Schwelle der rumänischen Staaten.

Mircea der Alte führte als erster mit der Hilfe aller Rumänen den Kampf gegen die Türken, um die Unabhängigkeit Rumäniens zu erlangen. Den Türken ist es nie gelungen, nördlich der Donau direkt und fest Fuß zu fassen.

Jancu de Hunedoara, der eine Zeitlang Reichsverweser von Ungarn war, kämpfte mit Ungarn und Rumänen mehr oder weniger erfolgreich gegen die türkischen Heere. Nach seinem Tode trat ein Fürst in Erscheinung, der wohl bis heute jedem bekannt sein dürfte, wenn auch in einem verfehlten Zusammenhang: Die Rede ist von Vlad Ţepeş, dem Pfähler (1456-1462), besser bekannt unter dem Namen **Dracula**.

Er weigerte sich, weiter an die Türken Abgaben zu zahlen. 1461 unternahm er einen äußerst brutalen Feldzug entlang der Donau. Dabei ließ er gepfählte Türken überall dort aufstellen, wo er seinen Fuß hinsetzte. Diese Methode sowie seine wirkungsvollen Angriffe schlugen die Türken panikartig in die Flucht.

Um diese Zeit tritt die **Moldau** immer mehr in Erscheinung. Stephan der Große (1457-1504) errang mehrere bedeutende Siege gegen das osmanische Heer, so daß sich Mohammed II. aus der Region zurückziehen mußte. Trotz dieser großen Erfolge war der Einfluß des Osmanischen Reiches auf die einzelnen rumänischen Teilstaaten sehr groß.

Gegen **Ende des 15. Jahrhunderts** schlossen sich die Oberhäupter Siebenbürgens, der Walachei und der Moldau zusammen, um gegen die Türken zu operieren. Man drang bis an das Balkangebirge vor. Als Siebenbürgen eine Verständigung mit der Pforte suchte, besetzte Michael der Tapfere (1593-1601), ein walachischer Fürst, Siebenbürgen.

Zudem unternahm er Vorstöße in die Moldau und stürzte den Thron. Michael verwirklichte zum erstenmal eine Vereinigung der drei rumänischen Staaten, wenn auch nur für kurze Zeit. Er ging damit in das Bewußtsein des rumänischen Freiheitskampfes bis in die neuere Zeit ein.

Im **16. und 17. Jahrhundert** erlebte Rumänien eine starke kulturelle Entwicklung, in deren Verlauf zahlreiches Schriftgut, vor allem Kirchenschriften, ins Rumänische übersetzt wurden.

Gegen Ende des 17. Jahrhunderts fand die Eingliederung Siebenbürgens ins **Habsburger Reich** statt.

1784 kam es zu einem großen Aufstand der Leibeigenen. Um diese Zeit festigte sich der Kontakt zum Westen immer mehr.

Es entstand erneut der Drang nach **nationaler Unabhängigkeit**. Die um 1821 durchgeführte Revolution endete in einem politischen Streit sowie mit dem Tod des Revolutionärs Tudor Vladimirescu. Auch die Erhebung von 1848 scheiterte trotz ihrer klaren Ziele. Im Jahre 1877 erringt Rumänien endlich seine staatliche Unabhängigkeit. Nach dem Untergang der österreichisch-ungarischen Monarchie findet am 1.12.1918 eine riesige Volksversammlung in Alba Iulia mit der Verkündung der **Einheit der rumänischen Teilstaaten** statt.

Während der Zeit des **Dritten Reiches** knüpfte Rumänien enge Beziehungen zu Deutschland. Das Wiener Diktat zwang Rumänien, Nord-Siebenbürgen an Ungarn sowie Bessarabien und einen Teil der Bukowina an die damalige Sowjetunion abzutreten.

Der König mußte das Land verlassen, und eine faschistische Diktatur unter Führung des Marschalls Antonescu wurde errichtet.

An der Seite Deutschlands trat Rumänien in den **Zweiten Weltkrieg** ein. Am 23.8.1944 wurde die Militärdiktatur durch einen bewaffneten Aufstand gestürzt, und Rumänien kämpfte nun an der Seite der Alliierten gegen Deutschland.

Nach dem Krieg wurde der König zum Abdanken gezwungen, da Rumänien sich entschloß, den Weg des **Sozialismus** zu gehen. 1955 wurde Rumänien Mitglied des Warschauer Paktes. Nach dem Tod des Parteichefs Gheorghe Gheroghiu Dej 1965 übernahm **Nicolae Ceauşescu** die Staatsgeschäfte. Der Westen hoffte damals, einen Partner gefunden zu haben, der die Beziehung zur westlichen Welt verbessern und ausbauen wollte. Dies war zunächst auch der Fall.

Anfang der siebziger Jahre begann der Conducator ("Führer"), wie er sich bald nannte, eines der totalitärsten Systeme Osteuropas aufzubauen. Eine perfekt organisierte Geheimpolizei, die **Securitate**, kontrollierte und bespitzelte die gesamte Bevölkerung. Um das Ideal der vollkommenen Tilgung der Staatsschulden zu verwirklichen, wurde das ganze Land zum Sparen gezwungen. Die Versorgung mit Heizung, Strom und Lebensmitteln wurde stark reduziert.

Das Land verarmte zusehends; der ehemals blühende Agrarstaat wurde zum ärmsten Land Europas. Das Geld, das durch Exportgeschäfte nach Rumänien floß, wurde für völlig überflüssige gigantische Bauwerke verschleudert.

Nach dem langsamen Zusammenbrechen des Kommunismus in den letzten Jahren kam es im Dezember 1989 zu **schweren Auseinandersetzungen** zwischen der Bevölkerung und dem Regime. Die Armee schlug sich auf die Seite der Bevölkerung und der Conducator wurde in den letzten Dezemberwochen zusammen mit seiner Frau festgenommen und unmittelbar danach zum Tode verurteilt. Das Urteil wurde sofort vollstreckt.

Einige Beobachter vertreten die Ansicht, daß die gesamte Revolution vom rumänischen Geheimdienst organisiert worden sei, um den ihnen peinlich gewordenen Ceauşescu loszuwerden. Der Aufstand von 1989 kostete über 1.000 Menschen das Leben.

Leider ist bis heute keine gravierende Verbesserung der Lebensverhältnisse eingetreten, so daß Rumänien unbedingt der Hilfe westlicher Länder bedarf.

Kultur und Kunst

Kultur und Kunst wurden durch das Zusammentreffen der unterschiedlichsten Völker auf dem Boden des heutigen Rumäniens auf vielfältige Art und Weise geprägt.

Aus der Zeit der griechischen und römischen Kolonisten sind im ganzen Land, vor allem in der Dobrudja, die verschiedensten **Bauwerke** erhalten geblieben. Die antiken Städte Histria oder Tomis sind besonders beachtenswert.

Auch Teile der alten römischen Hauptstadt der Provinz Dakien wurden nach ihrer Entdeckung restauriert und stehen zur Besichtigung offen.

Besonders beeindruckend sind die Bauwerke des Mittelalters. Die Kirchenburgen Siebenbürgens sind in ihrer Größe und ihrer Anzahl wohl einmalig auf der Welt.

Ein besonderes Kleinod sind zudem die herrlichen Moldauklöster mit ihren bis heute erhalten gebliebenen Außenfresken. Sie wurden in das Unesco-Verzeichnis einmaliger Bauwerke aufgenommen. Auch die herrlichen, vollkommen aus Holz gefertigten Kirchen Rumäniens sind unbedingt sehenswert.

Bekannt ist auch der Brîncoveanu-Stil des frühen 18. Jahrhunderts. In der Nähe der Hauptstadt Bukarest sind einige Schlösser zu finden, die für diesen Stil typisch sind.

In der **Malerei** sind die Kirchen- und die Ikonenmalerei vorherrschend. Die moderne Malerei ist vor allem vom Realismus geprägt. Die meisten sehenswerten Bilder beherbergt die Nationalgalerie von Bukarest sowie das Brukenthal Palais in Sibiu. In Rumänien ist die sogenannte naive Malerei stark vertreten. Zahlreiche Künstler haben bereits Preise gewonnen. Ein Bildhauer von internationalem Rang ist Constantin Brancusi; von einigen Fachleuten wird er als Wegbereiter der abstrakten Bildhauerei bezeichnet. Seine Kunstwerke sind in vielen Museen der Welt zu sehen. In der rumänischen Stadt Tîrgu Jiu sind unter anderem seine berühmten Werke "Die unendliche Säule", "Das Tor des Kusses" sowie "Die Runde des Schweigens" ausgestellt.

In der **Musik** brachte Rumänien hervorragende Künstler hervor, von denen aber nur wenige im Ausland bekannt wurden. Der namhafteste Künstler dieser Richtung dürfte George Enescu (1881-1955) sein. Sein Musikstil ist stark von Elementen der Volksmusik beeinflußt.

Einige Interpreten und Dirigenten sind in der internationalen Musikszene aufgetreten.

In Rumänien wird zu jeder Zeit gern die recht feurige Volksmusik gespielt. Es gibt kaum ein gutes Restaurant, in dem abends nicht irgend jemand zum Tanz aufspielt. Besonders die Spielweise der Zigeuner ist unübertroffen, und sie sind daher gern gesehen.

Mihail Eminescu ist wohl der bekannteste rumänische **Dichter**, der sich international einen Ruf machte. In Deutschland ist aber auch der Schriftsteller Panait Istrati recht bekannt. Vor allem sein Werk "Die Disteln des Baragan" ist sehr populär. Die rumänische Avantgarde hat mit Tristan Tzara, Gellu Naum, Geo Bogza und vielen anderen Schriftstellern über die Landesgrenzen hinaus große Beachtung gefunden.

Ökologie

Obgleich Rumänien große Flächen unberührter Landschaften besitzt, ist an einigen Orten die Umweltsituation, gelinde gesagt, katastrophal. Vor allem Großstädte sind oft von einem stinkenden Industriegürtel umgeben. Auch die Flüsse in Ballungsgebieten gleichen häufig stinkenden Kloaken.

Leider kommt man nicht immer umhin, diese Schandflecken zu durchqueren. Sie sollten deshalb tüchtig aufs Gas treten, um diese Stätten möglichst schnell wieder zu verlassen.

In letzter Zeit schließen einige Betriebe, und in anderen Anlagen werden mit westlicher Hilfe Filter eingebaut. Besonders dramatisch ist die Situation aber immer noch in folgenden Städten: Hunedoara, Reşiţa, Petrosani, Copsa, Mică und Baia Mare. Einziger Trost: Wenige Kilometer außerhalb ist (bzw. erscheint) die Welt wieder in Ordnung.

Ein großes Problem ist auch die starke Verschmutzung auf Campingplätzen und in Urlaubsorten. Viele Rumänen können sich einfach nicht daran gewöhnen, ihr Papier in die dafür vorgesehenen Behälter zu werfen. Auch werden an Zeltplätzen skrupellos Bäume für das nächtliche Lagerfeuer geschlagen. Hier muß sich in den Köpfen der Bevölkerung noch einiges tun. Es gibt aber auch in Rumänien Umweltgruppen, die versuchen, auf diesen Mißstand und andere Probleme aufmerksam zu machen. Mit welchem Erfolg wird die Zukunft zeigen.

Politik

Nach dem Sturz der Ceauşescu-Diktatur im Dezember 1989 wurden von der **Front zur Nationalen Rettung** einige Abschnitte der Verfassung von 1965 geändert oder aufgehoben. Die Machtstrukturen des alten Systems wurden abgeschafft. Nach den neuen Bestimmungen darf z.B. der Präsident des Landes nur noch für höchstens zwei Mandate kandidieren.

Zudem trägt das Land wieder den Namen **România** (früher: Sozialistische Republik Rumänien) und aus der Landesflagge wurde das Staatswappen entfernt. Leider tut sich Rumänien jedoch noch recht schwer mit der Demokratisierung, denn das Erbe der Diktatur hat viele Wunden in das gesellschaftliche Leben des Landes gerissen. Man kann nur hoffen, daß Rumänien seinen Platz im geeinten Europa findet.

Bei den Wahlen 1996 hat sich etwas in der politischen Landschaft Rumäniens bewegt. Dem Herausforderer Ion Iliescu war es nicht gelungen, eine Mehrheit zu erlangen. Sein Herausforderer, der konservative Emil Constantinescu, lieferte sich ein Kopf-an-Kopf-Rennen mit dem bisherigen Präsidenten, so daß sich das rumänische Volk zwei Wochen später in einer Stichwahl für Constantinescu entschied. So wird das erste Mal nach der Revolution von 1989 kein Ex-Kommunist Präsident des Landes. Constantinescu hat viel versprochen. Ob es ihm gelingt, die Lebensverhältnisse in Rumänien zu verbessern, zeigen die nächsten Jahre.

Vor einigen Jahren kam es immer wieder zu **Unruhen**, weil der wirtschaftliche Aufschwung noch auf sich warten ließ. Mitunter arteten diese Protestaktionen in Gewalttätigkeiten aus. Manche "Experten" behaupten, daß die Revolution des Jahres 1989 noch nicht die letzte auf rumänischem Boden war. Eine unmittelbare Gefahr besteht für Touristen nicht. Demonstrationen sollten Sie fernbleiben, solange Sie nicht wissen, um was es geht. Seit einiger Zeit hat sich die Lage aber stabilisiert, was aber nicht heißt, daß die Probleme aus der Welt sind.

Wirtschaft

Die ökonomische Situation ähnelt in ihrer Suche nach neuen Wegen der politischen. Die gesamte **Wirtschaft** ist infolge der schlechten Organisation, total veralteter Produktionsanlagen sowie einer vollkommenen Unausgeglichenheit innerhalb der einzelnen Zweige international nicht wettbewerbsfähig. Dieser Mißstand kann nur mit Hilfe von langfristigen Investitionen und Krediten der hochentwickelten Länder beseitigt werden.

Die wichtigsten **Bodenschätze** sind: Erdöl (1989 9,2 Mio t), Erdgas (1989 22,2 Mrd t) und Kohle (61,3 Mio t).

Obwohl Rumänien einst die Kornkammer Europas war, ist die Versorgungslage schwierig. Das Land ist kaum in der Lage, sich selbst ausreichend mit Nahrungsmitteln einzudecken, so daß es oft zu Engpässen kommt. Eine schlechte technische Ausrüstung trägt ihr übriges dazu bei.

Reise-Infos von A bis Z

Anreise

Rumänien ist mit allen Verkehrsmitteln gut zu erreichen. Die Entfernung Frankfurt - Bukarest beträgt fast 2.000 km.

Mit dem Auto

Von Deutschland oder Österreich ist die **Route über Ungarn** am günstigsten, denn nach Budapest führen gut ausgebaute Straßen. Von dort fahren Sie weiter in Richtung Debrecen, wenn die Grenze bei **Borş** überquert werden soll. Der Grenzübergang **Nădlac** wurde wegen Baumaßnahmen geschlossen. Dafü gibt es in unmittelbarer Nähe den neuen Übergang in **Turnu**. Bis zur rumänischen Grenze sind es rund 1.200 bis 1.400 km. Es empfiehlt sich, vor der Einreise nach Rumänien noch einmal vollzutanken, da dort nicht immer alle Tankstellen geöffnet sind.

Neben den Grenzübergängen Nădlac und Borş gibt es noch einige kleinere Übergänge, bei denen die Wartezeiten nicht ganz so extrem sind. Sehr günstig ist z.B. **Gyula** und die Kontrollstation bei **Satu Mare**. Wenn möglich, sollten Sie eine dieser Möglichkeiten nutzen, da die Wartezeit an den großen Übergängen bis zu 12 Std. betragen kann.

Wer über das **ehemalige Jugoslawien** einreist, wählt entweder die Grenzstation beim Staudamm in **Drobeta-Turnu Severin** oder fährt über **Moraviţa**.

Für die Durchreise durch **Ungarn** wird lediglich ein Personalausweis oder ein gültiger Reisepaß benötigt. Auf jeden Fall sollte die grüne Versicherungskarte mitgeführt werden. Ein entsprechender Europa-Schutzbrief, der bei den verschiedenen Automobilclubs erworben werden kann, leistet in schwierigen Situationen gute Dienste.

Mit dem Bus

Vor allem in Süddeutschland gibt es einige dutzend Unternehmen, die Fahrten nach Rumänien anbieten. Der Service ist recht unterschiedlich: von modernsten Reisebussen bis hin zu Kleintransportern findet man alles. Vor allem ehemalige Deutsche aus dem Banat und Siebenbürgen nutzen diese Reisemöglichkeit für einen Besuch ihrer alten Heimat.

Wer 24 Stunden Fahrt und die Gesellschaft meist recht alter Leute nicht scheut, ist mit DM 200 bis 300 hin und zurück gut bedient. Mir selbst ist die Fahrt jedoch immer ein wenig zu stressig gewesen. Aber der Preis entschädigt ja für einiges.

Mit der Bahn

Mehrere europäische Städte sind direkt oder durch einen Anschlußzug mit Rumänien verbunden. Der wichtigste Zug dürfte der **Orient-Expreß** sein. Aus Paris kommend, erreicht er Bukarest über München, Wien und Budapest. Die Fahrtdauer ab München beträgt ca. 25 Std. Ab Wien fährt auch der **Wiener Walzer** die rumänische Hauptstadt an. Für Leute aus den neuen Bundesländern bietet sich der **Baltorient-Expreß** an. Er fährt von Berlin über Dresden, Prag, Budapest bis Bukarest.

Auf jeden Fall sollten Sie einen Schlafwagen reservieren, da die Reise recht anstrengend ist. Vor allem in Rumänien sind die Züge oft stark überfüllt, so daß Sie nicht sicher sein können, daß Sie einen Sitzplatz bekommen.

Je nach Ausgangs- und Endpunkt müssen Sie für eine Hin- und Rückfahrt etwa DM 450 bis 600 veranschlagen. Sehr billig wird es, wenn Sie erst in der Tschechischen Republik oder in der Slowakei eine Fahrkarte lösen. Aber bitte nicht im Zug, sondern am Bahnhofsschalter.

Mit dem Schiff

Rumänien unterhält drei Motorschiffe auf der **Donau**, mit denen Kreuzfahrten durchgeführt werden. Die "Carpati", die "Oltenita" und die "Steaua Dunarii" starten in Wien und fahren über Bratislava, Budapest, Belgrad und Bukarest bis nach Cernavoda in der Nähe des Schwarzen Meeres. Sie müssen für diese Fahrten entsprechend lange vorher buchen, da sie sehr beliebt sind.

Außerdem legen in Constanţa einige aus dem Mittelmeer kommende Kreuzfahrtschiffe an.

Mit dem Flugzeug

Das Flugzeug dürfte neben dem Auto das meistbenutzte Verkehrsmittel sein, um nach Rumänien zu gelangen. Von **Frankfurt/M.** starten mehrmals die Woche Flugzeuge nach Bukarest (Mittwoch, Samstag und Sonntag). Es fliegt meist die rumänische Fluggesellschaft "Tarom". Aber auch die Lufthansa unterhält regelmäßige Verbindungen. Beim Flug mit der rumänischen Gesellschaft wird in Timişoara zwischengelandet. Eine Buchung dorthin ist leicht möglich.

In der Hauptsaison starten auch Flugzeuge von anderen deutschen Städten nach Rumänien.

Die Flugzeit nach Bukarest beträgt rund 2½ Std. Der Preis beträgt hin und zurück etwa DM 850. Ermäßigungen werden gewährt.

Vor allem in der Hauptsaison bieten einige Fluggesellschaften recht günstige Tarife an. Also am besten vor Antritt der Reise nochmal erkundigen. So können Sie eine Menge Geld sparen.

Apotheken

Apotheken gibt es fast in jedem größeren Dorf, doch ist das Arzneiangebot dort kaum ausreichend. Es fehlt oft an den elementarsten Dingen. Am besten nehmen Sie entsprechende Medikamente wie Schmerztabletten, Magentropfen usw. von zu Hause mit. Aber auch Pflaster und eine Desinfektionslösung gehören mit ins Gepäck. Frauen sollten unbedingt an die notwendige Monatshygiene denken, da entsprechende Artikel kaum zu bekommen sind.

Es ist erstaunlich, was die Apotheker für DM 20 alles besorgen können. Keinesfalls sollten Sie sich jedoch auf solche "Geschäfte" verlassen.

Automobilclub (ACR)

Alle Mitglieder europäischer Automobilclubs genießen vollen Beistand des rumänischen Verbandes. Dieser beinhaltet: Pannenhilfe, Abschleppen, Rückführung sowie Instandsetzung beschädigter Fahrzeuge. Entsprechende Stützpunkte sind über das gesamte Land verteilt. Der ACR gewährt überdies juristischen sowie ärztlichen Beistand und berät die Touristen.

Alle Kreditbriefe der Automobilclubs haben in Rumänien volle Gültigkeit.

Keinesfalls darf der Service mit deutschen Verhältnissen verglichen werden. So gibt es keinerlei Ersatzteile für westeuropäische Autotypen. Sie müssen die notwendigen Teile dann z.B. vom ADAC nach Rumänien kommen lassen.

Trotzdem sind viele Automechaniker "Künstler" auf ihrem Gebiet. Mit viel Geschick wird so mancher Schaden behoben.

Anschriften einiger Servicestationen

- 25 Arad, Bd. 6. Martie 66 Cetate, ☎ 966/20901, Notruf: ☎ 12345;
- 22 Braşov, Cal. Bucureşti Bl. 10 A, ☎ 921/35476, Notruf: ☎ 12345;
- 24 Sibiu, Gh. Gheorghiu Dej Bl. 13, ☎ 924/47359, Notruf: ☎ 12345;
- 87 Constanţa, Tomis 141, Bl. T. 1, ☎ 916/11849, Notruf: ☎ 12345;
- Bukarest, Sos. Colentina 1, sect. 2, ☎ 90/354140, Notruf: ☎ 027 und ☎ 193455.

Devisenshops

Devisenshops gibt es in allen größeren Hotels. Angeboten werden dort vor allem Lebensmittel, Spirituosen und Bekleidung. Aber auch Autoersatzteile für westliche Modelle sind hier, besonders in den Bukarester Shops, zu finden.

Für den Touristen sind vornehmlich die Artikel aus rumänischer Produktion interessant. Für harte Devisen können Sie hier kaufen, was sonst kaum erhältlich ist, wie z.B. Souvenirs, den beliebten Țuica und viele gute rumänische Weine. Diese Art von Einkaufsmöglichkeit verliert aber immer mehr an Bedeutung, da jetzt fast alles auch für einheimische Währung zu haben ist. Es könnte sein, daß bei Erscheinen dieser Auflage diese Shops der Vergangenheit angehören.

Diplomatische Vertretungen

Rumänische Botschaft

... in Deutschland: Legionsweg 14, 53117 Bonn, ☏ 0228/5558633-34, FAX 0228/680247, Konsularabteilung ☏ 0228/5558632-33.
... in Österreich: Prinz-Eugen-Str. 60, A-1040 Wien, ☏ 0222/5053227, Konsularabteilung ☏ 0222/5052343.
... in der Schweiz: Kirchenfeldstr. 78, CH-3005 Bern, ☏ 031/3523522, FAX 3526455.

Botschaften

... in Rumänien: Deutsche Botschaft, Strada Rabat 21, Bukarest, ☏ 90/792580.
Österreichische Botschaft, Strada Dumbrava Rosie 7, 70254 Bukarest, ☏ 90/119377, 114354.
Schweizer Botschaft, Strada Pitar Mos 12, 70152 Bukarest, ☏ 90/2100299, FAX 2100324.

Konsulate

... in Deutschland
Rumänisches Generalkonsulat, Matterhornstr. 79, 14129 Berlin, ☏ 030/8033019.

... in Rumänien
Deutsches Konsulat, Blocul Nr. 5, Parcul Tineretului, 24 Sibiu, ☏ 924/30774, FAX 924/33127.

Einkaufen

Vor allem kunstgewerbliche Artikel werden gern gekauft. Am besten besuchen Sie entsprechende Märkte auf dem Land, da in der Stadt oft nur billige Massenware angeboten wird. Schnitzereien, Folklorebekleidung, Töpferwaren sowie schöne Holzmöbel sind die "heißen Renner" auf dem Kunstgewerbemarkt.

Seit der Revolution sind überall kleine private **Boutiquen** entstanden, die das oft spärliche Warenangebot der staatlichen Läden ergänzen. Die Artikel werden meist aus der Türkei oder aus Griechenland herbeigeschafft, aber auch Waren aus Deutschland sind überall zu finden. In den nördlichen Regionen wird mit vielen Waren aus dem benachbarten Ungarn gehandelt.

In den **staatlichen Läden** gibt es außer bestimmten Kunstgewerbeartikeln kaum etwas Begehrenswertes. Günstig erhältlich sind Schallplatten. Sie finden hier Volksmusik aus den verschiedensten Landesteilen, und das zu einem äußerst niedrigen Preis (etwa DM 0,50 je LP).

Zahlreiche Geschäfte bieten westliche Zigaretten an. So kann es passieren, daß der Metzger zwar zur Zeit kaum Wurst und Fleisch offeriert, aber Zigaretten in großer Anzahl führt. Für die einheimische Bevölkerung sind die Artikel in den Boutiquen meist unerschwinglich. Vielerorts ist es schon zu Auseinandersetzungen zwischen ihren Besitzern und der Bevölkerung gekommen.

Elektrizität

Die Stromspannung beträgt ausnahmslos **220 Volt**. Auch die in Deutschland üblichen Stecker können in Rumänien benutzt werden.

Viele Anschlüsse sind recht unprofessionell ausgeführt, auch sind oft keine Schutzleiter verwendet worden.

Essen und Trinken

In Rumänien gibt es sehr viele schmackhafte Speisen. Die Nationalgerichte können Sie nur in einem Spezialitätenrestaurant zu sich nehmen. Der Speisezettel der Restaurants ist jedoch recht dürftig, meist wird nur ein Gericht angeboten (oft Steak mit Pommes frites). In den großen Städten dagegen dürften selbst verwöhnte Naturen nicht zu kurz kommen. Von Pizza bis Hamburger bekommt man eigentlich alles. Großes Glück haben Sie, wenn Sie auf dem Land zum Essen eingeladen werden. Hier können Sie dann die ganze Gerichtepalette der rumänischen Küche genießen.

Nationalgericht Nr. 1 ist **Mamaliga cu brînza**. Es handelt sich hierbei um einen mit Käse versetzten Maisbrei. Als Vorspeise wird oft eine angesäuerte Suppe, die **Ciorba**, angeboten. Außer Gemüse finden sich auch große Fleischstücke in diesem Gericht. Je nach Region kann es Fisch, Rind- oder Hühnerfleisch sein.

Als Hauptgericht werden oft **Sarmale** gereicht. Diese kleinen Hackfleischröllchen werden mit Krautblättern umwickelt und scharf angebraten. Aber auch gefüllte Paprikaschoten werden gern gegessen.

Neben Reis gibt es als Beilage oft sogenannte **Pommes frites**. Diese haben allerdings nichts mit der bei uns erhältlichen Massenware gemein. Es handelt sich vielmehr um fritierte Kartoffeln, die eher an Bratkartoffeln erinnern. Ausnahmslos werden sie vor Ort aus frischen Kartoffeln hergestellt, da die Rumänen Tiefkühlkost kaum kennen.

Fahren Sie übers Land, so finden Sie an den Raststätten, den *Hanuls*, immer Stände, wo die sehr beliebten, auf Rosten gegrillten **Mititei** angeboten werden. Diese mit viel Knoblauch gewürzten Fleischröllchen stehen oft auf dem Speiseplan der Rumänen. Als Beilagen dienen entweder Brot oder fritierte Kartoffeln.

Nach dem Hauptgang wird oft Süßes gegessen. Blätterteig und Eierkuchen werden häufig mit einer joghurtähnlichen Soße übergossen zum Nachtisch gereicht.

Zu Festen schlachten die Rumänen vielfach ein Lamm. Aber auch Hammelfleisch mit Reis ist sehr beliebt. In den Gebieten, in denen viele Ungarn leben, dürfen natürlich Palatschinken auf keinem Speiseplan fehlen.

Auch die Deutschen haben ihre eigene Küche. Viele alte Gerichte, die bei uns keiner mehr kennt, werden in Rumänien noch zubereitet.

Beliebtestes **Getränk** in Rumänien ist der **Tuika**. Dieser hochprozentige Zwetschgenschnaps (50%) wird zu jeder Tageszeit getrunken. Es gibt wohl kaum eine Familie auf dem Land, die keine eigene Destille besitzt. Der aus staatlicher Produktion stammende Tuika besitzt allerdings nicht die Qualität des selbstgebrannten.

Die ungarische Minderheit trinkt natürlich lieber ihren gewohnten **Palinka**.

In Rumänien gibt es die verschiedensten **Weine**. An Weißweinen sind vor allem folgende Sorten zu empfehlen: "Tîrnava", "Siebenbürgische Mädchentraube", "Riesling" und "Feteasca". Beliebte Rotweine sind: "Cabernet", "Pinot Noir" und "Siebenbürgische Mädchentraube". Dieser fast schwarze, sehr fruchtig schmeckende Wein ist auch in Deutschland erhältlich. Besonders beliebt sind schwere Dessertweine wie "Cotnari" und "Murfatlar". Hat man früher meist nur minderwertige Ware bekommen, so gibt es jetzt in jedem halbwegs guten Restaurant auch hochwertige Weine.

Recht schmackhaft sind überdies der rumänische **Cognac** und der **Sekt**. Darüber hinaus trinken die Rumänen viel **Bier**. Es schmeckt etwas süßlich und weicht von den Geschmacksgewohnheiten deutscher Biertrinker ab. Viele ausländische Biersorten werden von den rumänischen Brauern auch in Lizenz hergestellt. Viele Brauereien sind jetzt in privater Hand, sie wurden mit ausländischer Hilfe wieder auf den neuesten Stand gebracht. Beliebte Biersorten sind: "Aurora", "Ciucaş", "Bucegi" usw.

In den Boutiquen werden zudem ausländische Bier- und Schnapssorten angeboten. Vor allem türkisches Bier ist hier erhältlich. Ich habe aber auch schon Bier aus Südafrika gekauft. Wie dieses Bier beschafft wurde, ist mir bis heute ein Rätsel.

Die **Preise für Getränke** sind recht niedrig, wenn man einmal von den Angeboten in den Boutiquen absieht. Für ein Bier rechnet man etwa DM 0,50 bis 1,50, eine gute Flasche Wein kostet DM 2 bis 5. Auch Spirituosen liegen in dieser Preislage. Beim Kauf in den Boutiquen zahlen Sie ungefähr 50 bis 100% des in Deutschland üblichen Preises.

In den Restaurants Rechnungen kontrollieren!

Feste und Feiertage

Vor allem kirchliche Feiertage enden meist mit einem bunten **Volksfest**. Es werden dabei verschiedene Trachten getragen. Speziell in der Maramureş, der Oas sowie in der Moldau sind solche Feste eine besondere Augenweide.

Im Juni treffen sich beim Fest **Nedeia Tacasele** die Bewohner mehrerer Ortschaften des Westgebirges. Das im Ort Avram Iancu stattfindende Volksfest wird von Volksmusikdarbietungen geprägt.

Viele Feste der Rumänen werden auf Berggipfeln gefeiert, so z.B. im August das Fest der **Hora** auf dem Prislop-Gipfel des Rodna-Gebirges.

Hier treffen sich die Bewohner aus der Moldau und Transsilvanien. Die Hora ist ein Reigentanz, der schon mehrere Jahrhunderte alt ist.

Der "Olymp" der Rumänen ist der **Ceahlău-Gipfel**. Zahlreiche, zum Teil mystische Geschichten werden über die Bergkuppe erzählt. Im August versammeln sich dort die Bewohner aus den umliegenden Bergdörfern zu einem bunten Treiben. Im November treffen sich die Alphornbläser in dem Dorf Odobesti, um in einem Wettstreit den begabtesten Musiker zu wählen.

Die lange Liste der Volksfeste aufzuführen, würde den Rahmen dieses ReiseHandbuches sprengen, da es sehr viele gibt. Jede Hochzeit auf dem Lande artet in ein solches Fest aus. Mehrere hundert Gäste sind da keine Seltenheit.

In den von Deutschen bewohnten Gebieten ist die **Kerwei** das beliebteste Fest. Auch die anderen Minderheiten haben ihre eigenen Volksfeste. So entsteht ein buntes Gemisch der unterschiedlichsten Folkloretypen.

Neben den kirchlichen Feiertagen gibt es auch noch einige staatliche, z.B. den 23. August, den Tag der Befreiung vom Hitlerfaschismus.

FKK

Sie sollten unbedingt daran denken, daß, bedingt durch die hohe Anzahl der orthodox Gläubigen, Nacktbaden nicht immer akzeptiert wird. Offizielle FKK-Strände existieren nicht. Es gibt aber auch in Rumänien Menschen, die gerne rundum braun werden möchten. Viele legen sich dann zum Sonnen etwas abseits von den Stränden. Das wird meist auch akzeptiert. Sollten Sie doch einmal Probleme bekommen, denken Sie daran, daß Sie sich als Gast in einem fremden Land befinden, das seine eigenen Gesetze und Sitten hat. Keiner hat das Recht, seine Moralvorstellungen anderen aufzuzwingen.

Vor allem die jungen Leute aus den Großstädten des Landes sind oft freizügiger und offener als wir Westeuropäer.

Foto und Video

Die wunderschöne Natur sowie die vielen geschichtlich interessanten Bauwerke sind natürlich begehrte Fotomotive. Daran sollten Sie bei der Anzahl der mitgeführten Filme bzw. Videokassetten denken.

Es ist kaum möglich, gute Filme in Rumänien zu bekommen. Meist werden Schwarzweißfilme angeboten. Farbfilme, wenn es überhaupt einmal welche gibt, sind meist aus alten DDR-Beständen.

Die Farbfilmentwicklung in rumänischen Labors ist selten möglich, da die wenigen Labors erst im Entstehen sind.

Für Videoaufnahmen gilt eigentlich das gleiche, da es außer in einigen wenigen Devisenshops nirgendwo Kassetten gibt. Also unbedingt das notwendige Film- und Videomaterial von zu Hause mitbringen. Auch **Akkus** und **Batterien** müssen in ausreichenden Mengen mitgeführt werden, da auch diese Artikel nicht erhältlich sind.

Auf keinen Fall sollten Sie Schilder und Zeichen, die das Fotografieren und Filmen verbieten, ignorieren.

Fotografieren - Basiswissen für Draußen (Band 12) von Ralf Gantzhorn und Stephan Husen. Conrad Stein Verlag, ISBN 3-89392-112-5, DM 12,80.

Geld

Die rumänische Währung ist der Lei. Ein Lei sind 100 Bani. Der Bani hat aber keine Bedeutung mehr. Für DM 1 erhält man rund Lei 3.000. Der **Umtauschkurs** verändert sich jedoch ständig zugunsten der Mark. Getauscht wird vor allem in den großen Hotels. Schwarzumtausch lohnt kaum, seit der Staat so günstig wechselt. Ab und zu kann jedoch bis 10% Gewinn gemacht werden. Offiziell ist der Umtausch von DM in Lei nur an den zuständigen Wechselständen erlaubt.

Anders als die rumänische Währung, die weder ein- noch ausgeführt werden darf, ist dieses bei Devisen in unbegrenzter Höhe erlaubt. Der früher festgelegte Mindestumtausch wurde abgeschafft.

Neuerdings werden neue Scheine in Umlauf gebracht; die alten besitzen jedoch noch immer Gültigkeit. Kreditkarten sind in Rumänien ungeeignet. Auch Travellerschecks sind schwer zu tauschen.

Geschenke

Vor allem Artikel für Babys und Kinder sind in Rumänien Mangelware. Creme, Kleidung und Spielsachen sind sehr willkommen. Die Erwachsenen sind jedoch oft recht eigenwillig. Trotz des Mangels an begehrenswerten Dingen schämen sie sich oft, Geschenke zu akzeptieren. Sie geben lieber ihr Letztes her, anstatt etwas anzunehmen.

Zigaretten, Schallplatten und Tonbandkassetten sind beliebte Waren. Aber auch Süßigkeiten, vor allem Kaugummis, sind besonders bei Kindern sehr gefragt. Es ist meiner Ansicht nach kaum notwendig, Grundnahrungsmittel zum Verschenken mitzunehmen, von Ausnahmen einmal abgesehen. Statt dessen können Sie Tuningteile oder Aufkleber für Autos mitführen.

Geschwindigkeitsbegrenzungen

Die Begrenzungen richten sich nach dem Hubraum der Fahrzeuge.

	Innerhalb von Ortschaften	Außerhalb von Ortschaften
Pkw unter 1.100 ccm	60 km/h	70 km/h
Pkw von 1.100 ccm bis 1.800 ccm	60 km/h	80 km/h
Pkw über 1.800 ccm	60 km/h	90 km/h
Busse und Kleintransporter	40 km/h	70 km/h
Motorräder	40 km/h	50 km/h
Lkw	40 km/h	50 km/h

Geschwindigkeitskontrollen werden selten durchgeführt. Auf Landstraßen kann auch schneller gefahren werden. Auf der einzigen Autobahn des Landes gilt Tempo 100.

Die oft schlechten Straßen verlangen erhöhte Aufmerksamkeit. Nachtfahrten sollten Sie vermeiden, da viele rumänische Kfz nicht immer mit ordnungsgemäßen Beleuchtungsanlagen fahren.

Auch die große Anzahl von Fuhrwerken und Fahrrädern wird nachts zu einer Gefahr.

Haustiere

Für mitgeführte Hunde muß ein Tollwutimpfzeugnis neueren Datums an der Grenze vorgelegt werden. Über andere Haustiere gibt die Konsularabteilung der Rumänischen Botschaft Auskunft.

📖 *Reisen mit dem Hund* von G. Treß. Conrad Stein Verlag, 1994, DM 22.

Höhlen

Es gibt vor allem in den Westkarpaten zahlreiche Höhlen, die für Touristen zugänglich gemacht wurden. Hier ein kleiner Überblick über die schönsten Höhlen:

Peştera Urşilor
Ort: Bihor-Gebirge, bei Chiscau.
Länge: 1.099 m.
Besonderes: Zugang mit Höhlenführer.

Ghetarul de la Scărişoara
Ort: Bihor-Gebirge, bei Cîmpeni.
Länge: 700 m, 105 m tief.
Besonderes: Höhlenführer.

Meziad
Ort: Bihor-Gebirge, bei Meziad.
Länge: 4.750 m, 80 m tief.
Besonderes: Höhlenführer.

Peştera Muierilor
Ort: Parîng-Gebirge, bei Baia de Fier.
Länge: 3.560 m.
Besonderes: Höhlenführer.

Ialomiţa
Ort: Bucegi-Gebirge.
Länge: 800 m.
Besonderes: meistbesuchte Höhle, Führung durch Fachpersonal.

Hygiene

Die Zustände der Toiletten und Waschräume auf Campingplätzen, in Berghütten und einigen Hotels sind oft katastrophal. Hier ist es oft besser, ein paar hundert Meter in den Wald zu gehen. Das machen aber auch viele andere Touristen, so daß man Obacht geben sollte, nicht in einen "Haufen" zu treten. Auf jeden Fall sind die sanitären Verhältnisse nichts für zartbesaitete Naturen.

Aber auch hier gibt es Lichtblicke. Einige private Besitzer greifen schon recht energisch durch.

Information / Adressen

- Rumänisches Informationsbüro für Touristik, Schweizergasse 10, CH-8001 Zürich, ☏ 01/2111730.
- Rumänisches Touristenamt, Zeil 13, D-60313 Frankfurt, ☏ 069/295278-79, FAX 069/292947.
- Rumänisches Touristenamt, Währinger Str. 6-8, A-1090 Wien, ☏ 0222/343157.
- Ont Carpati (rum. Touristenamt), Bukarest, Bd. Magheru 7, ☏ 90/145160.
- ACR (rum. Automobilclub), Bukarest, Str. Stanislav Cihoschi 2.
- CFR-Büro (rum. Bahn), Bukarest, Str. Domnita Anastasia, ☏ 90/459223.
- Navrom (rum. Reederei), Bukarest, Bd. Dinicu Golescu 38, ☏ 90/180290.
- Tarom (rum. Fluggesellschaft), Bukarest, Str. D. Anastasia, ☏ 90/163346.
- Vertretung der Lufthansa, Bukarest, Bd. Magheru 18, ☏ 90/504074.
- ☺ Ich beantworte Fragen auch gerne direkt per e-mail: 100664.221@ Compuserve.com.

Kino

Zur Zeit des Sozialismus wurden in den Kinos meist Filme über den Aufbau der neuen Gesellschaft gezeigt. Einen wichtigen Platz in den Kinoprogrammen nahmen Streifen über die **Geschichte des rumänischen Volkes** ein. Es wurden mehrere teure Monumentalfilme gedreht. Westliche Streifen wurden fast nie der Öffentlichkeit vorgeführt.

Natürlich haben die Menschen in Rumänien einen riesigen Nachholbedarf in puncto internationaler Film. Es werden zur Zeit Streifen gezeigt, die in Deutschland schon lange nicht mehr aktuell sind. Sie werden meist mit rumänischen Untertiteln vorgeführt. Ein Kinobesuch dürfte also für den Rumänienbesucher kaum in Frage kommen.

Kriminalität

Aufgrund der schlechten wirtschaftlichen Lage sowie der vielerorts herrschenden Armut haben **Diebstahldelikte** naturgemäß einen hohen Anteil an der Kriminalitätsrate. Gewaltverbrechen kommen vor, haben jedoch keine Priorität.

Seit kurzem gibt es in Rumänien besonders verwerfliche Delikte. Zum einen handelt es sich um sogenannte **Schlepperbanden**, die Menschen aus Rumänien in westliche Staaten "exportieren". Den Ahnungslosen wird dafür eine Menge Geld abgenommen. Sie landen dann irgendwo im Westen und wissen nicht, wie es nun weitergehen soll.

Noch schlimmer als diese Banden sind jene Leute, die völlig verarmten rumänischen Familien ihre **Kinder abkaufen**, um sie dann mit großem finanziellen Gewinn an zahlungskräftige Kunden im Ausland zu vermitteln. Mit den letztgenannten Delikten werden Sie aber kaum in Berührung kommen.

Zum Problem wird die Kriminalität vor allem in den **slumähnlichen Bereichen** großer Städte. Dunkle Gassen, Bahnhöfe und abgelegene Orte sollten Sie nur in Begleitung anderer aufsuchen.

Ihr Auto sollten Sie unbedingt an einem möglichst belebten Ort abstellen. Nachts bietet eine Garage die größte Sicherheit. Wertsachen nicht im Auto lassen!

Darüber hinaus sollten Sie nicht überall Ihr Geld offen zur Schau stellen. Beim inoffiziellen Geldumtausch (normalerweise verboten!) sollten Sie sich die Leute genau ansehen.

Völlig beruhigt können Sie aufs Land fahren; hier kennen die Leute einander und Diebstahl wird nicht geduldet. Übrigens schämen sich fast alle Rumänen der Kriminellen, weil diese gegen die Prinzipien der Gastfreundschaft verstoßen. Werden Täter erwischt, werden sie von der rumänischen Justiz hart bestraft.

Die Angst vor Zigeunern ist völlig unbegründet. Es gibt bei ihnen nicht mehr schwarze Schafe als in der restlichen Bevölkerung.

In letzter Zeit mehren sich nächtliche Überfälle auf Autos. Sie sollten beim Übernachten mindestens 10 bis 20 km außerhalb großer Ortschaften schlafen. Das Auto sollte nicht in Sichtweite der Straße stehen und muß immer in Ihrem Blickfeld liegen.

Besonders heikel ist die Situation am Roten-Turm-Paß. Also möglichst am Tage durchfahren.

Probleme gibt es auch bei der Ausreise nach Bulgarien. Hier versuchen Banden Ihnen einzureden, Sie könnten sich vor die anderen Wartenden vordrängeln, um so die oft stundenlangen Wartezeiten zu umgehen. Meist knöpft man Ihnen Geld ab, aber Sie werden von den Grenzbeamten sowieso zurückgeschickt. Also: Hinten anstellen und wie die anderen warten!

Kur- und Heilbäder

In Rumänien gibt es über 150 Kurorte. Schon zur Zeit der Römer waren viele von ihnen bekannt. Einige Orte bewahrten sich ihren Weltruhm bis ins 20. Jahrhundert hinein. Leider kamen viele Kuranlagen wegen der drastischen Sparmaßnahmen völlig herunter. Man kann nur hoffen, daß die neue Regierung mehr Geld zur Erhaltung der mancherorts einmaligen Kuranlagen bereitstellt. Informationen über Kurmöglichkeiten erhalten Sie vom Rumänischen Touristenbüro in Frankfurt.

Amara (Kreis Ialomiţa)

Ganzjahresbetrieb. Am Ufer eines schwefelhaltigen Sees gelegen.
Höhe: 30 m.
Heilanzeigen: Rheumaleiden, Hautkrankheiten.

Borsec (am Fuße des Călimani-Gebirges)

Ganzjahresbetrieb. Seit etwa 200 Jahren bekannt. Höchstgelegener Kurort Rumäniens. Tafelwasser und Heilquellen.
Höhe: 950 m.
Heilanzeigen: Erkrankungen des Verdauungsapparates.

Bixad (Kreis Sathmar)

Saisonbetrieb. Mehrere Mineralwasserquellen.
Höhe: 178 m.
Heilanzeigen: Herzkrankheiten, Erkrankungen des Verdauungsapparates, Kreislaufstörungen.

Băile Herculane (Herkulesbad)

Ganzjahresbetrieb. Die "Thermen des Herkules" wurden schon von den Römern benutzt. Nach dem Wiederaufbau im 18. Jahrhundert durch die Österreicher erlangte das Kurbad internationalen Ruhm. Quellen mit hoher Radioaktivität und einer Temperatur bis 55 Grad. Größtes und schönstes Kurbad des Landes. Phantastische Lage im Cerna-Tal.
Höhe: 180 m.
Heilanzeigen: Rheuma, Erkrankungen des peripheren Nervensystems.

Olănesti (bei dem Ort Rîmnicu Vîlcea)

Ganzjahresbetrieb. Einer der schönsten Kurorte der Karpaten. Mehrere hervorragende Quellen.
Höhe: 480 m.
Heilanzeigen: Rheuma, Magen- und Darmleiden.

Tuşnad (im Harghita-Gebirge)

Saisonbetrieb. Kurbetrieb seit dem letzten Jahrhundert. Zahlreiche Mineralwasserquellen.
Höhe: 650 m.
Heilanzeigen: Vor allem Magenbeschwerden.

Vatra Dornei

Ganzjahresbetrieb. Nördlichster Kurort Rumäniens. Seit dem 17. Jahrhundert bekannt. Sehr schön am Fuße mehrerer Gebirgszüge gelegen. Mineralwasserquellen.
Höhe: 800 m.
Heilanzeigen: Rheuma, Herzleiden, Blutarmut.

Medien

Seit der Revolution vom Dezember 1989 hat sich in der Medienlandschaft Rumäniens viel getan. Waren Radio, Fernsehen und Zeitung früher hauptsächlich das Sprachrohr der kommunistischen Diktatur, dienen diese Organe heute vorwiegend zur Unterhaltung und politischen Diskussion.

Es gibt zahlreiche **Radiosender**, die meist im Kurz- und Mittelwellenbereich arbeiten. In der Saison wird an der Küste ein Feriensender eingerichtet. Neben Englisch und Französisch wird auch in Deutsch gesendet.

Außer den zwei großen **Fernsehsendern** gibt es auch noch regionale Stationen, die vorwiegend ab Mitternacht ihr Programm senden.

Die Auswahl an **Tageszeitungen** ist groß. Für die deutsche Minderheit werden die Blätter "Karpaten Rundschau" und "Banater Zeitung" gedruckt. In letzter Zeit sind auch einige westliche Schriften erhältlich.

Aber auch Schundblätter aller Art sind am Kiosk zu bekommen.

Medizinische Versorgung

Seit November 1995 besteht kein Sozialversicherungsabkommen zwischen Deutschland und Rumänien mehr. Ich rate Ihnen daher, für die Dauer eines Rumänienaufenthaltes eine private Zusatzversicherung abzuschließen.

Rumänien hat eine große Anzahl hochqualifizierter Ärzte. Der Grund für die dennoch **schlechte medizinische Versorgung** liegt vor allem in der völlig überalterten Technik, mit der das Personal arbeiten muß. Auch das Problem der Kraftstoffknappheit wird bei etwaigen Notfalleinsätzen mit Rettungswagen besonders deutlich. Es soll schon passiert sein, daß Menschen gestorben sind, weil der Krankenwagen kein Benzin mehr hatte. Da sich die Kraftstoffversorgung aber gebessert hat, dürften solche Vorkommnisse wohl der Vergangenheit angehören.

Gut ist es, wenn Sie dem Arzt ein kleines Trinkgeld zukommen lassen, denn in Rumänien zählen die Ärzte nicht zu den Spitzenverdienern. Sind Sie auf Medikamente angewiesen, so sollten Sie diese unbedingt in ausreichender Menge von zu Hause mitführen.

⊞ In jedem Dorf gibt es eine kleine **Erste-Hilfe-Station**. Sie ist von außen mit einem roten Kreuz gekennzeichnet. Mehr als Erste Hilfe kann hier aber nicht erwartet werden.

Museen und Ausstellungen

⌘ Besonders die Museen in Bukarest und Sibiu beherbergen eindrucksvolle Kunstwerke. Aber auch andere Städte bieten eine Fülle von Sehenswertem. In Rumänien sind vor allem Bauwerke aller Epochen von besonderem Interesse. Im überwiegenden Teil von ihnen sind Museen oder Ausstellungen untergebracht. Die **Eintrittspreise** sind nicht erwähnenswert; es handelt sich nur um Pfennigbeträge.

Die **Öffnungszeiten** sind recht unterschiedlich. In der Woche gibt es immer einen Ruhetag (meist Montag oder Mittwoch). Bei abgelegenen Museen kann es passieren, daß sie einfach geschlossen werden, wenn der Besucherandrang zu gering ist. Meist lebt das Personal im selben Ort und ist bei Interesse oft bereit, selbst an Ruhetagen Zugang zu gewähren.

Auf sehenswerte Ausstellungen und gute Museen wird an entsprechenden Stellen im Orteteil hingewiesen.

Naturkatastrophen

Immer wieder hört man von **Erdbeben**, die Rumänien erschüttern. Meist handelt es sich um kleinere Beben, bei denen die Schäden gering sind. Es treten aber immer wieder auch stärkere Erschütterungen auf. Die schlimmste Katastrophe der neueren Zeit ereignete sich am 4. März 1977. Bei diesem schweren Erdbeben kamen über 1.500 Menschen ums Leben.

fast 10.000 wurden verletzt. Auch heute noch sind Überreste dieses Ereignisses sichtbar.

Die früher häufig auftretenden **Überschwemmungen** der großen Flüsse hat man heute durch den Bau von Dämmen weitgehend in den Griff bekommen. Auch die Auswirkungen von Trockenperioden werden durch zahlreiche Bewässerungssysteme gering gehalten.

Naturschutzgebiete und Reservate

In Rumänien gibt es rund 150 Naturschutzgebiete und Reservate. Viele Landschaftsregionen, vor allem die Karpaten, sind an sich schon einmalige Naturlandschaften. Es wurden jedoch meist nur ganz besonders interessante Gebiete unter Naturschutz gestellt. In diesen Regionen finden Sie oft eine einmalige Flora und Fauna.

Im folgenden eine Kurzbeschreibung einiger Reservate und Naturschutzgebiete:

Donaudelta

Das Delta ist eines der größten Naturschutzgebiete Europas. Neben einer großen Anzahl von Vögeln finden Sie hier auch seltene Pflanzen und ungewöhnliche Landschaftsformen vor, wie z.B. wüstenähnliche Gebiete. Besonders geschützt werden die beiden Pelikankolonien. Ein Betreten dieser Fläche ist nur mit Genehmigung staatlicher Stellen erlaubt.

Wald von Hagieni

Nicht weit vom Badeort Mangalia entfernt liegt dieses interessante Naturschutzgebiet. Es handelt sich um ein **Waldsteppengebiet**, wie es noch Anfang des Jahrhunderts für diese Region charakteristisch war. Der Wald von Hagieni nimmt eine Fläche von 600 ha ein und beherbergt eine große Anzahl seltener Tiere und Pflanzen. Selbst die griechische Landschildkröte und der Tüpfeliltis kommen hier häufig vor.

Dobrudjaer Klamm

In unmittelbarer Nähe des Ortes Cheia befindet sich ein Gebiet mit eigentümlicher Landschaftsform.

Das fast 300 ha große Naturschutzgebiet beeindruckt vor allem durch ungewöhnlich aussehende und sehr steile **Felswände**. Sie bestehen aus Kalkstein organischen Ursprungs. Hier können Sie Fossilien des Urmeeres in vielen Variationen finden. In der Umgebung der Klamm wachsen auch Feigenbäume wild.

Suhaia-See

Ein See in der Nähe der Donau bei der Ortschaft Turnu Măgurele. Die ihn umgebende Landschaft erinnert stark an das Donaudelta. Riesige **Schilfflächen** bedecken die Oberfläche des Sees.

Neben Reihern, Bläßhühnern und Schwänen sind auch schon Pelikane gesichtet worden.

Reservat bei Hațeg

Bei diesem Reservat handelt es sich um ein 500 ha großes Gehege, in dem versucht wird, **Wisente**, die früher reichlich in den Karparten vorkamen, wieder anzusiedeln. Die Tiere wurden aus Polen eingeführt. Außerdem leben Wölfe, Hirsche und Bären im Reservat bei Hațeg.

♦ Das Gehege kann täglich von 7:00 bis 19:00 besucht werden.

Vulcani noroioşi ("Schlammvulkane") bei Berca

Ein eindrucksvolles wissenschaftliches Naturschutzgebiet. Auf einer Fläche von mehreren Hektar befinden sich bis zu einigen Metern hohe **Krater**, die ständig Schlamm und Gase an die Oberfläche schleudern.

☞ Vorsicht beim Betreten dieses Gebietes, Gefahr des Versinkens!

Nationalpark Retezat

Dieses **Hochgebirge** mit seinen zahlreichen **Seen** und der einmaligen Flora und Fauna war eines der ersten Naturschutzgebiete auf rumänischem Boden. Es bedeckt eine Fläche von etwa 200 km^2.

In dieser Region wurde außerdem für wissenschaftliche Zwecke ein Reservat eingerichtet, das nur mit Genehmigung entsprechender Stellen betreten werden darf.

Biosphärenreservat Pietroşul Mare

Wurde an den Nordhängen des Rodna-Gebirges eingerichtet. Hier leben eine große Anzahl seltener Tiere wie Wolf, Luchs und Bär.

Vor einiger Zeit wurde das Reservat für das vorbildliche Zusammenspiel von Mensch und Natur von der **Unesco** mit einem Diplom ausgezeichnet.

Neben diesen Naturschutzgebieten und Reservaten gibt es noch eine große Anzahl von Gebirgsabschnitten, die ebenfalls unter Schutz gestellt wurden, so z.B. die Nordabstürze des Bucegi-Gebirges.

Notrufe

Rettungsdienst: ☏ 06, in Bukarest: ☏ 061.
Polizei: ☏ 055.
Feuerwehr: ☏ 081.

Papiere

Für die Einreise nach Rumänien wird ein **Visum** benötigt. Es ist erhältlich in der Konsularabteilung der Rumänischen Botschaft in Bonn (☞ Diplomatische Vertretungen). Jeweils mittwochs und freitags von 8:00 bis 12:00 kann man persönlich an Ort und Stelle das Visum beantragen, das man auch wenige Minuten später erhält. Wegen des großen Andrangs ist es besser, diese Formalität mit der Post zu erledigen.

In dem Einschreibebrief müssen folgende Dinge enthalten sein: ein gültiger **Reisepaß**, ein Zettel mit der **Dauer** und dem **Zeitpunkt** der Reise sowie die **Visagebühren** von DM 70 pro Person. An einen **frankierten Rückumschlag** sollte unbedingt gedacht werden. Nach rund einer Woche können Sie mit einer Antwort rechnen.

Vor einiger Zeit hat die rumänische Regierung erlassen, daß keine Visa mehr an der Grenze ausgestellt werden dürfen, doch hält sich kaum jemand daran. Sicherer ist es auf jeden Fall, wenn Sie sich die notwendigen Einreisepapiere schon vor Antritt der Reise beschaffen. Darüber hinaus muß bei der Ausstellung einer Ein- und Ausreiseerlaubnis an der Grenze mit längeren Wartezeiten gerechnet werden.

Neben einem Visum und einem gültigen Reisepaß sollten Autofahrer unbedingt an ihre **grüne Versicherungskarte** denken. Sollte sie vergessen werden, müssen Sie an der rumänischen Grenze eine Haftpflichtversicherung abschließen. Sie ist für wenig Geld an jedem großen Übergang erhältlich. Ich habe es allerdings noch nie erlebt, daß die grüne Versicherungskarte von den Grenzbeamten verlangt wurde.

Polizei (*miliție*)

☆ Die Hüter der Ordnung sind gegenüber Touristen sehr freundlich. Bei Schwierigkeiten können Sie sich meistens auf ihre Hilfe verlassen. Natürlich gibt es aufgrund der Mangelwirtschaft auch korrupte Beamte. Ein Ansporn von einigen Mark ist manchmal angebracht.

Post (*poşta*) und Telekommunikation

Die Postämter sind an den Arbeitstagen von 7:00 bis 20:00 geöffnet. Die Briefkästen sind jetzt rot/orange und tragen die Aufschrift "Poşta".

Briefmarken kann man außer in den Postämtern eventuell auch in Tabakläden (*tutungerie*), in Buchhandlungen und an den Hotelrezeptionen kaufen. Das Verschicken der Post ins Ausland ist erheblich teurer geworden. Das bekommen aber in erster Linie die Einwohner Rumäniens zu spüren. Wegen des hohen Wechselkurses ist der Gebührenanstieg für einen westlichen Besucher nicht von Bedeutung. Ein Brief nach Deutschland kostet etwa 50 Pfennige.

Das rumänische **Telefonnetz** funktioniert recht gut. Alle Städte sind im Selbstwählverkehr miteinander verbunden. Problematisch werden Anrufe ins Ausland. Sie werden über das Amt vermittelt. Man muß schon sehr gut Rumänisch können, um mit der Vermittlerin zu sprechen. Auch müssen oft stundenlange Wartezeiten in Kauf genommen werden. Der Preis für Telefongespräche jeglicher Art ist äußerst niedrig.

In letzter Zeit können Sie auch in den großen Städten mit **Telefonkarten** telefonieren. Diese Karten erhalten Sie in jedem größeren Postamt. Die in Deutschland erhältlichen Karten funktionieren aber in Rumänien nicht!

Preise

Rumänien ist sicherlich das billigste Reiseland Europas. Der Wechselkurs verändert sich zunehmend zugunsten der Deutschen Mark. Im folgenden einige Preisbeispiele:

Mittagessen	DM 5
1 Flasche Bier	DM 0,60 bis 1,50
1 Flasche Rum oder Weinbrand	DM 2 bis 6
Brot	DM 0,50
Taxi	ca. DM 0,80/km
Eisenbahn	ca. DM 2 bis 3/100 km
Bus, Straßenbahn, Metro	ca. DM 0,10 bis 0,30 pro Fahrt

Hotels je nach Kategorie	DM 25 bis 300 pro Nacht
Camping	max. DM 15 pro Tag
Museen und Ausstellungen	max. DM 0,20
Briefe (Inland)	bis DM 0,20
Telefon (Inland)	ca. DM 0,10 je Einheit

Viele Preise brauchen nicht aufgeführt zu werden, da sie völlig unerheblich sind. In den Boutiquen und Devisenshops gleichen die Preise denen in Deutschland.

☺ Westliche Zigaretten kosten nur 30% des in Deutschland üblichen Preises.

Seuchen

Wegen der häufig schlechten hygienischen Bedingungen brechen hin und wieder in Rumänien **Infektionskrankheiten** aus. So kommen die Amöbenruhr und die Cholera gelegentlich vor. Das Ausmaß der Verbreitung der Cholera ist allerdings gering.

Besonders in der Stadt sollten Sie unbedingt nur abgewaschenes Obst essen. Auch vor Speiseeis sei gewarnt. Nur abgekochtes Wasser trinken!

Auf dem Land ist es anders: Aus Dorfbrunnen und Gebirgsbächen können Sie unbedenklich Ihren Durst stillen. Eine Choleraschutzimpfung ist wegen der geringen Wahrscheinlichkeit der Erkrankung sowie der Zweifelhaftigkeit der Wirkung nicht zu empfehlen.

Merkblatt für Auslandstätige und Auswanderer. Merkblatt Nr. 23: *Ratschläge zur Erhaltung der Gesundheit in tropischen und subtropischen Ländern.* Hrsg. vom Bundesverwaltungsamt, 50738 Köln.

Sport und Hobby

Angeln

Angler finden in Rumänien ein wahres Paradies vor. Der **Fischreichtum** der Gebirgsseen und der Flüsse ist beträchtlich, vor allem Regenbogenforellen sowie Bachforellen kommen häufig vor.

Aber auch in den übrigen Binnenseen gibt es viele Fische. Im Snagov-See z.B. sind schon über 100 kg schwere Welse gefangen worden. Karpfen, Schleie, Bleie, Hechte und Barsche sind die am häufigsten gefangenen Fische.

Der Traum jedes Anglers ist aber das **Donaudelta**. Über 100 Fischarten gibt es hier. Jedoch nicht alle sind für den Angler von Interesse. Neben Karpfen, Zander, Wels und Hecht kommen auch noch der Stör sowie der Sterlet vor. Letztgenannter wird Ihnen aber kaum an die Angel gehen, da seine Anzahl stark geschrumpft ist. Der gesamte Fischbestand geht zurück; vor allem die starke Verschmutzung der Donau trägt dazu bei.

Angelberechtigungen werden in den meisten Touristenbüros ausgestellt. Im Donaudelta sind vor allem große Fischereistationen für die Ausgabe der Angelscheine verantwortlich. In abgelegenen Gebieten ist der Erwerb dieses Dokumentes fast unmöglich. Überall im Land wird schwarzgeangelt, da dieser Sport zur Aufbesserung des oft recht dürftigen Speiseplanes dient.

Erkundigen Sie sich über Mindestmaße und Gewässersperrungen vor Ort. Die offiziellen Angler sind im Verband der Jäger und Angler (AGVPS) organisiert.

📖 *Angeln* - Basiswissen für Draußen (Band 21) von Harald Barth. Conrad Stein Verlag, ISBN 3-89392-121-4, DM 14,80.

Bergsteigen

Vor allem die Südkarpaten stellen ein angemessenes Terrain für die Ausübung dieses Sports dar. Das **Bucegi-Massiv** nimmt den ersten Platz in der Liste der Gebirge ein, die von den einheimischen Bergsteigern erklommen werden. Viele Wege werden in verschiedenen Büchern beschrieben. Leider sind diese fast ausschließlich in Rumänien erhältlich, so daß eine gute Organisation der Wandertouren von Deutschland aus sehr schwierig ist. Sie können lediglich versuchen, ob Ihnen das Rumänische Touristenamt in Frankfurt weiterhelfen kann.

In den **Südkarpaten** gibt es vielerorts Abschnitte, die erst noch erkundet werden müssen. Ein lohnendes Ziel für alle, denen die Alpen zu klein geworden sind.

Die rumänischen Wanderer gehen oft mit einer sehr primitiven Ausrüstung in die Berge, da sie einfach nicht die Möglichkeit haben, sich eine bessere zu besorgen. Ich bewundere immer wieder die Geschicklichkeit, mit der diese Menschen selbst schwierigste Stellen meistern. Keinesfalls sollten Sie diesen Bergfreunden überheblich gegenübertreten.

Ihre Ausrüstung mag zwar nicht perfekt sein, aber die Natürlichkeit und die Begeisterung, mit der diese Leute die Berge erklimmen, fasziniert mich immer wieder.

Bergwandern - Basiswissen für Draußen (Band 9) von Tim Castagne. Conrad Stein Verlag, ISBN 3-89392-109-5, DM 12,80.

Boot und Kanufahren

Zahlreiche Flüsse bieten Ihnen die unterschiedlichsten Möglichkeiten zum Wassersport. Die Palette reicht von Wildwasserfahrten bis zu gemächlichen Touren im Donaudelta.

Leider wurden auch in Rumänien zahlreiche Flüsse durch Kraftwerke verbaut. Am lohnendsten für eine Kanutour ist die **Donau**. Das Wasser ist meist ruhig und Sie können langsam bis ans Schwarze Meer paddeln und die Landschaft bewundern.

Der zweitgrößte Fluß Rumäniens, der **Mureş**, entspringt in den Ostkarpaten. Zwischen den Orten Deda und Topliţa beträgt der Höhenunterschied 200 m, so daß mit entsprechend starker Strömung gerechnet werden muß.

Der langsam fließende **Arieş** wird von rumänischen Wassersportlern am meisten befahren. An einigen Stellen führt der Fluß durch wunderschönes Karstgebiet. Hier wird dann auch die Strömung etwas stärker.

Der **Tîrnava Mare** (Kokelfluß) verlangt kaum größeren körperlichen Einsatz. Beeindruckend sind vor allem die vielen mittelalterlichen Bauten, die seinen Lauf säumen. Oft glaubt man sich um Jahrhunderte zurückversetzt. Leider ist der Flußlauf bei **Copsa Mică** sehr verschmutzt.

Die Wasserqualität scheint aber wieder - nach Schließung der größten "Dreckschleudern" - besser zu werden.

Der **Olt** ist nur auf seinem Oberlauf befahrbar, da weiter im Süden mehrere Kraftwerkskaskaden errichtet wurden, die seine Befahrung unmöglich machen.

Weiterhin von Interesse sind der **Siret**, die **Bistriţa** und einige andere Flüsse.

Ein Geheimtip ist die **Nera**. Dieser im westlichen Teil der Südkarpaten gelegene Fluß bahnt sich seinen Weg unter anderem durch eine Klamm, in der an beiden Seiten mehrere hundert Meter hohe Felswände emporstreben. Die schönste Strecke hat eine Länge von rund 25 km.

Das **Donaudelta** ist vor allem für Menschen geeignet, die in der Natur allein sein möchten. Eine starke Strömung fehlt hier. Die riesige Ausdehnung des Deltas sollte aber bei einer Tourenplanung unbedingt berücksichtigt werden. Ohne eine gute Karte oder einen Führer sollte ein derartiges Unternehmen nicht durchgeführt werden. Leider ist es fast unmöglich, entsprechende Literatur zu bekommen.

Das beste Buch zum Delta, das auch eine Karte enthält, ist: *Das Donaudelta* von Eugen Panighiant, erschienen im Verlag für Tourismus, Bukarest 1974. Dieses Werk gibt es in deutscher Sprache; seiner habhaft zu werden, ist das eigentliche Problem. 1992 ist eine recht gute Karte beim rumänischen Verlag "Odeon" erschienen. Vielleicht werden Sie auch in Antiquariaten fündig.

- *Kanuwandern* - Basiswissen für Draußen (Band 11) von Rainer Mareik. Conrad Stein Verlag, ISBN 3-89392-111-7, DM 12,80.
- *Solo im Kanu* - Basiswissen für Draußen (Band 10) von Cliff Jacobson. Conrad Stein Verlag, ISBN 3-89392-100-1, DM 12,80.
- *Canyoning* - Basiswissen für Draußen (Band 31) von Bertram Winkler und Gert Spilker. Conrad Stein Verlag, ISBN 3-89392-131-2, DM 14,80.

Jagd

Da Rumänien reich an Wild ist, verspricht die Jagd hier besonders erfolgreich zu werden. Westliche Jäger können gegen ein hohes Entgelt an einer Jagd in Rumänien teilnehmen. Da das Land aber unbedingt Devisen benötigt, besteht die Gefahr des Mißbrauchs dieser Regelung.

Die Bären wurden durch strenge Maßnahmen unter Schutz gestellt und ihre Abschußrate wurde genau festgelegt.

Ich bin der Meinung, als Tourist sollte man sich ausschließlich mit der Kamera "bewaffnen". Sonst werden wohl bald viele Tiere für immer aus den Wäldern der Karpaten verschwunden sein.

Radfahren

Viele rumänische Straßen sind wegen der gewaltigen Steigung nicht allzugut zum Radfahren geeignet. Darüber hinaus werden Sie Schwierigkeiten haben, Ersatzteile zu bekommen. Wegen der oft schlechten Straßenverhältnisse ist ein robustes Mountainbike wohl am besten geeignet, mit dem sich auch sonst schöne Touren ins Gebirge unternehmen lassen. Aber bitte auf dem Weg bleiben!

In der Nähe des Meeres und in den großen Ebenen lassen sich jedoch auch mit einem ganz normalen Fahrrad Ausflüge unternehmen. Unbedingt auf den Straßenverkehr achten!

Fahrräder ausleihen ist nur in den Schwarzmeerbädern möglich.

- *Mountainbiking* - Basiswissen für Draußen (Band 2) von Mike Strassman. Conrad Stein Verlag, ISBN 3-89392-102-8, DM 12,80.
- *Radwandern* - Basiswissen für Draußen (Band 34) von Andreas Bugdoll. Conrad Stein Verlag, ISBN 3-89392-134-6, DM 14,80.

Reiten

Von den rumänischen Reiseveranstaltern werden Reitkurse sowie mehrtägige Ausflüge durch die Karpaten angeboten. Vor allem in Poiana Braşov werden solche Touren durchgeführt. Genauere Informationen können Sie beim Rumänischen Touristenamt in Frankfurt einholen.

Schwimmen

In fast jedem großen Ort befindet sich ein Schwimmbad, das oft großzügig ausgelegt ist. Leider werden manche Bäder aus Hygienegründen stark gechlort. Vielerorts dienen auch Seen oder Flüsse als Bademöglichkeiten. Am Schwarzen Meer gehören Swimmingpools zum Bild aller größeren Hotels. Der Eintritt für öffentliche Schwimmbäder ist sehr niedrig.

Skifahren

Die Karpaten bieten natürlich eine große Betätigungsmöglichkeit für Wintersportler. In einigen Regionen gibt es gut ausgebaute Zentren mit Loipen und Abfahrtspisten. Das **Prahova-Tal** mit seinen Dörfern steht an erster Stelle der Wintersportorte. Aber auch im **Rodna-Gebirge**, im **Semenic-Gebirge** und anderen Massiven der Karpaten gibt es entsprechende Anlagen.

Schön ist, daß der Skitourismus in den Karpaten noch nicht solche Ausmaße angenommen hat wie in den Alpen. Die Anzahl der Lifte und Seilbahnen hält sich in Grenzen. Ein weiterer Vorteil besteht darin, daß diese Skigebiete sehr schneesicher sind. Sie können bei Reiseveranstaltern Pauschalreisen buchen, aber auch ein individueller Urlaub ist möglich. Sie müssen jedoch vorher Erkundigungen einholen, ob noch Hotelzimmer frei sind, da im Winter der Andrang recht groß ist.

☺ Die rumänischen Wintersportorte bieten ein lohnendes Ziel für alle, die der Hektik mitteleuropäischer Wintersportzentren entfliehen wollen.

Surfen

Diesem Hobby kann vor allem am **Schwarzen Meer** nachgegangen werden. In einigen großen Badeorten kann man Surfbretter ausleihen. Besser ist jedoch, sich sein eigenes Brett mitzubringen, da das Angebot der Verleihe keinesfalls ausreicht. Auch die **Lagunenseen** und einige **Binnenseen** sind vorzüglich zum Surfen geeignet.

Tennis

Es gibt nur in einigen Städten Anlagen, wo Sie diesem Sport nachgehen können. Die meisten Plätze gibt es in den großen Schwarzmeerbädern.

Wandern

Rumänien ist ein wahres Wanderparadies. Die Karpaten, die eine Fläche von über 60.000 km^2 einnehmen, sind kaum von Touristen überlaufen. Zum großen Teil wurden die Wanderwege sehr gut markiert. Riesige Wälder wechseln sich mit steil aufragenden Felsabschnitten ab. Die Einsamkeit sowie die reiche Tierwelt beeindrucken immer wieder. Bevor Sie in Rumänien wandern gehen, sollte aber der Umgang mit **Karte** und **Kompaß** gelernt werden, da Markierungen manchmal plötzlich verschwinden, um einige Zeit später ebenso unverhofft wieder aufzutauchen.

Hier einige **Ausrüstungstips**: Rucksack, Zelt, ein guter Schlafsack, Isomatte, Regenbekleidung, Wanderschuhe, Hüttenschuhe, Kopfbedeckung, ein gutes Messer, Taschenlampe, Kocher nebst Geschirr, Fernglas, Fotoapparat, Erste-Hilfe-Set, Trillerpfeife für Notsignale, Wanderstock usw. Jeder muß individuell entscheiden, was er benötigt. Für unerfahrene Wanderer und Trekker sind lange Touren in den Karpaten wohl nicht zu empfehlen, einfache Tagestouren bei fester Unterkunft natürlich ausgenommen.

Einfache, aber wunderschöne Touren können Sie im Gebiet der siebenbürgischen Kirchenburgen unternehmen. Nur Wegmarkierungen sucht man vergeblich.

📖 *Wildniswandern (Planen - Ausrüsten - Durchführen)* - Basiswissen für Draußen (Band 7) von Reinhard Kummer. Conrad Stein Verlag, ISBN 3-89392-108-7, DM 12,80.

♦ *Karte und Kompaß* - Basiswissen für Draußen (Band 4) von Cliff Jacobson. Conrad Stein Verlag, ISBN 3-89392-104-4, DM 12,80.

Tanken

Das Tanken kann manchmal zum Problem werden, da sich vor allem in großen Städten lange Schlangen an den Zapfsäulen bilden. Auf dem Land sieht es schon besser aus.

Das Netz der Tankstellen ist für einen verwöhnten Mitteleuropäer kaum ausreichend, zumal nicht immer alle Tankstellen gleichzeitig geöffnet haben. Die meisten finden Sie an den Ausfallstraßen der Städte. Der staatliche Tankstellenverbund ist die **PECO**.

Bleifreies Benzin ist in einigen Orten erhältlich (vor Reiseantritt beim ADAC erkundigen). Am günstigsten ist ein mit **Diesel** getriebenes Fahrzeug. Sie können dann leicht einen Lkw anhalten und dem Fahrer Treibstoff abkaufen. Daher gehören ein 20-l-Kanister und ein etwa 2 m langer Schlauch unbedingt zu Ihren Reiseutensilien. Ich bezahle den Lkw-Fahrern für 20 l DM 15, ein Geldbetrag, der meiner Meinung nach für beide

Parteien angemessen ist. Offiziell ist dieses nicht erlaubt, aber es interessiert niemanden, wenn man dagegen verstößt.

Da die Treibstoffkosten für Rumänen sehr hoch geworden sind, hat sich die Situation an den Zapfsäulen gebessert. Für westliche Touristen sind die Spritpreise jedoch immer noch gering (etwa DM 0,40 bis 0,60 pro Liter und Sorte).

Tankstellen für bleifreies Benzin

- **Arad**, Piața Vasile Roaită, durchgehend.
- **Bukarest**, Bd. Schitu Măgureanu 15, 7:00 bis 21:00.
  Str. Tudor Arghezi, 7:00 bis 21:00.
  Autostrada Pitești (Autobahn km 36), durchgehend.
- **Constanța**, Bd. Alex. Lăpușneanu 32, durchgehend.
- **Craiova**, Calea Bucuresti, 9:00 bis 18:00.
- **Suceava**, Str. 1. Mai 27, durchgehend.
- **Timișoara**, Hotel Pecotim, durchgehend.

Des weiteren entstehen zur Zeit an den wichtigen Verkehrswegen und vor allem in Grenznähe immer mehr Tankstellen, an denen fast überall bleifreies Benzin erhältlich ist.

Theater

In Rumänien ist eine große Anzahl sehr guter Theater vorhanden. Vor allem Gegenwartsstücke werden dort häufig aufgeführt. Themen der Bühnen sind die Dezemberrevolution sowie die neuesten politischen Ereignisse. Neben Bukarest ist vor allem Timișoara eine Hochburg des zeitgenössischen Theaters. In der letztgenannten Stadt sind viele Aufführungen in Ungarisch und Deutsch.

Die städtischen Tourismusbüros sowie die großen Hotels geben gern Auskunft und besorgen Ihnen bei Bedarf auch die notwendigen Eintrittskarten.

Trampen

Trampen funktioniert an Werktagen gut. Da die Rumänen sehr gesellig sind, müssen Sie nicht lange am Straßenrand warten. Selbst in einem vollbesetzten Auto wird noch Platz gemacht. In Rumänien trampt man bis ins hohe Rentenalter. Geld wird fast immer als Benzinkostenbeteiligung angenommen.

Transport

Das Verkehrsnetz des Landes ist gut ausgebaut. Das ist zum Teil darauf zurückzuführen, daß das ehemalige Regime den Benzinverbrauch durch Privatfahrzeuge möglichst gering halten wollte.

Flugzeug

Viele Großstädte besitzen einen Flughafen und werden von Bukarest aus angeflogen. Die Preise für ein Ticket sind auch für Ausländer unverschämt teuer. Bezahlte man früher für einen Flug z.B. nach Tulcea nur wenige hundert Lei, so hat sich heute der Preis um ein Vielfaches erhöht. Nach genauen Abflugzeiten und Preisen erkundigen Sie sich entweder beim Touristenamt in Frankfurt oder in Bukarest auf dem Inlandflughafen "Băneasa". Dieser befindet sich 40 km von Bukarest entfernt an der Nationalstraße Bukarest - Ploieşti.

Bahn

Alle großen Städte sind von Bukarest aus mit dem Zug erreichbar. Die Karpaten werden mehrmals von teilweise spektakulären Pässen durchbrochen. Die Bahnfahrpreise sind gering, auch wenn es immer wieder zu Preiserhöhungen kommt. Um einen Sitzplatz zu bekommen, müssen Sie sich rechtzeitig am Bahnsteig einfinden, da der Andrang sehr hoch ist.

Für einige Züge, wie z.B. für Schnellzüge, muß ein kleiner Aufschlag gezahlt werden. Sie sind im Fahrplan mit "accelerat" gekennzeichnet. Da selbst vielen Rumänen die Bahnfahrt zu teuer geworden ist, sind überfüllte Züge selten geworden.

Für lange Strecken empfehle ich Ihnen, die erste Klasse zu benutzen. Die Preise sind nur unwesentlich teurer, und die Abteile sind auch viel sauberer. Denken Sie auch daran, daß die Fahrkarten aller Klassen erst eine halbe bis eine Stunde vorher und nur an dem dafür bestimmten Schalter verkauft werden.

Bus

Vom Busfahren würde ich vor allem während des Berufsverkehrs abraten. In den Städten hängen oft Dutzende von Menschen außen an den völlig überfüllten öffentlichen Verkehrsmitteln. Außerhalb der Ballungsgebiete ist die Situation besser. Überlandbusse haben sehr unregelmäßige Abfahrtszeiten, auch kann es Ihnen passieren, daß wegen des schlechten technischen Zustandes der Fahrzeuge die Fahrt für aufwendige Reparaturen unterbrochen werden muß.

Die Fahrpreise sind auch hier extrem niedrig; es handelt sich nur um Pfennigbeträge.

In den Städten verkehren auch Straßenbahnen und Trolleybusse (Oberleitungsbusse). Für beide gilt auch das eben Gesagte.

M Metro

In den vergangenen Jahren förderte die Regierung dieses Verkehrsmittel im starken Maße. Viele Busse wurden abgeschafft und der Verkehr wurde unter die Erde verlegt. Das Ergebnis war ein totales Verkehrschaos.

In den letzten Jahren hat man viel getan, um die Metro wieder in Ordnung zu bringen - was auch gelungen ist. Ich kann Ihnen die Benutzung auch nachts - anders als früher - auf jeden Fall empfehlen.

Schiff

Auf der **Donau** verkehren ständig Ausflugsschiffe. Im Donaudelta gibt es sog. Flußtaxis, die die einzelnen Ortschaften miteinander verbinden. An mehreren Stellen können Sie dic Donau mit Fähren überqueren. Diese sind auf der Landkarte eingezeichnet. Für eine Überfahrt mit dem Auto zahlt man etwa Lei 40 bis 80 (DM 0,10 bis 0,20).

Taxi

Vor allem an Bahnhöfen stehen eine große Anzahl von Wagen bereit. Es werden zur Zeit auch private Taxiunternehmen gegründet. Das Taxifahren an sich ist sehr billig. Man muß pro Kilometer DM 0,50 bis 1,20 rechnen. Da der Benzinpreis öfter einmal ansteigt, verändert sich natürlich auch die Kilometerpauschale.

Mietwagen

Ausleihen können Sie Autos der Marken "Dacia" und "Olcit" (Lizenz Renault und Citroën) vor allem bei den großen Touristenbüros in den Städten. Der Preis pro Tag beträgt etwa DM 85 ohne Kilometerbegrenzung. Seit kurzem können Sie auch westliche Modelle ausleihen. Bitte vorher über Angebot und Preise informieren.

Trinkgeld

Trinkgeld ist meist schon im Preis enthalten. Den Betrag können Sie aus der Rechnung entnehmen. Es ist jedoch nicht falsch, bei guter Bedienung großzügig zu sein. DM 0,50 bis 1,20 halte ich für völlig angemessen.

Unfall

Im Falle eines Unfalls darf die Lage der Autos bis zum Eintreffen der Polizei nicht verändert werden. Sollte jemand verletzt werden, so ist sofort Erste Hilfe zu leisten. Ist es nicht möglich, einen Krankenwagen zu rufen, so ist der Transport von Verletzten notfalls selbst durchzuführen. Danach sofort zum Unfallort zurückkehren.

Auf keinen Fall bei Unfällen einfach Protokolle unterschreiben. Bestehen Sie auf einen Übersetzer! Es kann sonst Ärger mit der Versicherung geben, da in Rumänien keinesfalls alle Autofahrer einen Versicherungsschutz besitzen.

Bei kleinen Schäden, die selbst verursacht wurden, auf jeden Fall die Polizei aufsuchen. Die Behörden stellen dann eine Bescheinigung aus, die nachweist, daß Sie den Unfall gemeldet haben und nicht unfallflüchtig sind. Dasselbe gilt für Schäden, die bereits vor der Einreise nach Rumänien am Auto sichtbar waren. Fahrerflucht wird erbarmungslos geahndet.

Unterkunft

Hotels

gibt es in den unterschiedlichsten Klassen. Ich finde diese vollkommen überteuert, was Hygiene und Service angeht. (Ausländische Touristen zahlen oft den zehnfachen Preis!) Auch bieten nur wenige Häuser sichere Stellplätze für Autos. Sehr gut sind die Hotels in den großen Ferienorten am Meer sowie im Gebirge. Auch einige Großstädte wie Bukarest, Braşov und Sibiu verfügen über exklusive Häuser. Letztgenannte sind sehr teuer. Die Preise belaufen sich zwischen DM 50 und 300 pro Nacht. Das exklusivste Hotel ist das "Intercontinental" in Bukarest.

Motels

Hier gilt das gleiche wie für Hotelanlagen.

Hanuls

liegen meist an den großen Straßen. Von recht unterschiedlicher Qualität, bieten sie ziemlich preisgünstig Unterkunft für ein oder zwei Nächte.

Auf jeden Fall darauf achten, daß das Auto sicher abgestellt werden kann.

Pensionen

sind erst im Entstehen, da während der kommunistischen Diktatur die Kontaktaufnahme von Privatpersonen zu ausländischen Touristen streng verboten war. Vor allem in den großen Städten wie Bukarest, Cluj, Timişoara, Sibiu usw. werden Ihnen auf der Straße oft Übernachtungen recht günstig von Privatpersonen angeboten.

Camping

Es gibt in Rumänien ca. 150 Campingplätze der unterschiedlichsten Kategorien. Viele von ihnen haben allerdings nichts mit den in Mitteleuropa üblichen Plätzen gemein. Vielerorts läßt die Hygiene zu wünschen übrig. Auch der Service und die Einkaufsmöglichkeiten sind meist schlecht. Dafür sind aber die Preise für einen Westeuropäer sehr niedrig. Sie müssen pro Tag für einen Zeltstellplatz etwa mit DM 1,50 bis 8 rechnen. Für ein kleines Campinghäuschen oder einen Platz für den Wohnwagen müssen Sie bis DM 10 hinzubezahlen. Sie kommen also pro Tag auf ungefähr DM 5 bis 20.

Wenn einmal kein Campingplatz in der Nähe sein sollte, können Sie Ihr Zelt getrost irgendwo aufschlagen. Nur an besonders gekennzeichneten Stellen ist Campen verboten. Wohnwagen und Anhänger dürfen nicht einfach aufgestellt werden, doch habe ich die Erfahrung gemacht, daß es eigentlich niemanden interessiert, wenn man sich nur vernünftig benimmt.

DCC-Campingführer Europa, Deutscher Camping-Club e.V., Mandlstr. 28, 80802 München, ☎ 089/3801420, FAX 089/334737.

Hütten (*cabanas*)

Die Hütten sind wohl die schönsten Unterkünfte, die das Land besitzt. Sie sind mit viel Liebe eingerichtet und urgemütlich. Oft in wunderschöner Landschaft gelegen, werden sie gern als Stützpunkte für Wandertouren genutzt. Die Versorgung der Hütten mit Lebensmitteln ist recht gut, häufig besser als in den Orten.

Oft pilgern die Schäfer zu ihnen, um ein Bier oder eine Flasche Wein zu trinken. Auf diese Weise kann es zu herzlichen Begegnungen zwischen Einheimischen und Touristen kommen.

Manche Hütten sind auch mit dem Auto erreichbar, viele jedoch nur nach stundenlangem Fußmarsch. Die Preise sind sehr niedrig. Eine Nacht kostet max. DM 5. Sollte eine Hütte belegt sein, so ist es ohne Probleme möglich, sein Zelt in unmittelbarer Nähe aufzuschlagen.

Vor allem in der Ferienzeit sind leicht erreichbare Hütten oft mit Schulklassen überfüllt. Auf laute Discomusik bis 2:00 früh sollten Sie sich dann gefaßt machen.

Verkehrsregeln

Die Verkehrsregeln entsprechen unseren Vorschriften. Die Ausschilderung ist meines Erachtens sehr gut. Auch in abgelegenen Gebieten ist der Weg leicht zu finden. In der Stadt geht es meist etwas chaotisch im Straßenverkehr zu. Sie sollten aber als Ausländer möglichst genau nach Vorschrift fahren.

Verpflegung

Die allgemeine Versorgungslage ist recht gut geworden. Es gibt in den großen Städten eigentlich alles zu kaufen. Leider sind viele Waren für die Rumänen unerschwinglich geworden. Sollten Sie auf lange Wandertouren gehen, denken Sie daran, daß Spezialverpflegung in Rumänien nicht erhältlich ist. Ein Nachkauf ist fast unmöglich.

Ich empfehle, sich schon zu Hause einen genauen Speiseplan zu machen. Neben Schmackhaftigkeit sollte das Gewicht berücksichtigt werden. Mein Reiseproviant besteht vor allem aus Teigwaren, Reis und kochfertigen Knödeln als Grundnahrungsmittel. Hinzu kommen die Beilagen. Auch Suppen, Schokolade, Kaffee und Tee gehören ins Gepäck. Empfehlen möchte ich Getränkepulver, da die rumänische Limonade recht süß ist und noch mehr Durst macht. Bei einem derartigen Speiseplan muß natürlich ein höheres Rucksackgewicht in Kauf genommen werden.

Zoll

Seit der Revolution 1989 sind die Bestimmungen gelockert worden. Streng verboten ist die Einfuhr von Waffen, Munition, radioaktiven Stoffen, Drogen und rumänischer Währung.

Devisen dürfen in beliebiger Höhe ein- und ausgeführt werden. Der Zwangsumtausch wurde abgeschafft. Wohnwagen, Campinganhänger sowie Anhänger wurden von der ehemals bestehenden Zollgebühr befreit.

☺ Vor Reiseantritt sollten Sie sich beim Rumänischen Touristenamt in Frankfurt über etwaige Änderungen der Bestimmungen erkundigen.

☞ Information.

Bukarest

Auskünfte erhalten Sie im "Ont Carpaţi" (Rumänisches Touristenamt), Bd. G. Magheru 7, ☏ 90/145160, oder in allen großen Hotels der Stadt.

Hotel Intercontinental (größtes Hotel des Landes), Bd. N. Bălescu. Hotel Bucureşti. Hotel Athénée Palace. Hotel Continental. Hotel Bulevard. Hotel Flora. Hotel Lido. Hotel Nord. Hotel National. Hotel Hanul lui Manuc. Hotel Cerna (gegenüber dem Nordbahnhof).

♦ Vor dem Bahnhof und vor den großen Hotels werden Sie oft von Bürgern angesprochen, die **privat Zimmer** vermitteln. Hier finden Sie meist für wenig Geld eine vernünftige Unterkunft. Aber auch hier gilt: Den Preis unbedingt vorher aushandeln!

Alle Hotels sind völlig überteuert. Eine Übernachtung kostet über DM 80, billige Hotels sind sehr schwer ausfindig zu machen.

"Băneasa" im gleichnamigen Wald, 10 km nördlich der Stadt.
♦ "Cernica", 10 km östlich von Bukarest an der DN 3.
♦ "Pustnicul", 20 km östlich von Bukarest.

"Hanul lui Manuc", Str. 30 Decembrie.
♦ "Odobeşti", Calea Mosilor 189.
♦ "Bucur", Str. Col. Poenaru Bordea 2.
♦ "Peştera", Str. Dianei 2.
♦ "Carul cu Bere", Str. Stavropoleos 3.
♦ "Lido", Bd. Magheru 5.
♦ "Caraiman", Calea Victoriei 116.
♦ "Ovidiu", Str. Mincu 1, sowie in den Hotels Intercontinental und Athénée Palace.
♦ Des weiteren gibt es jetzt eine große Anzahl von Imbißbuden und Kiosken. Auch Pizzerias und Fast-food-Restaurants haben in Rumäniens Hauptstadt Einzug gehalten.

Internationale Restaurants
♦ "Berlin", Str. C. Mille 4 (deutsche Küche).
♦ "Nan Jing", Str. Loc. Lemna 2 (chinesische Küche).

Nachtbars
♦ In den Hotels Intercontinental und Athénée Palace.

Geschichte

Die heute über zwei Millionen Einwohner zählende Metropole an dem kleinen Fluß **Dîmboviţa** tauchte das erstemal 1459 in einer Schrift, die von Vlad Ţepeş verfaßt wurde, auf. Aber auch im frühen Altertum, zur Zeit der Römer und Daker, ist dieses Gebiet besiedelt gewesen.

Im Laufe der Zeit entwickelte sich Bukarest immer mehr zum **Herrschaftszentrum der Walachei**. Die Stadt wurde mehrmals von den unterschiedlichsten Feinden erobert und geplündert.

Im Jahre 1678 übernahm der berühmte **Fürst Brîncoveanu** die Macht in Bukarest. Seine Amtsübernahme wurde zu einem großen Spektakel und zahlreiche geistliche sowie weltliche europäische Würdenträger nahmen daran teil.

Der Sitz der Machtausübung war der **Curtea Veche Domneasca** ("Alter Fürstenhof"). Außer diesem Fürstensitz prägte der Fürst eine Anzahl von Bauwerken der Walachei durch den sogenannten Brîncoveanu-Stil.

In der berühmten **Karawanserei Hanul lui Manuc** wurde 1812 der Friedensvertrag zwischen der Türkei und Rußland unterzeichnet.

Im Jahre 1859 wurde die **Vereinigung der Walachei und der Moldau** vollzogen. Diese Verbindung wurde mit der Wahl des Fürsten Alexandru Ioan Cuza erst möglich. Mehr als 30.000 Bukarester erzwangen seine Wahl, indem sie das Gebäude der Nationalversammlung belagerten.

1878 wurde Bukarest dann offiziell zur **Hauptstadt** ganz Rumäniens. Der Anfang des zwanzigsten Jahrhunderts war gekennzeichnet von starken sozialen Spannungen in der Stadt, die sich in zahlreichen Aufständen und Streiks entluden.

Während des **Ersten Weltkrieges** war Bukarest zwei Jahre lang unter deutscher Besatzung. Im **Zweiten Weltkrieg**, am 23.8.1944, wurde die Stadt zum Schauplatz eines gewaltigen Aufstandes gegen die faschistische Diktatur des Marschalls Antonescu. Rumänien beendete damit den Krieg an der Seite Deutschlands und kämpfte auf Seiten der Alliierten. Direkt nach Kriegsende bildete Mihai I. eine demokratische Regierung. Der Einfluß der Sowjetunion wuchs jedoch und der König mußte Bukarest verlassen. Anschließend wurde eine **Volksrepublik** ausgerufen.

Im Jahre 1965 übernahm **Nicolae Ceauşescu** die Macht in Rumänien. Dieser Diktator trug viel zur Zerstörung der alten Architektur Bukarests bei. Durch seine wahnwitzigen Pläne wurde ein großer Teil der Altstadt zerstört. Ein übriges tat das schwere Erdbeben, das Bukarest im Jahre 1977 erschütterte. Auch heute noch sind Auswirkungen dieser Katastrophe an manchen Stellen sichtbar. Trotz der großen baulichen Veränderungen in der rumänischen Hauptstadt gibt es hier noch viele äußerst interessante Bauwerke. Um dem Namen "**Kleine Schwester von Paris**" wieder gerecht zu werden, muß sich in Bukarest aber noch vieles tun.

Der Mittelpunkt der Stadt, von dem alle Unternehmungen ausgehen, sind der **Bd. G. Magheru** sowie der **Bd. N. Bălcescu**. Aber auch vom Victoria-Platz erreichen Sie alle wichtigen Sehenswürdigkeiten.

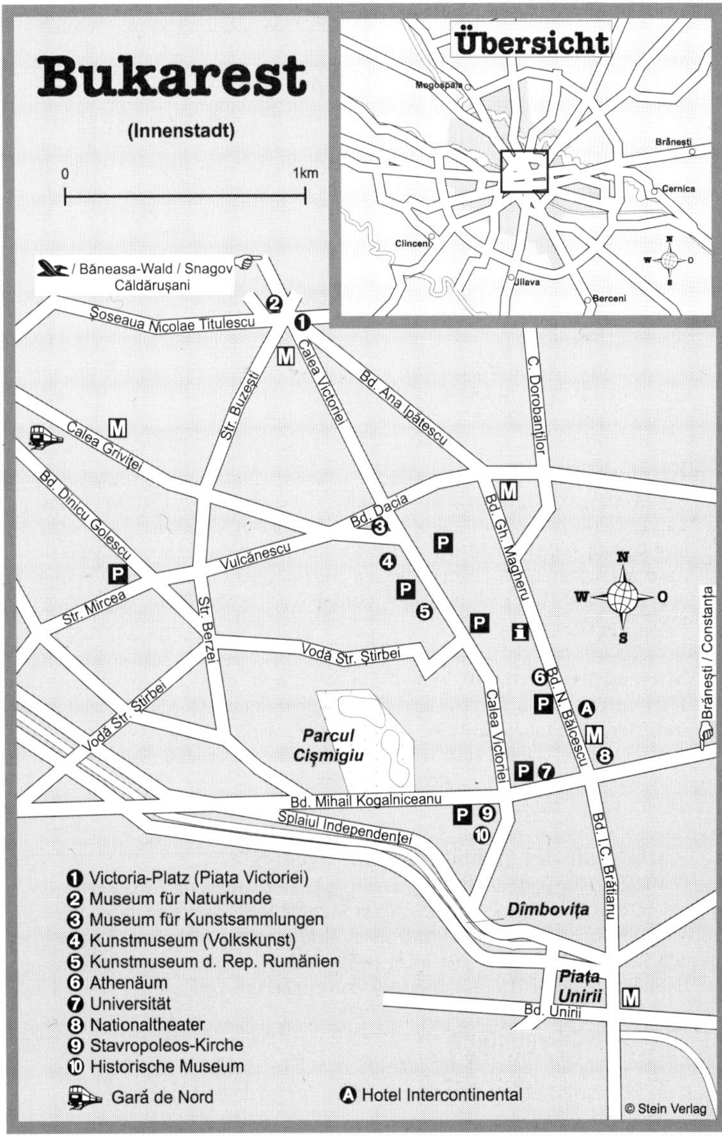

Bukarest
(Innenstadt)
0
1km
Übersicht
Mogoșoaia
Brănești
Cernica
Clinceni
Jilava
Berceni
N
W
O
S
/ Băneasa-Wald / Snagov
Căldărușani
Șoseaua Nicolae Titulescu
Calea Victoriei
Bd. Ana Ipătescu
Str. Buzești
C. Dorobanților
Calea Griviței
Bd. Dacia
Bd. Gh. Magheru
Bd. Dinicu Golescu
Vulcănescu
Str. Mircea
Str. Berzei
Vodă Str. Știrbei
Bd. N. Bălcescu
Brănești / Constanța
Parcul Cișmigiu
Bd. Mihail Kogalniceanu
Splaiul Independenței
Bd. I.C. Brătianu
Dîmbovița
Piața Unirii
Bd. Unirii
1 Victoria-Platz (Piața Victoriei)
2 Museum für Naturkunde
3 Museum für Kunstsammlungen
4 Kunstmuseum (Volkskunst)
5 Kunstmuseum d. Rep. Rumänien
6 Athenäum
7 Universität
8 Nationaltheater
9 Stavropoleos-Kirche
10 Historische Museum
Gară de Nord
A Hotel Intercontinental
© Stein Verlag

Bauwerke

Bukarester Universität

Ein Gebäude aus dem vorigen Jahrhundert, das 1922 umgebaut wurde. In seiner Nähe befindet sich die während der Revolution 1989 stark beschädigte Universitätsbibliothek. Die zahlreichen Einschüsse an ihrer Fassade erinnern an die schweren Kämpfe. Zur Zeit werden die Schäden wieder behoben.

☞ Karte, Nr. ❼.

Nationaltheater

In den 70er Jahren entstanden, werden in diesem imposanten Bau mit seinen drei Bühnen Stücke jeglicher Art aufgeführt.

☞ Karte, Nr. ❽.

Kirche Curtea Veche

Sie ist das älteste Gotteshaus der Stadt. Die ehemalige Hofkirche des Fürsten Brîncoveanu beeindruckt durch den hohen Uhrenturm, von dem aus die Gläubigen zur Messe gerufen wurden. Es sind auch noch Mauerreste des eigentlichen Fürstenhofes zu erkennen. Auf dem Gelände befindet sich das Hofmuseum. Hier werden vor allem Reste des Alten Fürstenhofes gezeigt.

Stavropoleos-Kirche

1724 erbaut, diente sie zunächst als Kapelle für einen Gasthof. Erweitert wurde der Bau im Jahre 1730. Der Sakralbau wirkt winzig zwischen den ihn umgebenen, hohen Häusern. Sehr eindrucksvoll an ihm sind die aufwendigen Verzierungen an der Außenfront.

☞ Karte, Nr. ❾.

Kathedrale des orthodoxen Patriarchats

Der Bau stellte ursprünglich das Zentrum eines Klosters dar. 1654 erbaut, wurde es später Sitz des walachischen Metropoliten. Von den alten Malereien im Inneren ist nur ein gestiftetes Bild erhalten geblieben. Es zeigt den Kaiser Konstantin, aber nicht in römischer Tracht, sondern in einer Bekleidung, die an den Stifter Radu Leon erinnert.

Nationalversammlung

Steht in unmittelbarer Nähe der eben beschriebenen Kathedrale. Ein typisch klassizistischer Bau aus den ersten Jahren unseres Jahrhunderts.

Kirche Fundenii Doamnei

Etwas abseits gelegen. Ein typischer Dreikonchenbau mit Atrium (Säulenvorhalle), Tambourkuppel, bei der ein zylinderförmiges Zwischenteil Kuppel und Dach miteinander verbindet, sowie einem kleinen Glockenturm.

Sehr schön sind die zahlreichen Stuckarbeiten. Experten nehmen an, daß die Künstler aus dem Orient stammten.

Colțea-Kirche

Eines der schönsten Bauwerke im Brîncoveanu-Stil. Der Bau befindet sich auf dem Gelände des ältesten Krankenhauses der Stadt. Im Hof des Spitals befindet sich ein Standbild des Stifters Mihai Cantacuzino. Das Krankenhaus wird auch heute noch genutzt. Ein Besuch der Kirche ist aber trotzdem möglich.

Crețulescu-Kirche

Ein Ziegelbau, der von der Bojarenfamilie Crețulescu im Jahre 1722 gestiftet wurde. Die Kirche steht auf den Ruinen einer ehemaligen Holzkirche und wird von einem schönen Park umgeben.

Klosterkirche Mihai Voda

Errichtet 1589 bis 1591, war sie eine Stiftung des Fürsten Michael des Tapferen. Von dem gesamten Kloster ist leider nur die Kirche erhalten geblieben.

Herberge Hanul lui Manuc

Früher gab es eine große Anzahl derartiger Gasthöfe in Bukarest. Hier übernachteten die Karawanen auf ihrem Weg nach Konstantinopel. Mit der immer weiter vorankommenden Eisenbahn war auch das Ende dieser Karawansereien gekommen. Nur die "Hanul lui Manuc" wurde erhalten und wiederholte Male restauriert. Sie steht in der Nähe des Alten Fürstenhofes und ist heute ein beliebtes Restaurant.

Der große Hof, in dem Sie an Sommerabenden beim Bier sitzen können, wird umrahmt von den Gebäuden, in denen früher die Gästezimmer untergebracht waren.

Schloß Ghika

Etwas außerhalb des Zentrums gelegen, ganz in der Nähe des Tei-Sees. Die ehemalige Sommerresidenz des Fürsten Ghika IV. ist das bedeutendste klassizistische Bauwerk der Stadt.

Athenäum

Es handelt sich um eines der eindrucksvollsten Bauwerke Bukarests. Die riesige Eingangshalle wurde nachträglich mit einem Wandfries, auf dem die Geschichte des rumänischen Volkes dargestellt ist, ausgeschmückt. Der in den Jahren 1886-88 errichtete Bau ist ein typisches Beispiel des französischen klassizistischen Eklektizismus auf rumänischem Boden.

☞ Karte, Nr. ❻.

Triumphbogen

Eine Nachbildung des Pariser Vorbildes. Er ist ein Denkmal für die rumänische Einheit. Dieser neoklassizistische Bau wurde 1936 fertiggestellt und ist mit zahlreichen Steinmetzarbeiten rumänischer Künstler ausgeschmückt.

Volkskunstmuseum

Wird dem französischen Architekten Sanjouand zugeschrieben. Ein Bau im klassizistischen Stil (☞ Museen und Ausstellungen).

☞ Karte, Nr. ❹.

Historisches Museum

Das sehr imposante Bauwerk war früher Sitz der Postverwaltung. Sie sollten Ihre Aufmerksamkeit außer den sehr interessanten Ausstellungsstücken auch dem Bau selbst widmen (☞ Museen und Ausstellungen).

Palast des Volkes

Der ehemalige Herrscherpalast des Diktators Ceauşescu. Dem Bau mußte einer der geschichtsträchtigsten Stadtteile weichen. Der Palast liegt auf einer kleinen Anhöhe, in unmittelbarer Nähe des Zentrums. Dorthin führt eine überdimensionale Prachtstraße. Das eigentliche Bauwerk beherbergt **mehrere tausend Zimmer**, von denen einige die Größe ganzer Konzertsäle haben. Das Innere wurde mit zahlreichen Verzierungen versehen. Bemerkenswert ist, daß alle Baumaßnahmen und Kunstwerke nur von Rumänen ausgeführt werden durften.

Unter dem Gebäude befand sich ein großer **Atombunker**, in dem Ceauşescu Zuflucht finden sollte. Der Bau hat Millionen von Lei gekostet und es wurden alle Spezialisten des Landes abgezogen, um dieses Vorhaben zu verwirklichen. Zweifellos ist der Palast des Volkes, wie er heute heißt, einer der eindrucksvollsten Bauwerke, die in Europa in den letzten 100 Jahren errichtet wurden.

Bis etwa 1996 darf man das eigentliche Gebäude leider nicht betreten, da noch Bauarbeiten durchgeführt werden.

Weitere interessante Bauten der Stadt

- Ehemaliges Restaurant "Buffet",
- Historisches Museum der kommunistischen Partei,
- Haus des Bukarester Volksrates,
- Reiterdenkmal Michael des Tapferen.

Museen und Ausstellungen

Geöffnet sind sie täglich (außer montags) meistens von 10:00 bis 18:00. Die Eintrittspreise sind sehr niedrig.

Kunstmuseum der Republik Rumänien

Piaţa Palatului: Mittelalterliche Kunst, nationale Malerei, internationale Malerei.

☞ Karte, Nr. ❺.

Historisches Museum Rumäniens

Calea Victoriei 12: Eines der interessantesten Museen des Landes. Über 50.000 archäologische Exponate, u.a. eine Schatzkammer und eine Nachbildung der Trajanssäule von Rom.

Museum der Kunstsammlungen

Calea Victoriei, Ecke Calea Grivitei: Hervorgegangen aus zahlreichen Privatsammlungen, die beim Erdbeben 1977 zerstört wurden, z.B. Sammlung Minulescu: Hinterglasikonen; Sammlung Slatineanu: Töpferarbeiten; Sammlung Severeanu: Schmuck und Münzen; Sammlung Minovici: Volkskunst; Sammlung Zambaccian: Malerei (u.a. Renoir und Picasso).

☞ Karte, Nr. ❸.

Theodor-Aman-Museum

C.A. Rosetti Str. 8: Malerei und Möbel.

Museum der Geschichte Bukarests

Bulevardul 1848 2.

Museum für Naturkunde

Şos. Kisseleff 1.

☞ Karte, Nr. ❷.

Museum für Anthropologie

Bd. Dr. Petru Groza 2: Eintritt nur mit Genehmigung der Direktion!

Dorfmuseum

Şos Kisseleff 20, am Ufer des Herăstrău-Sees gelegen: Eines der interessantesten ethnographischen Museen Europas. Auf einer Fläche von 10 ha wurden über 70 Gehöfte und 300 sonstige Bauten aus allen Regionen des Landes originalgetreu wiederaufgebaut. Sehr empfehlenswert.

Verkehrsmittel

Da sich fast alle sehenswerten Bauwerke in der Nähe des Stadtkerns befinden, können Sie auf öffentliche Verkehrsmittel weitgehend verzichten. Die Metro führt kaum über die Stadtgrenzen hinaus. Vor allem Busse bestimmen das Stadtbild.

Vom **Autobusbahnhof Băneasa** aus verkehren die Busse in die nähere Umgebung von Bukarest. Der **zentrale Autobusbahnhof** (DRTA) ist Ausgangspunkt für Fahrten ins Stadtinnere sowie in die umliegenden Orte.

Zum internationalen **Flughafen Otopeni** gelangen Sie entweder per Taxi, oder Sie benutzen den Pendelbus, der an der Tarom-Zentrale, Str. Brezoianu 10, abfährt.

Es gibt drei große **Bahnhöfe** in der Stadt. Der bedeutendste ist der **Gară de Nord** (Nordbahnhof). Hier halten alle internationalen und wichtigen nationalen Züge. Vom Bahnhof aus können Sie per Metro, Taxi oder Bus ins Zentrum fahren. Der **Gară de Est** (Ostbahnhof) verbindet Bukarest mit Constanța, während der **Bahnhof Băneasa** vorwiegend die Orte südlich der Karpaten mit der rumänischen Metropole verbindet.

M Im Gegensatz zu früheren Angaben kann ich Ihnen jetzt eine **Metrofahrt** uneingeschränkt empfehlen.

Einkaufen

Neben mehreren großen Kaufhäusern, die aber kaum etwas Besonderes anzubieten haben, gibt es zahlreiche kleine Geschäfte, in denen Sie ab

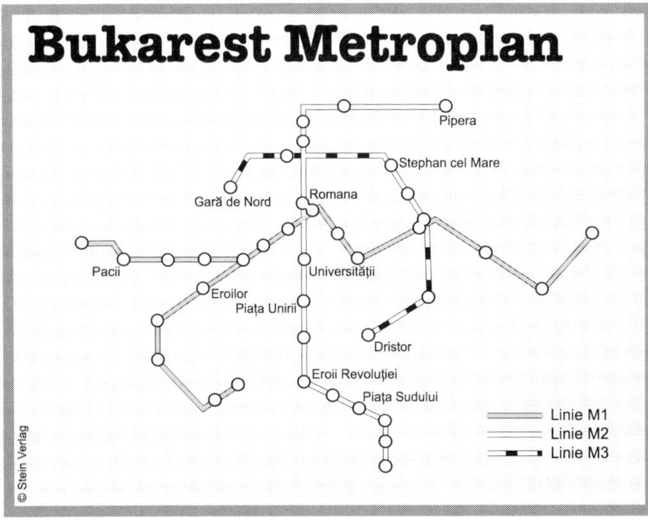

und zu schöne **Kunstgewerbeartikel** kaufen können. Sie müssen sich jedoch schon etwas Zeit nehmen, um diese Läden zu finden. Bukarest ist auf keinen Fall eine "Shoppingstadt" wie z.B. Budapest.

Sehr schön ist die **Strada Lipscani** (Leipziger Straße). Dort gibt es eine Menge kleiner Läden, und es findet fast immer ein Flohmarkt statt, auf dem sich manch schöne Dinge erwerben lassen.

Nicht zu vergessen sind die zahlreichen **Devisenshops** in den Hotels. Hier finden Sie eher Sachen, die Sie in den Auslagen der Bukarester Geschäfte vergeblich suchen. Diese Art von Läden verliert aber immer mehr an Bedeutung.

Die nähere Umgebung von Bukarest

Cernica

Naherholungsgebiet am gleichnamigen See. Neben einem Campingplatz gibt es einige Restaurants. In der Umgebung des Sees steht das Kloster Cernica, eines der größten Bauwerke dieser Art in Rumänien.

Băneasa-Wald

Beliebtestes Naherholungsgebiet der Hauptstädter. Außer einem kleinen Zoo gibt es hier zwei gemütliche Restaurants. Die Busverbindung vom Zentrum erfolgt mit der Linie 148.

Mogoşoaia

An einem See der Colentina-Au gelegen. Hier steht einer der schönsten Bauten des Fürsten Brîncoveanu, der in seinem Auftrag 1702 errichtet wurde. Das Schloß war als Wohnsitz eines Sohnes des Fürsten gedacht. Vor dem Bezug des Schlosses wurden die Brîncoveanus von den Türken hingerichtet. Heute wird es für Staatsempfänge genutzt.

Buftea

"Hollywood" Rumäniens genannt. Hier erstrecken sich die Anlagen der rumänischen Filmindustrie. Ein Erholungsgebiet schließt sich an.

Potlogi

Dort steht ein weiterer Palast des Fürsten Brîncoveanu. Der im Jahre 1698 errichtete Bau zählt zu den bedeutendsten seiner Stilrichtung.

Căldăruşani

Altes Zentrum rumänischer Kultur. Das Căldăruşani-Kloster liegt malerisch an einem See. Gestiftet wurde es vom Fürsten Basarab 1638. Besonders wertvoll ist die **Klosterbibliothek**, die im ganzen Land ihresgleichen sucht. Wertvolle Schriften sind hier entdeckt worden.

Snagov

Das schönste und größte Erholungsgebiet in der unmittelbaren Umgebung Bukarests. Der mehrere Hektar große **See** wird von einem unter Naturschutz stehenden **Wald** umgeben. Sie können hier Boote ausleihen und auch ein sehr gut geführter Campingplatz wurde angelegt. Der See ist für seinen außerordentlichen Fischreichtum bekannt.

Schön ist auch die **Kirche** des ehemaligen Klosters. Sie steht auf einer kleinen Insel, die mit dem Kahn oder einem Ausflugsdampfer erreichbar ist. Dracula soll hier auf geheimnisvolle Weise beerdigt worden sein.

In der Nähe des Sees steht ein Gebäude, das als Empfangshaus der Regierung dient. Dieses Gebiet darf nicht betreten werden.

Walachei

Lage

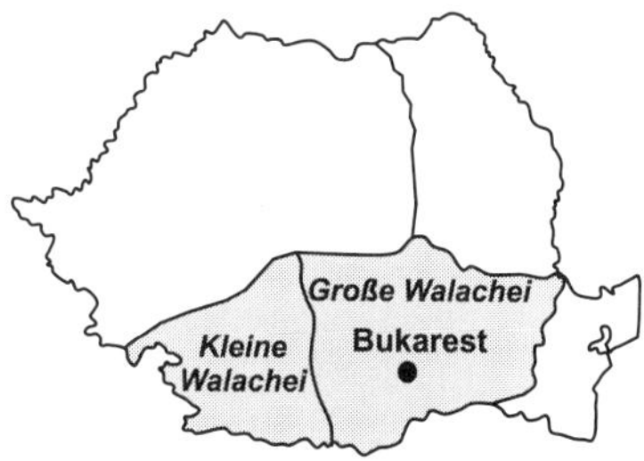

Das Gebiet der Walachei erstreckt sich von den Südhängen der Südkarpaten bis an die Ufer der Donau. Auch im Osten ist die Donau der Grenzfluß. Sie trennt dort die Walachei von der Dobrudja. Das gesamte Gebiet gliedert sich in zwei Teile, zum einen in den Abschnitt westlich des Olts, **Oltenien** (Kleine Walachei), und zum anderen in das Land östlich dieses Flusses, **Muntenien** (Große Walachei). Die Walachei wird auch "Ţara Romăneasca", was soviel wie "Rumänenland" bedeutet, genannt.

Das Landschaftsbild bestimmen zum Teil imposante **Bergketten** wie das Bucegi- oder das Cozia-Gebirge, wo auch Unterkunftsmöglichkeiten wie Kurhotels, Herbergen und Berghütten zu finden sind. Andererseits nimmt eine riesige **Ebene**, die bis an die Donau reicht, einen Großteil der Walachei ein. Auch die **Donau** mit ihren Flußarmen und kleinen Seen prägt natürlich entscheidend den Charakter dieser Region. In der sanften Hügellandschaft am Südrand der Karpaten befinden sich zahlreiche Klöster und andere kulturhistorisch wertvolle Bauwerke.

Die in der Walachei liegende Stadt ☞ **Bukarest** mit ihren rund Zwei Millionen Einwohnern ist die Hauptstadt Rumäniens und zugleich das wichtigste Industriezentrum des Landes. Diese früher auch als "Klein-Paris" bezeichnete Stadt hat in den letzten Jahrzehnten, während der Herrschaft des kommunistischen Regimes, viel von ihrer Anziehungskraft verloren. Zahlreiche alte, wertvolle Bauten wichen den sehr nachlässig gebauten neuen Häusern.

Neben Bukarest gibt es noch einige weitere, sehr große industrielle Ballungsgebiete, wie z.B. Ploieşti und Piteşti.

Bevölkerung

Wie der Name **Ţara Romăneasca** ("Rumänenland") schon ahnen läßt, besteht der Hauptteil der Bevölkerung aus Rumänen. Es gibt nur vereinzelte Angehörige der Minderheiten, die nicht ins Gewicht fallen.

Diese Region ist schon immer das eigentliche rumänische Land gewesen und hat auch heute seinen Rang als Heimat der Rumänen nicht verloren. Leider gibt es auch hier nationalistische Gruppierungen, die den Vorrang der Rumänen vor anderen Minderheiten auf ihre Weise publik machen. Dem zum Trotz lebt aber der Hauptteil der rumänischen Bevölkerung in gutem Einvernehmen mit den übrigen Bewohnern des Landes.

Geschichte

Schon die Historiker der Antike kannten die **Geten**, ein Brudervolk der Daker. Im Gegensatz zu ihnen lebten die Geten nicht innerhalb des Karpatenbogens, sondern an den Ufern der Donau.

Die Geten unterhielten umfangreiche Beziehungen zu den griechischen Siedlern, die an der Schwarzmeerküste lebten. Natürlich wurde vieles von den damals bedeutend weiter entwickelten Griechen übernommen.

Die vorwiegend an Flußmündungen und im Bergland lebenden Geten oder auch Geto-Daker lebten in dorfähnlichen Gemeinschaften, den Dava, zusammen. Waren wurden auf bestimmten Märkten mit anderen Stämmen ausgetauscht. Wichtigster und zugleich mächtigster Herrscher dieser Zeit war der **König Burebista**. Durch ihn wurden die Geten zur starken militärischen Macht, deren Einfluß sich bis in das heutige Böhmen ausdehnte. Dieses riesige Reich stellte eine ernste Gefahr für römische Siedlungen im Balkanraum dar. Mehr als einmal mußten die Römer die unangenehme Bekanntschaft der geto-dakischen Krieger machen.

Der letzte Anführer, der die dakischen Stämme vereinte, war **Decebal**. Sein Kampf richtete sich vor allem gegen die immer weiter expandierenden Römer. Nur nach mehrmaligen, sich über Jahre hinziehenden Feldzügen konnten die Daker besiegt werden. Das gesamte dakische Reich wurde zur **römischen Provinz** erklärt. Zahlreiche römische Kolonisten siedelten sich an und brachten erheblichen Wohlstand nach Dakien. Es entstanden Städte, Brücken und andere wichtige Einrichtungen. Quer durch die Walachei wurde ein Erdwall aufgeschüttet. Der "**Vallum**" wird heute als "Furche Novacs" bezeichnet. Allmählich vermischte sich die Urbevölkerung mit den römischen Siedlern, und es entstand im Laufe der Zeit ein völlig eigenständiges romanisches Volk.

Im 10. Jahrhundert gab es dann schon Machtformen wie Wojwode und Knesen. Durch den Karpatenwall war die Walachei gut vor dem Einfall der **Magyaren** geschützt. Diese eroberten bald das ganze transsilvanische

Gebiet. Zudem versuchten die ungarischen Herrscher, ihren Machtbereich hinter die Karpaten in das Gebiet der Walachei auszudehnen; dieses gelang ihnen aber niemals. Was die Ungarn nicht erreichten, versuchten andere Völker wie die Bulgaren und die Tataren.

Im 14. Jahrhundert wurde dann die **Einigung der walachischen Fürstentümer** vollzogen. Jetzt entstand ein Gebiet mit der Bezeichnung **Țara Românească**. Basarab I. wurde zum wichtigsten Herrscher dieser Zeit. Er führte mehrere Feldzüge gegen die Ungarn. Diese endeten schließlich erfolgreich für Basarab und besiegelten endgültig die **Unabhängigkeit der Walachei**.

In diesem rumänischen Landesteil wurden zahlreiche bedeutende Klöster gegründet. Argeş wurde Sitz des Metropoliten der Walachei.

Da sich die osmanischen Heere immer weiter in Richtung des heutigen Rumäniens bewegten, beschlossen die Oberhäupter der Moldau und Walachei, sich am Kampf gegen die Türken zu beteiligen. Gleich die erste große Schlacht wurde von ihnen siegreich beendet. Die Macht des Osmanischen Reiches war aber so groß, daß die Walachei nur durch hohe Tributzahlungen ihre relative Unabhängigkeit bewahren konnte.

Im 15. Jahrhundert trat ein walachischer Fürst in Erscheinung, der äußerst brutal und energisch gegen die Türken vorging. Die Rede ist von Vlad Țepeş, dem Pfähler, besser bekannt als **Dracula**. Er führte mehrere, häufig erfolgreiche Feldzüge durch und veranlaßte die Türken zu panikartiger Flucht. Nach diesem Sieg wurde er vom Thron gestürzt. Die Macht übernahm der weitaus humanere Fürst Radu der Schöne.

Die zahlreichen Siege der walachischen Truppen über die Türken konnten jedoch nicht verhindern, daß die rumänischen Teilstaaten mehr oder weniger unter dem Einfluß der Pforte standen.

Im **17. Jahrhundert** stellten die adligen Gutsbesitzer die entscheidende Kraft dar. Bukarest war damals eine der größten Städte Südosteuropas und entwickelte sich zur Residenzstadt. 1739 verlor die Walachei das Gebiet der sog. "Kleinen Walachei" an die Habsburger. In dieser Zeit erlebten die anderen rumänischen Teilstaaten eine wirtschaftliche und vor allem kulturelle Blüte. Die Revolution von 1821 scheiterte ebenso wie die von 1848.

1859 wurden die rumänischen Teilstaaten zusammengeschlossen; dieser Bund hielt aber nur etwa 20 Jahre.

1918 wurde dann endlich eine dauerhafte **Vereinigung der rumänischen Staaten** beschlossen. Die weitere Entwicklung wird ab diesem Zeitpunkt von dem rumänischen Gesamtstaat beschritten.

Kultur, Tradition, Religion

Die wichtigsten kulturellen Einrichtungen des Landes befinden sich in der Hauptstadt **Bukarest**. Zahlreiche Museen, Opernhäuser, Theater, Kinos und vieles mehr sind hier zu finden. Kulturhistorisch besonders interessant sind die Klosteranlagen in der Nähe des Olts. Auch die alte Residenzstadt Curtea de Argeş mit ihren zahlreichen beeindruckenden kirchlichen Bauten lohnt auf jeden Fall einen Besuch. Am Rande der Karpaten findet man mehrere Kurorte und Heilbäder.

Wie überall in Rumänien treffen Sie vor allem auf dem Lande eine sehr lebendige Tradition an. Besonders die abseits gelegenen Bergdörfer geben einen Einblick in die Lebens- und Arbeitsweise früherer Zeiten, da die Zeit dort scheinbar stehengeblieben ist.

Da der überwiegende Teil der Bevölkerung in der Walachei aus Rumänen besteht und kein anderer Glaube als der orthodoxe seinen Einfluß geltend machen konnte, stellt dieser die wichtigste Konfession in diesem Landesteil dar.

Orte und Sehenswürdigkeiten

Brăila

🛏 Hotel Trajan. Hotel Pescărus.

🚐⛺ "Lacu Sărat" beim gleichnamigen Kurort.

♦ "Stejarul" in einem Wald südlich der Stadt Brăila.

Die Stadt, an der "Grenze" zur Dobrudja und zur Moldau gelegen, ist ein wichtiger Binnenhafen. Brăila befindet sich am linken Donauufer. Bis hierher können selbst noch Hochseeschiffe aus dem Schwarzen Meer gelangen.

Über 200.000 Einwohner zählt die Stadt. Das früher ausschließlich vom Fischfang lebende Brăila hat sich heute zu einer wichtigen **Industriestadt** entwickelt. Überall entstehen Neubauten und neue Betriebe. Dadurch büßt es natürlich viel von der typischen Hafenstadtatmosphäre ein.

✝ An alten Bauwerken, die für den Besucher interessant sind, wäre an erster Stelle die **griechische Kirche** zu nennen. Zahlreiche Malereien, vor allem die Glasbemalung, sind beachtenswert. Der Sakralbau steht an der Calea Călărasi in unmittelbarer Nähe des Lenin-Platzes, dem Mittelpunkt des städtischen Lebens.

In dessen Umgebung stehen noch einige andere Bauten, die einen Besuch lohnen, so z.B. die **Kirche der Heiligen Erzengel** und eine Büste des römischen Kaisers Trajan.

Die Stadt wird aber vor allem als Ausgangspunkt für Besuche ins Donaudelta sowie für Boots- und Angeltouren auf der Donau genutzt.

Außer dem Delta ist vor allem die riesige **Donauinsel** bei Brăila das Ausflugsziel der Touristen. Mit dem Boot lassen sich schöne Touren am Eiland entlang unternehmen. Am schönsten und unberührtesten ist der Abschnitt der "alten Donau", vor allem Angler kommen hier voll auf ihre Kosten.

Etwa 10 km von der Stadt entfernt liegt der Erholungsort **Lacu Sărat**. Mehrere Autobusse fahren in der Saison dorthin. Das Besondere an dem See ist die mehrere Meter dicke Faulschlammschicht, die zur Behandlung der unterschiedlichsten Erkrankungen schon seit alters genutzt wird. Mehrere Restaurants sorgen für das leibliche Wohl der Besucher.

Brezoi

Diese Ortschaft liegt an der Mündung des **Lotru** in den **Olt**. Kennzeichnend für die Landschaft sind die bis an das Ufer des Olt heranreichenden Berge. Die üppige Vegetation der Berghänge erinnert stark an Gebiete im Mittelmeerraum. Zudem geben zahlreiche Klöster und Kirchen diesem Landstrich sein eigenes Gepräge.

Folgen Sie dem Lotru, so gelangen Sie nach etwa 35 km zum Erholungsort **Voineasa**. Hier gibt es mehrere, zum Teil recht modern eingerichtete Hotels. Reizvoller sind jedoch die umliegenden Berge. Die bis über 2.000 m aufragenden Gipfel des **Căpățînii-Gebirges** sind für den die Einsamkeit suchenden Wanderer bestens geeignet. Hütten gibt es leider keine, so daß eine Biwakausrüstung zu einem unentbehrlichen Utensil wird.

Wanderungen in dieses Gebiet sollten aber nicht allein unternommen werden, da das Gebirge recht einsam liegt und Hilfe bei Unfällen kaum herbeizuholen ist.

Buzău

- Str. Unirii 176, ☏ 974/14735.
- Hotel Dacia.
- "Merei" beim gleichnamigen Ort, 12 km westlich von Buzău.
- ♦ "Siriu" im Kurort Siriu.

Buzău war früher ein wichtiges Zentrum dakischer Kultur. Vor allem zur Zeit des Herrschers Burebista (100 v.Chr.) spielte der Ort eine große Rolle.

Die Stadt selbst ist heute kaum von bedeutendem touristischen Wert. Viele Industriezweige haben sich hier angesiedelt und prägen das gesamte Stadtbild.

Von Buzău aus können aber **interessante Ausflüge** in zum Teil durch spektakuläre Naturschönheiten bekannt gewordene Orte unternommen werden.

Fahren Sie am Buzăufluß entlang in Richtung Norden, so werden viele wunderschöne alte Dörfer, in denen die Tradition noch lebendig ist, durchquert.

Beim Dorf **Berca** können Sie einer der eigenartigsten Naturerscheinungen, die sich auf rumänischem Gebiet befinden, einen Besuch abstatten. Es handelt sich um die **Vulcani noroioşi** ("Schlammvulkane"). Der Name ist wissenschaftlich betrachtet nicht ganz korrekt. Die blubbernden und oft mehrere Meter hohe Krater aufwerfenden Mofetten bedecken ein Gebiet von einigen Hektar. Die gesamte Umgebung macht einen recht unheimlichen Eindruck.

Viele alte **Erdölbohrtürme** sowie alte verlassene Pumpstationen zeugen vom einstigen Erdölreichtum dieser Region. Auch heute noch wird hier Öl gefördert, wenn auch in bedeutend geringeren Mengen. Zu dieser von Trockenheit und spärlichem Pflanzenwuchs geprägten Landschaft bildet der an eine Mondlandschaft erinnernde Teil der Schlammvulkane einen eigenartigen Kontrast.

Das Zentrum dieses Naturschauspiels sollte, vor allem bei Regen, mit äußerster Vorsicht betreten werden. In der viele Meter dicken Schlammschicht sollen schon Lkw verschwunden sein. Der Reiz, in einen der vielen Krater hineinzuschauen, ist natürlich groß. Die Sicherheit sollte aber vor der Neugier Vorrang haben. Auf keinen Fall sollten Sie den Ausflug allein durchführen.

Kehren Sie nach der Wanderung zu den Schlammvulkanen zum Dorf Berca zurück, folgen Sie nun weiter der Straße entlang des Buzău. Nach wenigen Kilometern gelangen Sie in die Gemeinde **Măgura**. Hier findet alljährlich das "Nationale Sommerlager für monumentale Bildhauerei" statt. Auf dem 540 m hohen Gipfel Ciolanu wurde ein Freilichtmuseum mit Werken dieser jährlich stattfindenden Veranstaltung eingerichtet: Säulen, Skulpturen und Grabsteine, von den unterschiedlichsten Künstlern angefertigt, sind hier zu sehen.

✞ Verweilt man hier in der Gegend, sollte auch das **Kloster Ciolanu** besucht werden. Dieser Bau aus dem 16. Jahrhundert beherbergt in seinen Mauern ein Museum alter Kunst.

Im Dorf **Măgura** führt eine Straße in Richtung Süden zum Dorf **Sărata-Monteoru**. Dieser Bade- und Luftkurort hat neben einer Festungsruine aus dem 1. Jahrhundert v.Chr. und einem schönen alten Gutshaus aus dem 19. Jahrhundert eine Besonderheit zu bieten, die in Europa ihresgleichen sucht. Es handelt sich um einen 250 m tiefen Brunnen. Das Besondere an ihm ist, daß sich auf seinem Grund kein Wasser sammelt, sondern Erdöl.

Es gibt im Ort einige Restaurants und einen Campingplatz.

Wer nicht bleiben möchte, fährt zurück nach Măgura. Von hier aus geht es weiter, immer den Buzăufluß entlang, in Richtung der Kleinstadt **Nehoiu**. Der Ort an sich hat nicht viel Sehenswertes zu bieten, doch lassen sich von hier aus Wanderungen in die umliegenden Gebirgszüge unternehmen. Zahlreiche Klammen und Schluchten geben dem Gebirge ein eigenes Gepräge.

Nördlich der Stadt Nehoiu, beim Ort **Siriu** und dem gleichnamigen Gebirgsmassiv, wurde ein Stausee angelegt, an dessen Ufer sich Campingplätze und andere touristische Einrichtungen befinden. Besonders schön ist das bis 1.600 m hohe **Siriu-Gebirge**. Abgeschiedenheit und eine fast unberührte Natur kennzeichnen dieses herrliche Gebiet.

Cheia

Im Teleajen-Tal gelegener **Luftkurort** in 840 m Höhe. Bis zum heutigen Tage ist der Ort nicht allzu überlaufen, obwohl ausgezeichnete Unterkunftsmöglichkeiten wie Hotels und Campingplätze vorhanden sind.

🚶🚶 ⛺ ⛺ 🏠 Sehr schön ist das die Ansicht beherrschende **Ciucaş-Gebirge**, das ausgezeichnete Wander- und Wintersportmöglichkeiten bietet. Außer den Unterkünften im Ort gibt es in den angrenzenden Bergen zwei Hütten, die recht gemütlich sind.

⌘ Es gibt in Cheia ein hübsches **Museum**, das über die Flora und Fauna des Gebietes informiert.

✞ In Hinblick auf historische Bauten ist vor allem das Kloster im Ort sowie das **Kloster Suzana** von Interesse.

Haus in Cheia

Wer hier seinen Urlaub verbringt, hat es auch bis Braşov nicht weit. Diese Stadt ist leicht über die modernisierte Straße, die durch das Teleajen-Tal führt, erreichbar.

Cîmpulung

Ein wunderschöner, von Bergen umgebener Ort, der der erste Fürstensitz der Walachei war. Neben geschichtsträchtigen Bauwerken ist die Stadt vor allem als Standort des **Aro-Geländewagenwerkes** bekannt geworden.

An erster Stelle der kulturhistorisch wertvollen Gebäude steht der feudale Komplex **Negru Vodă**, der im Jahre 1635 vom Wojewoden Negru gegründet wurde und als Residenz der walachischen Fürsten diente. Das Gebäude wurde mehrfach von Erdbeben zerstört, so daß von den ursprünglichen Bauten nur der Torturm von 1647 erhalten geblieben ist.

✞ Ebenfalls sehenswert ist die ehemalige **katholische Kirche**. Sie wurde für die früher hier ansässigen Siebenbürger Sachsen errichtet. Von den Türken schwer beschädigt, wurde sie jedoch wiederaufgebaut, zuletzt 1730.

Von Cîmpulung aus lassen sich Ausflüge in das **Iezer Păpuşa-Gebirge** unternehmen. Es steht dort eine Hütte zur Verfügung, die dem Wanderer als Stützpunkt dienen kann. Das Gebirgsmassiv liegt sehr einsam.

Die höchsten Gipfel ragen bis zu einer Höhe von fast 2.500 m empor. Tiere wie Wölfe und Bären kommen in großer Zahl vor.

Cozia

✞ Ein wunderschön am Olt gelegenes **Kloster**, das auf jeden Fall bei einer Überquerung des Roten-Turm-Passes besichtigt werden sollte.

Es wurde etwa in der Zeit von 1386 bis 1418 erbaut, von dem Fürsten Mircea dem Alten gestiftet. Der Herrscher liegt in der byzantinischen Kirche des Klosters begraben.

Im Inneren der Kirche gibt es zahlreiche Malereien, die zum Teil noch aus der Zeit ihrer Gründung stammen.

Die **Kapelle des Siechenhauses**, ein Bau aus dem 15. Jahrhundert, beeindruckt vor allem wegen der noch sehr gut erhaltenen Fresken, die zu den schönsten und besterhaltenen in der Walachei zählen. Vom Olt aus gesehen erinnert die Klosteranlage fast an eine Festung. Man ist auch hier überrascht, wie sehr dieses Gebäude mit der Landschaft harmoniert.

Craiova

🛏 Hotel Jiu. Hotel Minerva. Hotel Palace.

⛺ "Bratovoeşti" beim gleichnamigen Dorf.

- ♦ "Lunca Jiului" in einem Park, etwa 5 km von Craiova entfernt.
- ♦ "Terasa Băniei" in unmittelbarer Nähe der Stadt Craiova.

Diese am unteren Lauf des Jiu gelegene und fast 300.000 Einwohner zählende Stadt ist die wichtigste Ortschaft Olteniens. Schon im 15. Jahrhundert war sie Residenzstadt der oltenischen Herrscher, der oltenischen Bani. Der Rumänienbesucher, der, aus Serbien kommend, den Grenzübergang Drobeta-Turnu Severin benutzt und in Richtung Bukarest fährt, wird auf jeden Fall durch Craiova fahren, da von hier die beste Straße südlich der Karpaten in Richtung Hauptstadt führt.

Wer Zeit hat, sollte ruhig ein paar Stunden opfern, um sich die Sehenswürdigkeiten der Stadt anzuschauen.

🎓 Das schönste Bauwerk ist sicherlich das **Universitätsgebäude**. Im 19. Jahrhundert diente der Bau als Justizpalast. Er wurde im Jahre 1890 vom rumänischen Architekten Ion I. Socolescu im Stil des französischen Akademismus errichtet. Besonders eindrucksvoll ist die riesige Eingangshalle.

⌘ Unbedingt sollten Sie dem **Kunstmuseum**, einem Bauwerk aus dem 19. Jahrhundert, einen Besuch abstatten. Neben einheimischen Künstlern, von denen der weltberühmte Bildhauer Brancusi wohl der bedeutendste ist, sind auch Exponate italienischer und französischer Meister zu sehen.

⌘ Interessant ist das **Museum der Geschichte Olteniens** und das **Ethnographische Museum**, das sich im sogenannten Bani-Haus, einem Bauwerk aus dem 17. Jahrhundert, befindet. In der Stadt können Sie darüber hinaus mehrere Zierbrunnen, die teilweise über 300 Jahre alt sind, besichtigen.

Etwa 20 km von Craiova entfernt, befindet sich das **Naherholungsgebiet Victoria**, das an einem See liegt. Hier können Sie sich an einem schönen Strand ausruhen.

Fahren Sie die Nationalstraße in Richtung Piteşti, so gelangen Sie nach etwa 50 km zur Stadt **Slatina**. Die Stadt an sich ist kaum von touristischem Interesse, dafür gibt es in der Nähe zwei Gemeinden, die Sie aufsuchen sollten, zum einen das Dorf **Brîncoveni**. Hier steht das Elternhaus des Fürsten aus der berühmten Brîncoveanu-Familie. Zum anderen ist die Gemeinde **Oboga** zu nennen. Sie ist ein bedeutendes Töpferzentrum, in dem Sie schöne Stücke erwerben können.

Curtea de Argeş

Dieser ehemalige Fürstensitz ist ein unbedingtes Muß für jeden Touristen, der sich in diesem Gebiet aufhält. Hier stehen die wohl meistbesuchten Kirchen ganz Rumäniens.

✞ Der Ort ist ein wahres Eldorado der Feudalgeschichte der Walachei. Von der ehemaligen **Sînnicoară-Kirche** ist leider nur eine Ruine übriggeblieben. Sie wurde im typisch byzantinischen Stil erbaut. Das Datum der Erbauung ist nicht genau bekannt, das frühe 14. Jahrhundert wird jedoch von den meisten Fachleuten als am wahrscheinlichsten eingestuft. Früher war die Kirche noch von einer Ringmauer umgeben. Reste sind noch erhalten.

✞ Die **Fürstenkirche** des heiligen Nikolaus ist ein Bau aus dem 13. Jahrhundert. Im Jahre 1330 wurde das Gotteshaus während des Feldzuges der Ungarn gegen die Walachei zerstört. Das Äußere der Kirche ist sehr einfach gehalten und erinnert stark an ähnliche Bauwerke in Konstantinopel.

Im Inneren sieht man mehrere Fresken, die wahrscheinlich von griechischen Meistern ausgeführt wurden. Die verschiedensten Motive, wie z.B. die "Volkszählung des Quirinus" sowie das "Gleichnis vom törichten Reichen", sind Musterbeispiele dieser Kunstgattung in Rumänien. An der Nordwand wurde in die Mörtelschicht das Todesdatum des Herrschers Basarab I. im Jahre 6860 (1351) eingeritzt.

✞ Das wohl schönste Bauwerk in Curtea de Argeş ist die **Bischofskirche**. Dieses Gebäude liegt im Zentrum eines Parks, in dem alle Wege sternförmig auf den Sakralbau zuführen.

Das Datum der Grundsteinlegung ist nicht genau bekannt. Wahrscheinlich wurde der heute erhaltene Bau auf den Resten einer Kathedrale errichtet. Vieles spricht dafür, daß die Kirche etwa um 1380 vom Fürsten Radu I. gestiftet wurde. Fürst Vlad Ţepeş alias Dracula soll in den Jahren 1436 und 1443 Anbauten und Befestigungen zugefügt haben. Sein Wappen, das hier gefunden wurde, ist jetzt im archäologischen Museum in

Bukarest zu sehen. Zur Einweihung der Bischofskirche kamen neben sehr hohen geistlichen Würdenträgern auch über 1.000 Priester.

An der Außenwand wurden Steinmetzarbeiten geschaffen, Motive und Ornamente, die der Kirche ein plastisches Aussehen verleihen.

Was dem Betrachter sofort auffällt, sind die eigenartigen, mit gedrehten Rillen versehenen Türme, die einen völlig normalen Turm einschließen. Aus einer bestimmten Richtung betrachtet, hat man den Eindruck, die Türme seien völlig schief und stürzten jeden Moment zu Boden.

Im 19. Jahrhundert wurde die Bischofskirche von einem französischen Architekten vollkommen restauriert. Die ursprünglichen Fresken sind nur zum Teil erhalten. Sie werden im Kunstmuseum von Bukarest aufbewahrt.

Man kann Curtea de Argeş aber auch als Ausgangspunkt für Ausflüge in die Bergwelt des **Făgăraşer Gebirges** sowie zum **Stausee Vidradu** nutzen. Der Stausee liegt 850 m hoch und ist von Wald umgeben. Mehrere Hütten und Campingplätze bieten Übernachtungsmöglichkeiten.

Hurez

Hier können Sie den wohl bedeutendsten und am besten erhaltenen Klosterkomplex der Walachei besichtigen. Das **Kloster** wurde im 17. Jahrhundert vom Fürsten Constantin Brîncoveanu gegründet. Die Kirche sowie die anderen Bauten sind von einer Verteidigungsmauer umgeben. In der Mitte der Kirche steht die Hauptkirche, ein typischer Dreikonchenbau. Bei diesem Typus sind drei halbrunde Altarnischen an den Chor angeschlossen. Die Kirche sowie mehrere der Gebäude wurden mit aufwendigen Ornamenten versehen und erinnern dadurch an die Bischofskirche in Curtea de Argeş.

In vielen Räumen befinden sich schöne Fresken, so auch in dem in der Nähe befindlichen **Siechenhaus mit Kapelle** und der **Apostelkirche**. Die Art der Ausmalung der Kirchen ist in die Kunstgeschichte als **Hurez-Schule** eingegangen. Besonders bemerkenswert sind überdies einige wunderschön geschnitzte Türen aus Birnbaumholz.

1753 wurde die **Loggia des Dionysius** angebaut, ein imposanter Bau, der mit unzähligen Ornamenten verziert wurde. Heute leben im Kloster noch immer Nonnen. Sie führen den Besucher gerne durch das Gelände und können mancherlei erklären.

⌘ Etwa 5 km von Hurez entfernt liegt der kleine Ort **Măldăreşti**. Hier stehen die sogenannten "**Culen**". Es handelt sich dabei um befestigte Wohnhäuser. Die Bezeichnung "Cula" stammt aus dem Türkischen, was Rückschlüsse auf die Herkunft der Häuser zuläßt.

Beim Bau dieser Häuser wurde der Wehrbereitschaft Priorität eingeräumt. Das Erdgeschoß, das gleichzeitig als Keller diente, hatte keine feste Verbindung zu den Obergeschossen. Die oberen Stockwerke dienten vorwiegend als Wohn- und Diensträume. Die im 18. Jahrhundert erbauten Häuser waren außerdem mit zahlreichen Schießscharten versehen.

Die zwei Culen sind auf einem Gelände, das einem Freilichtmuseum gleicht, zu besichtigen. Außer diesen Bauwerken sind noch alte **Brunnen** und einige andere Exponate zu sehen.

Piteşti

🛏 Hotel Argeş. Hotel Muntenia.

⛺ "Trivale" direkt in der Stadt.

♦ "Cerbu" in einem Wald, etwa 10 km südlich von Piteşti, beim "km 80" an der Autobahn Piteşti-Bukarest.

Bekannt ist diese Stadt vor allem durch die Produktion des rumänischen Pkw "**Dacia**" geworden. Auch sonst haben sich hier viele **Industriebetriebe** niedergelassen. Vor allem die chemische Industrie spielt hier eine große Rolle. Entsprechend häßlich ist das Stadtbild. Im Zentrum gibt es mehrere Museen, wie das **Geschichtsmuseum** und das **Kunstmuseum**.

In unmittelbarer Umgebung der Stadt, im **Trivale-Park**, wurde ein Reservat für Wisente geschaffen. Kaum zu glauben, wenn man den Schmutz der nahen Stadt sieht. Auch ein **Stausee**, der zur Erholung der Städter gebaut wurde, ist hier zu finden.

⌘ Beim Dorf **Goleşti**, das etwa 10 km von Piteşti entfernt liegt, steht ein schöner alter **Gutshof** aus dem Jahre 1642, der heute als **Museum für Weinbau** dient. Nebenbei sei gesagt, daß neben vorzüglichem Wein auch das Nationalgetränk der Rumänen, der Ţuica, hier gebrannt wird. Dieser wohlschmeckende, aber außerordentlich starke Schnaps (über 50%) sollte jedoch nicht unterschätzt werden.

Weiter lassen sich von Piteşti Ausflüge zum alten **Fürstenhof** in **Tîrgovişte** sowie nach **Curtea de Argeş**, einem baugeschichtlich besonders interessanten Ort, unternehmen.

Ploieşti

Hotel Prahova. Hotel Berbec.

Beim "km 6" nahe der Ortschaft Cîmpina.

♦ "Pădurea Păuleşti" in einem Wald, 10 km nördlich der Stadt.

Diese Großstadt und ihre unmittelbare Umgebung ist bis heute eines der größten **Erdölgebiete** Europas. Überall sieht man Bohrtürme und Pumpstationen. Auch die erdölverarbeitende Industrie hat sich hier niedergelassen. Natürlich prägen diese Industriezweige das gesamte Stadtbild. Die Umweltverschmutzung ist in Ploieşti besonders hoch, vor allem Leute mit empfindlicher Nase sind hier nicht gut aufgehoben.

Wegen ihres Erdölreichtums wurde die Stadt im Zweiten Weltkrieg sehr stark zerstört. Die neu errichteten Bauten dürften kaum einen Touristen locken. Nur wenige alte Häuser haben die Kriegswirren überstanden. Wenn Sie dennoch nach Ploieşti kommen, können Sie die Zeit nutzen, um einige Sehenswürdigkeiten zu besichtigen.

⌘ Interessant sind vor allem das **Erdölmuseum** sowie das **Uhrenmuseum**. Auch einige Bauten wie z.B. das **Kulturhaus** lohnen einen Besuch.

Wird die Fahrt in Richtung Braşov fortgesetzt, so gelangen Sie nach einer Stunde Autofahrt in das **Prahova-Tal**, das mit seinen bis 2.500 m hohen Gipfeln zu den schönsten Karpatenlandschaften zählt.

Rîmnicu Vîlcea

Hotel Alutus.

♦ Einige Hotels in den Orten im Olt-Tal, oberhalb der Stadt.

"Seaca" etwa 5 km südlich des Kurortes Călimăneşti-Căciulata.

Diese landschaftlich sehr schön gelegene Ortschaft am unteren Teil des Oltes hat nicht viele Sehenswürdigkeiten zu bieten. Einige **Kirchen** sowie ein **Museum der Bauernarchitektur** sind das einzige, was einen Aufenthalt in dieser von der chemischen Industrie vollkommen dominierten Stadt rechtfertigen.

Um so mehr lädt die Umgebung den Reisenden mit ihren vielen interessanten und schönen Bauwerken ein.

✞ In unmittelbarer Nähe der Stadt befindet sich das **Kloster Cetăţuia**. Es wurde im 17. Jahrhundert errichtet und diente früher als wichtiger Verteidigungsposten.

Einige Kilometer westlich gelangen Sie auf teilweise schlechter Straße zu den beiden Badekurorten **Băile Govora** und **Băile Olăneşti**. Die stark jodhaltigen Quellen helfen vor allem bei Erkrankungen der Glieder und der Atmungsorgane. Auf dem Weg zu den Kurorten fahren Sie an mehreren Klöstern vorüber, die einen Abstecher lohnen.

✞ In der gesamten Umgebung befinden sich zahlreiche **Klosteranlagen**, die oft malerisch gelegen sind. So berühmte Personen wie Radu der Große und Fürst Matei Basarab waren Stifter einiger dieser kirchlichen Bauwerke.

Landschaftlich gesehen ist vor allem das **Olt-Tal**, das einige Kilometer oberhalb Rîmnicu Vîlceas in einem gigantischen Durchbruch, dem **Roten-Turm-Paß**, die Südkarpaten durchschneidet, erwähnenswert. Der Fluß wird an einigen Stellen eingeschlossen von oft mehreren hundert Meter hohen Felswänden. Das Cozia-Gebirge ist das dominierende und zugleich schönste Massiv dieses Gebietes. Zahlreiche Wanderwege führen auf den über 1.600 m hohen **Cozia-Gipfel**.

Der einzige Schandfleck in dieser wunderschönen Landschaft sind die zahlreichen Staudämme, die dem Olt in diesem Abschnitt ein völlig unnatürliches Aussehen verleihen. Trotzdem beeindruckt die Landschaft und wird jedem Besucher im Gedächtnis bleiben.

Tîrgovişte

Hotel Dîmbovita, Hotel Turist.

"Priseaca" etwa 6 km westlich der Stadt.
♦ "Dragodana" bei der Ortschaft Găesti.

Die Stadt liegt am oberen Flußlauf der **Ialomiţa**. Mit 85.000 Einwohnern ist sie eine der wichtigsten Städte in dieser Region. Von 1396 bis 1659 war Tîrgovişte Fürstensitz der Walachei. Aus dieser Zeit stammt auch das alte **Fürstenpalais**. Es ist noch recht gut erhalten und zeigt eindrucksvoll die Bauweise, die für die Walachei so typisch war.

Im Jahre 1660 wurde die Anlage fast völlig von den Türken zerstört. Der Wojewode Brîncoveanu baute den Fürstensitz jedoch wieder völlig neu auf. Heute ist noch ein Turm des ersten Befestigungsbaus zu sehen.

✞ Die Stadt ist weiterhin reich an **Kirchen**, von denen einige einen Besuch lohnen. Am Rande der Stadt befindet sich das **Kloster Dealu**, das im Jahre 1501 errichtet wurde. Nicht allein das Bauwerk selbst beeindruckt, sondern auch die Landschaft. Man ist immer wieder erstaunt, wie gut die Bauten ihrer Umgebung angepaßt wurden.

Für die Rumänen ist der Wald sehr wichtig. Viele Straßen und Wege führen von der Stadt in den Wald, wo sie plötzlich enden.

Von Tîrgovişte lassen sich auch schöne Ausflüge in das **Prahova-Tal** unternehmen.

Tîrgu Jiu

Hotels in Craiova oder Rîmnicu Vîlcea.

"Castrul Roman", 15 km nördlich der Stadt.

♦ "Drăgoieni" beim gleichnamigen Dorf.

Was den Touristen nach Tîrgu Jiu treibt, sind die Skulpturen des berühmten Bildhauers **Constantin Brancusi** (1876-1957). Das Dorf **Hobiţa**, ganz in der Nähe der Stadt gelegen, ist der Geburtsort des Künstlers.

⌘ Außer in Rumänien besitzen einige Museen, so z.B. Stiftungen in Paris und New York, Stücke seines Schaffens. In Tîrgu Jiu wurde 1937 ein Komplex mit mehreren Skulpturen zum Gedenken an die rumänischen Opfer des Ersten Weltkrieges vom Künstler geschaffen. Es handelt sich um folgende Werke:

① "Tor des Kusses": dieses Kunstwerk ist die Fortführung einer 1908 geschaffenen Arbeit, die ein sich umarmendes Paar darstellt.

② "Tisch des Schweigens": der im Mittelpunkt stehende Tisch ist von zwölf steinernen Sitzen umgeben. Das Werk soll zur Meditation anregen.

③ "Die endlose Säule": die mehrere Dutzend Meter hohe Säule setzt sich aus vielen Kuben zusammen. Sie soll laut Brancusi die "Ewige Erkenntnis" symbolisieren. Auf Wunsch des Künstlers sind die einzelnen Werke in großer Entfernung voneinander aufgestellt worden.

In der Stadt sind jedoch kaum architektonisch interessante Bauwerke zu finden.

Etwa 10 km von Tîrgu Jiu entfernt, können Sie bei dem Dorf **Curtişoara** einen ethnographischen Park besuchen, eine Anlage, in der die Architektur und Volkskunst dieses Gebietes gezeigt wird.

Die Gemeinde **Săcelu**, in 30 km Entfernung von der Stadt, ist ein bekannter Luft- und Badekurort. Hier werden vor allem Erkrankungen der Atemwege erfolgreich behandelt.

Tismana

✞ In den Bergen Olteniens gelegen, diente das **Kloster** als Ersatz für das von den Ungarn besetzte Konvent Vodiţa. Gegründet wurde Tismana von mehreren Personen gleichzeitig, dem Fürsten Radu I., dem Fürsten Dan I. und dem Mönch Nicodium. Letzterer soll mehrere Jahre lang durch die verschiedensten Länder gepilgert sein, um einen geeigneten Platz für eine Klostergründung zu finden. Nach langer Suche fand er dann in den oltenischen Bergen endlich einen sicheren und ruhigen Ort. Der Bau wurde 1377 begonnen und 1385 vollendet. Teilweise verwendete man dabei Material des Klosters Vodiţa. Anfangs im byzantinischen Stil gehalten, erfuhr der Bau allmählich eine Umwandlung zu klassizistischen Formen.

In den fünfziger Jahren wurden im Inneren Wandmalereien freigelegt. Diese Kunstwerke wurden von Dobromir aus Tîrgovişte geschaffen und sind von hoher Qualität.

Ein Besuch des Klosters läßt sich am besten mit einem Aufenthalt in Tîrgu Jiu verbinden.

Turnu Severin

🛏 Hotel Parc.

⛺ Benutzen Sie die Campingplätze in Băile Herculane.

Die Donaustadt wird auch **Drobeta-Turnu Severin** genannt. Der Name rührt von der alten dakischen Siedlung Drobeta her. Von Anfang des 2. Jahrhunderts bis zum 7. Jahrhundert war Drobeta ein wichtiges **römisches Castrum**.

Um über die Donau zu gelangen, ließen die Römer eine riesige **Brücke** über den Fluß bauen. Apolodor von Damaskus führte den Bau im Jahre 102 bis 105 n.Chr aus. Die Brücke ist auch in Rom auf der

Trajanssäule abgebildet. Am Ufer sowie bei Niedrigwasser sind noch Reste dieses architektonischen Meisterwerkes zu sehen. Außerdem können Sie auch noch einige **Ruinen** aus der Zeit der römischen Besetzung besichtigen.

⌘ Im Zentrum von Turnu Severin kann man sich im **Museum für Archäologie** über die alte Geschichte und besonders über die Zeit der römischen Kolonialisierung informieren. Die Umgebung der Stadt lädt zu den unterschiedlichsten Ausflügen ein.

) Ein neuzeitlicher Bau, das **Porţile de Fier** ("Eisernes Tor"), ein riesiger Staudamm, hat das Landschaftsbild völlig verändert. Der über 15.000 ha große Stausee hat die Stromschnellen der Kasanenge völlig beseitigt, so daß die Donau hier gefahrlos schiffbar ist. Trotzdem ist dieser Abschnitt der Donau immer noch der eindrucksvollste Gebirgsdurchbruch eines Flusses in Europa. Der Staudamm wird seit 1972 gemeinsam von Rumänien und Serbien zur Energiegewinnung genutzt. In **Gura Văii**, wo sich der eigentliche Kraftwerkskomplex befindet, wurde ein **Museum** eingerichtet, das dem gesamten Staudammprojekt gewidmet ist.

Etwa 50 km von Turnu Severin entfernt, stößt man auf den Kurort **Baia de Armă**, wo vor allem die unberührte Natur den Touristen beeindruckt.

Transsilvanien und Banat

Um es gleich vorwegzunehmen: Wer jetzt seitenlange Ausführungen über Dracula erwartet, wird enttäuscht sein. Das einzige, was er mit Transsilvanien gemein hat, ist sein Geburtsort, die alte Stadt Sighişoara (Schässburg). Dracula war Fürst der Walachei, was bereits kurz in der Darstellung der Geschichte Rumäniens am Anfang dieses Reise-Handbuches erwähnt wurde.

Lage

Transsilvanien nimmt einen großen Teil des rumänischen Staatsgebietes ein. Es liegt innerhalb des Karpatenbogens, der Transsilvanien schon immer als natürlicher Schutz gegen Feinde diente. Direkt vor dem Karpatenwall befindet sich der sogenannte Königsboden, ein sehr fruchtbares Gebiet, auf dem sich im 12. Jahrhundert die Siebenbürger Sachsen ansiedelten.

Das transsilvanische Gebiet schließt eine außerordentliche Vielzahl ethnisch verschiedener Regionen ein: das Motzenland im Westen, das Oascher Land im Nordwesten, die Maramureş und das Szeklerland im Osten und im Zentrum das Fogaraser-, das Hatzeger- und das Burzenland. Westlich an Siebenbürgen schließt sich das Banat an. Neben vielen Ungarn lebt auch die Minderheit der Banater Schwaben in diesem Landesteil. Alle diese Regionen sind in ihrer Tradition, ihrer Architektur und ihrer gesamten kulturellen Ausstrahlung völlig verschieden.

Bevölkerung

Der Großteil der Einwohner Transsilvaniens sind Rumänen. Eine bedeutende Minderheit stellt die deutsche Volksgruppe dar. Sie untergliedert sich in zwei wichtige Gemeinschaften, die Siebenbürger Sachsen und die Banater Schwaben, letztere sind besonders im Westteil des Landes angesiedelt. Überdies leben im Westen und Nordwesten sehr viele Ungarn.

Die Ungarn sind die wichtigste und größte Minderheit in Transsilvanien.

Die Szekler sind ein von den Ungarn abstammendes Volk. Der Name kommt von *siculi*, was soviel wie "Grenzwächter" bedeutet, eine Aufgabe, die sie wohl früher ausübten. Es ist aber heute noch umstritten, wer sie nun tatsächlich sind und woher sie genau kamen.

Überdies leben auf transsilvanischem Gebiet Serben und kleine Gruppen anderer Nationalitäten.

Geschichte

Transsilvanien heißt sinngemäß "hinter den Wäldern". Tatsächlich war dieses Gebiet einmal vollständig von Wald bedeckt. Hier siedelten schon zu Urzeiten Menschen, den ungeheuren Reichtum der Natur nutzend. Nicht ohne Grund wählten die alten dakischen Herrscher diesen Landstrich als Standort ihrer Hauptstadt Sarmizegetusa.

Die das transsilvanische Land umschließenden Karpaten boten besser als jede Festung Schutz vor fremden Eindringlingen. So wurden später auch von den Rumänen selbst fast nie Burgen oder ähnliche Befestigungen errichtet. Die dakischen und später auch die rumänischen Krieger sperrten einfach die wenigen Pässe, die das Gebirge durchquerten, ab und griffen ihre Feinde in den engen Schluchten an.

Um das Land noch besser schützen zu können, holten sich die ungarischen Besetzer im 12. Jahrhundert die **Siebenbürger Sachsen** nach Transsilvanien. Die Siedler errichteten auf dem Königsboden, wie die Region auch genannt wurde, Städte und Burgen, machten das Land urbar und brachten auch eine völlig andere Kultur nach Südosteuropa. Transsilvanien war selbständig und stellte überdies die erste demokratische Republik Europas dar.

Die Städte, die hier entstanden, pflegten regen Handel mit Danzig, Nürnberg und dem gesamten Orient. Besonders Braşov (Kronstadt) war ein bedeutendes Handelszentrum. Es wurden aber auch Beziehungen zu den eigentlichen Bruderländern, der Walachei und der Moldau, gepflegt, wenn diese auch nicht immer unter einem guten Stern standen.

Es wurde immer versucht, der rumänischen Urbevölkerung einen nicht zu großen Freiraum zu lassen. Die Rumänen durften laut Erlaß keine Kirchen aus Stein bauen. Das blieb den Sachsen vorbehalten. Trotzdem war in Siebenbürgen das Miteinander der verschiedenen Kulturen kein eigentliches Problem.

Die Angriffe der **Türken** hat Transsilvanien einigermaßen unbeschadet überstanden. Es wurde zwar mehrmals von den osmanischen Heeren besetzt, konnte aber seine Unabhängigkeit durch Abgaben mehr oder weniger bewahren. Um 1600 wurde Transsilvanien durch Michael den Tapferen erobert. Unter seiner Herrschaft wurden die drei Teilstaaten Moldau, Walachei und Transsilvanien zu einem gemeinsamen Staat vereint. Wenn die Einheit auch nur kurze Zeit hielt, blieb dieser Zusammenschluß doch immer im Gedächtnis der Bevölkerung haften und wurde zum Leitbild kommender Aufstände. Fürst Alexandru Ioan Cuza vereinigte im Jahre 1859 die Fürstentümer Moldau und Walachei von neuem.

Transsilvanien blieb bis zum Jahre 1918 unabhängig. Am 1.12.1918 wurde es an Rumänien angeschlossen. Jahrzehnte später, während des Dritten Reiches, zwang man Rumänien, eine beträchtliche Anzahl Gebiete an mit Deutschland befreundete Staaten abzutreten. Darunter war auch der Norden Transsilvaniens; er fiel an Ungarn. Diese Gebietsansprüche wurden jedoch nach dem Zweiten Weltkrieg wieder rückgängig gemacht bis auf Bessarabien, das weiterhin ein Teil der ehemaligen Sowjetunion blieb.

Kultur, Tradition, Religion

Besonders reizvoll an Transsilvanien ist das Aufeinandertreffen verschiedenster **Kulturen**. Die schönen alten Dörfer und Städte der Deutschen bilden einen eindrucksvollen Gegensatz zur Architektur des vorwiegend vom Holz geprägten Stils der Rumänen.

Wehrkirchen, Burgen, mittelalterliche Städte, alte dakische Kultstätten, ehemalige römische Siedlungen sowie einige Dörfer, die fast ganz aus Holz gebaut sind, bilden den ungeheuren kulturellen Reichtum Transsilvaniens.

Die **Tradition** wird in Siebenbürgen wie wohl nirgendwo sonst in Europa gepflegt. Man trifft Rumänen mit alter dakischer Tracht, wie sie schon vor 2.000 Jahren getragen wurde, oder Deutsche im Kirchenpelz oder anderer oft schon vor Hunderten von Jahren getragener Kleidung. Das Besondere ist aber, daß diese Tradition nicht nur an Feiertagen oder Festen auflebt, sondern an jedem gewöhnlichen Tag anzutreffen ist.

Das bunte Allerlei wird noch ergänzt durch die besonders farbenfroh gekleideten Zigeuner, die durch das Land ziehen. Wenn man durch Transsilvanien reist, glaubt man sich oft in ein anderes Jahrhundert versetzt.

So vielfältig wie das kulturelle Leben sind auch die **Glaubensbekenntnisse**. Da der überwiegende Teil der Bevölkerung der orthodoxen Konfession anhängende Rumänen sind, herrscht dieser Glaube vor. Einige Rumänen bekennen sich aber auch zum Katholizismus. Die deutsche Minderheit ist protestantisch. So findet man in jedem Ort, wo Rumänen und Deutsche zusammenleben, eine evangelische und eine orthodoxe Kirche.

Leider ist das Gefüge der jahrhundertealten Mischkultur durch die starke Abwanderung der Deutschen gefährdet (☞ nächstes Kapitel).

Rumänen, Sachsen, Ungarn, Szekler (Transsilvanien, Siebenbürgen, Erdely)

Immer wieder gibt es Unruhen, vor allem zwischen **Ungarn** und Rumänen. Die Rumänen stellen in Transsilvanien die Mehrheit. Vor allem zur Zeit des Ceauşescu-Regimes wurden Tausende jenseits der Karpaten lebende Rumänen hauptsächlich in den großen "ungarischen" Städten im Norden des Landes angesiedelt.

Die Ungarn, die in den Städten die Mehrheit gebildet hatten, wurden so zunehmend zu einer Minderheit. Besonders die nationalistische Politik der rumänischen Machthaber, aber auch das Verhalten der ungarischen Faschisten im Zweiten Weltkrieg tragen die Schuld am schlechten Klima zwischen Ungarn und Rumänen.

Schon zu früherer Zeit war der Magyarisierungsdruck gegen die Rumänen, die damals schon eine Mehrheit auf dem Lande bildeten, Auslöser für spätere Konflikte. Kurz nach dem Sturz der Kommunisten 1989 eskalierten die Auseinandersetzungen. Vor allem in der ungarischen Hochburg **Tîrgu Mureş** kam es zu schweren Auseinandersetzungen, bei denen auch Tote zu beklagen waren.

Heute, so scheint es, hat sich die Lage wieder etwas gebessert. Eines aber ist sicher: Setzen sich Ungarn wie Rumänen nicht ernsthaft mit ihrer Vergangenheit auseinander, wird es wohl auch in Zukunft Spannungen zwischen den beiden Nationalitäten geben.

Ceauşescus Minderheitenpolitik machte auch vor den **Szeklern** nicht halt. Die vorwiegend auf dem Land und am Karpatenrand lebenden Szekler waren, da ziemlich zerstreut lebend, weitaus schwieriger in den Griff zu bekommen. So konnten sie viele nationale Eigenheiten bewahren. Heute erlaubt man ihnen unter anderem wieder das Aufstellen von Ortsschildern in ihrer Sprache.

Kirchgang in der Maramureş ☞

182
161

Recht harmonisch war und ist das Verhältnis zwischen den **Deutschen** und den Rumänen. Die "Sachsen" und die "Schwaben" waren nie in so großer Anzahl, daß sie für die übrigen Nationalitäten eine existenzielle Bedrohung dargestellt hätten. Sie lebten in ihren Städten und Dörfern und blieben weitgehend unter sich.

Da sich viele Rumäniendeutsche während des Zweiten Weltkrieges besonders eifrig für ihren Führer einsetzten, blieb es nicht aus, daß nach der Besetzung Rumäniens durch die Rote Armee Strafmaßnahmen folgten. Viele Deutsche, auch unschuldige, kamen ins Arbeitslager. Eine große Anzahl ist nie zurückgekehrt.

Nach anfänglicher Unterdrückung in Rumänien besserte sich die Lage der deutschen Minderheit bald. Sie durfte eigene Schulen gründen und auch Zeitungen und Bücher in ihrer Muttersprache verlegen, alles natürlich unter der ständigen Zensur des rumänischen Staates.

Leider bricht die für Europa wohl einmalige Kultur zur Zeit völlig zusammen, da viele Deutschstämmige offenbar Asylantenheime und Wohncontainer einem Leben in ihrer über Jahrhunderte gewachsenen Gemeinschaft vorziehen.

In letzter Zeit hört man öfter von sogenannten Neusiedlern. Vorwiegend aus den neuen Bundesländern kommend, haben sich diese Menschen entschlossen, ein neues Leben in Rumänien zu beginnen. Wenn Rumänien in mancher Hinsicht auch nicht den Vorstellungen der westlichen (industrialisierten) Welt entspricht, so kann so ein Schritt durchaus lohnenswert sein.

Das ganze Minderheitenproblem in Rumänien zu durchleuchten würde wohl kaum dem Charakter dieses Buches entsprechen. Außerdem fehlt mir die dazu nötige Sachkenntnis. Wer sich für dieses Thema interessiert, sollte sich entsprechende spezialisierte Literatur über den Buchhandel besorgen.

Orte und Sehenswürdigkeiten

Alba Iulia (Karlsburg)

Hotel Cetate. Hotel Transsilvania.

"Dintre Sălcii", in der Stadt am Fluß.

♦ Cabana Rimeţ (gehört seit kurzem zum Kloster).

Die ehemalige Hauptstadt Transsilvaniens kann auf eine über 2.000 Jahre alte Geschichte verweisen. Hier lebte der dakische Stamm der Apuler. Die achte römische Legion, "Gemina", ließ sich nach der Eroberung Daziens hier nieder. Sie nannte die Stadt "Apulum Trajani".

Besonders bekannt wurde Alba Iulia durch die 1918 in der Stadt verkündete Vereinigung Transsilvaniens mit der Moldau und der Walachei. Über 10.000 Menschen nahmen an diesem Ereignis teil.

Heute ist die Stadt mit rund 60.000 Einwohnern eine wichtige Industriestadt Rumäniens. Neben den vielen Neubaublocks gibt es in und um Alba Iulia viele Sehenswürdigkeiten, die erwähnenswert sind.

♜ An erster Stelle steht die **Burg Alba Carolina**. Sie wurde nach der österreichischen Eroberung Transsilvaniens in den Jahren 1715 bis 1738 errichtet. Vom Süden gelangen Sie durch vier Tore in das Innere der Festung. Sie brauchen schon etwas Zeit, um durch die Gassen und Plätze der Burg zu gehen. Der Saal der Vereinigung birgt zahlreiche Dokumente dieses Ereignisses.

In der Nähe befindet sich auch noch ein spezielles **Museum der Vereinigung**. Vor diesem Bauwerk, das 1853 errichtet wurde, steht das Reiterstandbild des Fürsten Mihai Viteazul.

Vor dem Bahnhof Albas finden Sie auch den Busbahnhof. Von hier fahren Busse direkt bis zur oben beschriebenen Burg.

✞ Eines der bedeutendsten mittelalterlichen Bauwerke in Rumänien ist der römisch-katholische **Dom** in Alba Iulia. Er wurde höchstwahrscheinlich im 11. Jahrhundert auf den Resten alter römischer Bauten errichtet. Weiterhin sehenswert ist die orthodoxe **Kathedrale**, die im Jahre 1921 gebaut wurde.

✞ Schon von weitem zu sehen ist die **Holzkirche** in der Nähe des Stadtzentrums. Vor allem die Bauweise ist recht beeindruckend.

In der Nähe der Stadt gibt es zahlreiche Ausflugsziele. Beim Dorf Halmagiu befindet sich der 1.483 m hohe **Găina-Berg**. Auf seinem Plateau findet alljährlich am dritten Wochenende im Juli der sogenannte **Mädchenmarkt** statt. Zu diesem Anlaß werden viele Dutzend Lagerfeuer entfacht, um bei Speis und Trank ein frohes Fest zu feiern. Man bläst auf riesigen Alphörnern, den *Tulnice*, einen tiefen Ton im Baßbereich, der besonders die Mädchen anlocken soll.

Auf dem Berg werden alle möglichen Geschenkartikel und Souvenirs zum Kauf angeboten. Während des Festes verkehren zahlreiche Busse von Alba Iulia zum Găina-Berg, es muß aber dann noch ein etwa 7 km langer Fußmarsch in Kauf genommen werden.

Weiter können Sie von Alba Iulia Ausflüge zur **Gletscherhöhle Scărişoara** via Abac und Gîrda de Sus unternehmen. Oder Sie fahren in das bekannte Weinbaugebiet im **Tal der Kleinen Kokel**. Allerdings sollten Sie für diese Touren schon zwei Tage Zeit einplanen.

Etwa 25 km nordöstlich Albas finden Sie die Kleinstadt **Teiuş**. Sie ist Ausgangspunkt für Touren zum berühmten **Kloster Rimeţ**.

Genau an der Hauptstraße Alba Iulia - Turda zweigt im Ortsinneren eine Straße zum **Kloster** ab. Von hier sind es noch rund 18 km. Zu Fuß ist der Weg ziemlich anstrengend. Busse fahren vom Bahnhof **Teiuş** bis zum Kloster, allerdings nur zweimal am Tag und recht unregelmäßig. Am besten ist es, wenn Sie trampen.

Das Kloster ist eines der ältesten in Transsilvanien. In letzter Zeit renoviert, präsentiert sich der Komplex im Stil der Moldauklöster.

Besonders reizvoll ist die umliegende Landschaft. Das durch riesige Kalksteinfelsen geprägte **Trascău-Gebirge** bietet für Wanderer ein reiches Betätigungsfeld.

Besonders reizvoll sind die stillen **Motzendörfer** der Gegend. Wer sich auf den Weg macht, wird einsame Dörfer entdecken, die auch in Rumänien wegen ihrer Ursprünglichkeit ihresgleichen suchen.

In alle Dörfer und Gemeinden fahren Busse. Nach den Abfahrtszeiten, die oft ziemlich unzuverlässig sind, erkundigen Sie sich am besten bei den hilfsbereiten Einwohnern.

Aiud (Sraßburg)

Cabana Sloboda, etwa 16 km nordwestlich der Stadt im Trascău-Gebirge. Die Hütte ist auch mit dem Auto erreichbar.

Diese etwa 30.000 Einwohner zählende Kleinstadt ist ein wunderbarer Ausgangspunkt für Touren ins **Trascău-Gebirge**.

Von hier aus können Sie über die Cabana Sloboda bis zum **Rimeţ-Kloster** wandern. Aber auch zur **Aiud-Klamm** lohnt ein Ausflug.

Die Stadt selbst besitzt eine schöne alte **Kirchenburg** aus dem 15. Jahrhundert. Ihr sollten Sie unbedingt einen Besuch abstatten.

Arad

🛏 Hotel Astoria. Hotel Arad. Hotel Parc.

♦ Auch private Unterkünfte werden oft angeboten. Am besten am Taxistand des Bahnhofes nachfragen.

🚐⛺ "Arad" auf der "Insel".

Benutzen Sie den Grenzübergang Nădlac, so treffen Sie nach etwa einer Stunde Fahrzeit auf die 180.000 Einwohner zählende Stadt Arad. Der etwa 800jährige Ort bietet Ihnen einige hübsche und beachtenswerte Bauwerke zur Besichtigung.

Typisches Holztor in der Maramureş

✞ ⌘ Besonders die **orthodoxe Kathedrale** aus dem 17. Jahrhundert und die **serbische Kirche** aus der gleichen Zeit sind interessant. Letztere wurde von dem für seine Kirchenmalerei berühmt gewordenen serbischen Maler Alexic bemalt. Sehenswert ist auch das **Museum für Geschichte**.

In das am Mureş gelegene **Naherholungsgebiet** gelangt man von der Straße N. Bălcescu über eine Brücke. Man muß ein kleines Eintrittsgeld zahlen, das aber kaum der Rede wert ist. Auf dem Gelände befindet sich auch ein ansehnlicher Campingplatz.

Arad hat sich in den letzten Jahren zu einer recht lebhaften Stadt entwickelt. Vor allem der Boulevard ist sehr schön geworden. Die Innenstadt braucht einen Vergleich mit westlichen Städten nicht mehr scheuen.

☺ Beim Hotel Arad finden Sie rechts gegenüber die Vertretung des rumänischen **Automobilclubs**. Hier können Sie sich wervolle Infos holen.

Baia Mare (Neustadt)

Hotel Bucureşti. Hotel Carpaţi.

"Doi Porumbei", 20 km westlich von Baia Mare.

♦ "Stejarul" im Finteuş-Wald, 20 km südlich der Stadt.

Nicht verlassen sollten Sie sich auf eine Unterkunft im Hanul Pintea Viteazul. Aber auch hier gilt wie überall im Land: man hilft Ihnen auf jeden Fall und es findet sich eine Unterkunft.

Die im Norden Rumäniens gelegene Stadt liegt in dem Gebiet der **Maramureş**. Das Leben dort wird bestimmt durch die äußerst lebendige Tradition. Die Stadt selbst hat etwa 130.000 Einwohner und wurde 1329 erstmals urkundlich erwähnt. Am Fuße des **Gutîi-Gebirges** gelegen, ist Baia Mare bestens geeignet, die Dörfer der Maramureş zu besuchen.

⌘ Aber auch die Stadt selbst hat einiges an Sehenswürdigkeiten zu bieten. Das **Geschichtsmuseum** beherbergt eine recht schöne Münz- und Uhrensammlung.

Auch einige Bauwerke in der Stadt sind eine Besichtigung wert. Leider ist die Harmonie der Stadt durch die vielen Industriebauten gestört.

✞ Doch zurück zur herrlichen Umgebung der Stadt. Ein unbedingtes Muß für den Touristen ist der Besuch der bekannten **Holzkirchen**. Die Kirchen in den Gemeinden **Şurdeşti** gehören zu den schönsten Holzbauten, die Rumänien besitzt, wobei die Kirche von Şurdeşti mit 54 m Höhe die höchste Holzkirche Europas sein soll.

Im **Tal der Iza**, in dem Dorf Ieud, steht der wohl älteste dieser Sakralbauten aus dem Jahre 1394.

Ihr Augenmerk sollten Sie besonders auf die vielen prächtigen **Holztore** richten. Sie finden diese oft riesigen Tore, die den Eingang der Bauernhöfe zieren, in fast jedem Dorf der Maramureş. Das gesamte Gebiet ist vollkommen vom Holzbau geprägt. Unüberschaubare Wälder bilden die Grundlage für den Umgang mit diesem Material.

⌘ In der Nähe der alten Hauptstadt der Maramureş, **Sighetul Marmaţiei**, befindet sich ein **Freilichtmuseum** mit schönen alten Holzhäusern und anderen aus diesem Material gefertigten Gegenständen.

Fahren Sie in Richtung der Gemeinde Baia Sprie, überqueren Sie einen 1.025 m hohen **Gutîi-Paß**, der einer der höchsten des Landes ist. Hier steht auch eine Raststätte mit dem Namen "Hanul Pintea Viteazul". Sie können hier entweder eine Pause einlegen oder die herrliche Umgebung für Wanderungen nutzen.

Băile Herculane (Herkulesbad)

Übernachtungsmöglichkeiten aller Art gibt es in großer Zahl.

Einen Campingplatz finden Sie an der Straße, die vom Stadtkern zum Bahnhof führt, gegenüber den Neubaublöcken.

Das ehemalige **Nobelbad** Rumäniens hat wegen fehlender Investitionen viel von seinem internationalen Flair eingebüßt. Es wurde zwar viel Wert auf den Bau moderner Hotels gelegt, diese wurden aber mit der Zeit so sehr vernachlässigt, aus welchen Gründen auch immer, daß sich wohl kaum ein westlicher Heilsuchender oder Tourist hierher verirren wird.

Der Kurort verfügt über ein Potential an alten kulturhistorischen Bauwerken, das manch anderen vor Neid erblassen lassen würde. Die rumänische Tourismusindustrie war jedoch einfach nicht in der Lage, Băile Herculane auf das entsprechende Niveau zu bringen. Die rigorosen Sparprogramme machten auch vor Orten, die für Rumänien eigentlich Devisen einbringen sollten, nicht halt. Eine Logik, die wohl niemand begreift.

Aber trotz seines schlechten Zustandes ist es ein Erlebnis, sich den geschichtsträchtigen Ort einmal näher anzuschauen.

Băile Herculane ist wunderschön im Tal der **Cerna** gelegen. Das **Durchbruchtal der Cerna** ist mit rund 70 km Länge eine der imposantesten Landschaften, die Rumänien besitzt. Wilde Klammen, Schluchten und Höhlen prägen das gesamte Gebiet. Der Wanderer, der die Einsamkeit sucht, wird hier 100%ig auf seine Kosten kommen. Die Berge erreichen zwar nur die bescheidene Höhe von etwas über 1.000 m, aber Sie sollten sich nicht überschätzen, denn die häufig schroffen Felspartien haben es in sich.

Der Ort selbst und vor allem das Zentrum lassen noch ein wenig traditionelle Wiener Gemütlichkeit aufkommen. Sie können alte **Thermen** besuchen oder einfach durch die Geschäfte bummeln.

Übrigens waren die ersten, die die Heilkraft des Bades nutzten, die römischen Eroberer unter Kaiser Trajan. Nachdem das Bad halb in Vergessenheit geraten war, wurde es von den Österreichern im vorigen Jahrhundert um so schöner wieder aufgebaut.

Trotz vieler Schwächen steht der Ort auch heute noch an erster Stelle der meistbesuchten Kuranlagen des Landes. Auch Gäste aus dem Ausland nutzen die heilbringende Wirkung der radioaktiven Quellen.

Es werden vor allem rheumatische und altersbedingte Krankheiten erfolgreich behandelt. Wer sich für Herkulesbad interessiert, sollte sich vertrauensvoll an seinen Arzt wenden oder sich Infos beim Rumänischen Touristenamt holen.

Bistrița (Bistritz)

Hotel Coroana de Aur.

"Codrişor", am Fuße des gleichnamigen Berges.

Die Stadt liegt an den Ufern der Bistrița. Sie wurde 1200 das erste Mal urkundlich erwähnt. In ihrer Nähe befindet sich das Bîrgăului-Gebirge, an dessen Hängen ein guter Wein gedeiht.

Im Stadtinneren können Sie das alte **Haus der Silber- und Goldschmiede** besichtigen. Es befindet sich in der Strada Dornei 5. Weiterhin steht eine aus dem 14. Jahrhundert stammende evangelische **Pfarrkirche** in Bistrița. Das **Heimatmuseum** zeigt Stücke aus der Vergangenheit des Gebietes.

Von der Stadt aus kann man schöne Ausflüge in die Berge der Umgebung unternehmen.

Borşa

Im Touristenkomplex gibt es Informationen über das Rodna-Gebirge.

Touristenkomplex mit Zimmern zum Übernachten.

Die zum **Wintersportort** herangewachsene Gemeinde am Fuße des Rodna-Gebirges ist noch recht wenig im Land bekannt. Das mit 2.300 m höchste Massiv der Ostkarpaten liegt verschlafen im nördlichen Teil des Landes. Wer Ruhe sucht, gern wandert und schöne Dörfer besuchen möchte, ist hier genau richtig.

Demjenigen, der im Rodna-Gebirge wandert, sei gesagt, daß es keine Berghütten gibt und die Markierungen oft recht dürftig sind. Daß man eine entsprechende Ausrüstung mit sich führen sollte, versteht sich von selbst.

Relativ gute Straßen führen von Baia Mare und Satu Mare nach Borşa.

Bran (Törzburg)

Die Tourismusorganisation finden Sie an dem kleinen Park an der Hauptstraße. Auch das neue (sehr gute) Café an der Hauptstraße gibt Auskunft.

In dem Motel oder in der Cabana Bran.
- Private Unterkünfte gibt es zur Genüge. Erkundigen Sie sich am besten in der Touristeninformation.
- An der Straße Richtung Poarta liegt eine sehr gute Pension (zwei Personen ca. DM 20 inkl. Frühstück).

Wenn Sie nach Bran kommen, merken Sie sofort, daß es den Leuten hier gut geht. Gepflegte Bauernhöfe und eine wunderschöne Gegend sind Merkmale, die für das gesamte Gebiet des **Bran-Passes** zutreffen. Für mich gehört er zu den schönsten und romantischsten Pässen, die das Karpaten-Massiv durchschneiden.

Neben dieser Naturschönheit ist Bran aber vor allem durch seine **Grenzburg** bekannt geworden. Errichtet wurde die auf einem Felsvorsprung stehende Feste von Braşover Bürgern. 1377 gab König Ludwig I. die Erlaubnis zum Bau. Im 15. Jahrhundert wurde die Grenzburg durch einen Brand stark beschädigt, aber sofort wiederhergestellt. Die Burg war ein wichtiger Vorposten am Bran-Paß. Anrückende Feinde mußten an ihr vorbei, ob sie wollten oder nicht. Links und rechts des Passes erheben sich Gebirge, die die 2.500-m-Marke überschreiten. Damals stellten sie ein unüberwindliches Hindernis dar.

Braşov ist nur eine Autostunde entfernt, so daß sich von dort auch ein Tagesausflug nach Bran lohnt. Überdies verkehren Busse ständig von Braşov nach Bran.

Braşov (Kronstadt)

Agentur "Turismul Liber", Str. Republicii.
- "Kron-Tour", Str. Baritiu.

Hotel Capitol, Boulevard Eroilor.
- Hotel Aro Palace, Boulevard Eroilor.
- Hotel Postăvarul, Str. Republicii.
- Hotel Timpa, Str. Alea Tiberiu Brediceanu.
- Hotel Parc, Str. Nicolae Iorga.

"Dîrste", 10 km südlich der Stadt, an der DN 1.
- "Zimbrul" in Poiana Braşov.
- "Valea Cetătii" bei der Bauernburg Rîşnov.

Das an der 960 m hohen Tîmpa ("Hohe Zinne") gelegene Braşov ist die vielleicht bedeutendste Stadt Siebenbürgens gewesen. Vom deutschen Ritterorden im 13. Jahrhundert gegründet, wurde sie vor allem als Schutz gegen die aus dem Süden kommenden Heere errichtet.

✞ Hier war der östlichste Punkt der europäischen Kultur. Die **Schwarze Kirche** im Stadtinneren ist nur ein Beispiel dafür. Sie ist der östlichste gotische Dom Europas. Der Name der Kirche bezieht sich auf die Schwärzung der Mauern durch einen Brand im Jahre 1689. Für den Besuch dieses Gotteshauses sollten Sie sich schon etwas Zeit nehmen. Viele kleine Kostbarkeiten, wie z.B. die riesige Orgel mit ihren über 4.000 Pfeifen, gilt es zu entdecken. Besonders die in der Kirche befindliche Sammlung von über 100 alten orientalischen Teppichen ist über die Landesgrenzen hinaus bekanntgeworden.

✕ Das Restaurant "**Cerbul Carpatin**" ("Zum Karpatenhirsch") stellt eines der ältesten Häuser am Platze dar. Man sollte unbedingt einmal auf ein Bier oder ein Glas Wein in diese urwüchsige Gaststätte einkehren. Abends spielt fast immer eine Folkloregruppe zum Tanz auf.

⌘ Das ehemalige **Rathaus**, das außerhalb der Stadtmauern steht, diente früher als Beobachtungspunkt auf anrückende Feinde. Heute beherbergt es das Historische Museum.

Die Macht der einzelnen Zünfte, es gab etwa 30, wird am besten anhand der **Befestigungsanlagen** deutlich. Die Weberbastei und die Reste der am Fuße der Tîmpa befindlichen Tuchmacherbastei legen ein eindrucksvolles Zeugnis darüber ab. Gehen Sie die alte Stadtmauer entlang, kommen Sie unter anderem durch das von barocken Elementen geprägte Mureşenilor-Tor ("Weisenhaus Tor") in das Stadtinnere.

Zur **Tîmpa** führt eine Seilbahn. Auf dem Gipfel steht ein Restaurant, das bei den Kronstädtern recht beliebt ist. Für eine Fahrt mit der Seilbahn zahlt ein westlicher Tourist etwa DM 5.

Außer zur Besichtigung der schönen alten Bauten lädt die Stadt aber auch sonst zum Bummeln ein. Besonders in den Antiquariaten lassen sich oft brauchbare Bücher finden (Zollbestimmungen beachten!).

Im Vorort **Şchei** können Sie die **orthodoxe Nikolauskirche** aus dem Jahre 1399 besichtigen.

Überhaupt sollten Sie sich einige Tage in der Stadt aufhalten, da sich von hier interessante Ausflüge in die Umgebung machen lassen. Die **Bauernburg** im Ort **Rîşnov** sowie die alte **Törzburg** aus dem Jahre 1377 sind äußerst empfehlenswerte Objekte. Sie sind leicht mit den am Hauptbahnhof verkehrenden Bussen erreichbar.

Mit dem Zug lassen sich Ausflüge in die Dörfer und Gemeinden des über 2.500 m hohen **Bucegi-Massivs** unternehmen. Die Eisenbahnen verkehren vom Hauptbahnhof fast stündlich. Man kann die kleinen Pendler wählen, oder man benutzt Züge, die in Richtung Bukarest und Ploieşti fahren. Für Eilzüge zahlt man einen geringen Zuschlag.

Manche Züge halten nicht in allen Ortschaften. Erkundigen Sie sich am besten an der Information oder direkt am Fahrkartenschalter.

Eine modernisierte Straße führt nach etwa einer Stunde Fahrzeit zum Wintersportort **Poiana Braşov** (Schulerau). Der über 1.000 m hoch gelegene Ort am Postăvaru-Massiv (1.800 m) bietet die vielfältigsten Möglichkeiten der Freizeitgestaltung.

Caransebeş (Karansebesch)

Die aus den Ortschaften Căran und Sebeş bestehende Stadt, welche im 14. Jahrhundert zusammengeschlossen wurden, liegt im Mündungsgebiet des Sebeş in den Timiş. Caransebeş hat einige wenige sehenswerte Bauwerke wie die Reste einer Festung aus dem 13. Jahrhundert und verschiedene Häuser aus dem 18. Jahrhundert.

Reizvoller ist die Umgebung von Caransebeş. Das etwa 10 km von der Stadt entfernt beginnende Gebirge und das etwas weiter entfernte **Tarcu-Massiv** werden auch "Caransebescher Alpen" genannt. Vom Stadtinneren führt eine gut ausgeschilderte Straße zum **Touristenkomplex am Muntele Mic**. Hier, in 1.450 m Höhe, können Sie übernachten, um an den darauffolgenden Tagen Touren ins Gebirge oder auf den 1.806 m hohen Gipfel des Muntele Mic zu unternehmen. Auch mehrtägige Touren in die angrenzenden Gebirgszüge sind möglich. Sie sollten aber mit Karte und Kompaß gut umgehen können, da Sie sich sonst leicht verirren.

Fährt man die Nationalstraße 68 in Richtung Haţeg, wird nach einer Strecke von ca. 20 km die Ortschaft Otelu Roşu erreicht. Man biegt rechts in Richtung der Ortschaft Măru ab und gelangt so nach etwa 15 km zur **Touristenstation Poiana Marului**.

⌘ Wird weiter gefahren, kommen Sie nach einigen Kilometern zur alten Hauptstadt **Ulpia Traiana Sarmizegetusa**.

Cluj-Napoca (Klausenburg)

Str. Gh. Şincai 2 und Piaţa Libertăţii 3.

Hotel Belvedere. Hotel Napoca. Hotel Continental. Hotel Transsilvania. Hotel Central.
Alle Hotels liegen im Zentrum.

"Făgat" im Făgat-Wald an der DN 1.
♦ "Cojocna" im gleichnamigen Kurort, 20 km südöstlich von Cluj.

Hanul "Colina", Str. Bucium.

Die aus der dakischen Siedlung Napoca hervorgegangene Stadt ist mit heute über 300.000 Einwohnern die zweitgrößte des Landes. Sie liegt am Ufer des **Someşul Mic** und ist reich an interessanten Bauwerken.

✞ Vor allem die römisch-katholische **Michaelskirche** ist hier zu nennen. Sie ist das größte Gotteshaus dieser Art in Transsilvanien. Im Jahre 1348 wurde sie erstmalig in einem päpstlichen Ablaßbrief erwähnt.

Theiß
Ungarn
Rumänien
Satu Mare
Baia Mare
Oradea
Cluj-Napoca
Cîmpeni
Turda
Tîr
Mu
Arad
Alba Iulia
Medi
Mureş
Deva
Timişoara
Sibiu
Hunedoara
Sebeş
Petroşani
Reşiţa
Caransebeş
Olt
Băile Herculane
Drobeta-
Turnu Severin
Tîrgu Jiu
Donau
0
150 km
Craiova
Serbien

© Stein Verlag
N
W
O
S
Suceava
Vatra Dornei
Bistriţa
Iasi
Piatra Neamţ
Lacul Roşu
Prut
Bacău
eorgheni
Siret
GUS
hişoara
Miercurea Ciuc
igăraş
Braşov
Bran
Galaţi
Donau
Brăila
Sulina
urtea
Argeş
Predeal
Buzău
Tulcea
Sinaia
Ploieşti
eşti
Babadag
Bukarest
Constanţa
Donau-
Schwarzmeer-
Kanal
Giurgiu
Adamclissi
Donau
Schwarzes
Meer
Bulgarien

Die alte **Stadtmauer** und die **Schneiderbastei** zeugen mit ihren Schießscharten und Wehrgängen eindrucksvoll von der Verteidigungsbereitschaft der Stadt. Es lohnt auch ein Besuch der **reformierten Kirche** auf der Strada Kogălniceanu sowie der **römisch-katholischen Kirche** auf der Strada Universității.

Das **Bănffy Palais** wurde von Georg Bănffy in den Jahren 1773 bis 1785 errichtet. In dem heutigen Kunstmuseum gibt es eine Anzahl wirklich schöner Götterskulpturen und Urnen zu sehen. Nicht zu verfehlen ist das Reiterstandbild des Bildhauers János Fadrusz (1858-1903). Das Denkmal, das neben der Michaelskirche steht, stellt den ungarischen König Matthias Corvinus dar.

Es gibt in Cluj-Napoca jeweils ein ungarisches und ein rumänisches **Opernhaus**. Die Stadt ist sehr stark durch die ungarischen und die deutschen Einwohner geprägt worden, was durchaus reizvolle Gegensätze schafft.

Eine weitere Besonderheit hat die Stadt aufzuweisen: eine **Universität**, die sich ausschließlich der **Höhlenforschung** widmet. Sie ist die einzige Lehranstalt dieser Art auf der Welt.

Es gibt in der Stadt etliche Hotels mit mehr oder weniger guten Unterkunftsmöglichkeiten. Ich möchte noch einmal darauf hinweisen, daß der westeuropäische Tourist mit den hygienischen Verhältnissen, der Versorgung und vielem anderen kaum zufrieden sein dürfte. Das betrifft auch den oft ungerechtfertigten hohen Preis (DM 80 bis 150 für eine Nacht und zwei Personen). Die Campingplätze sind natürlich preiswerter.

Kommen wir jetzt zur Umgebung von Cluj. Folgen Sie dem Fluß **Someşul Mic** auf der DN 1 in Richtung Fîntînele, stoßen Sie nach etwa 20 km auf den **Stausee Gilău**. Hier finden Sie einen Campingplatz, eine Gaststätte und einige alte Bauwerke wie das Schloß und die Festung.

15 km vom Ort entfernt liegt in 435 m Höhe die Berghütte "Someşul Rece". Hier können Sie billig unterkommen oder auch zelten.

Wenn Sie im Auto unterwegs sind, sollten Sie sich die **Holzkirche** aus dem 18. Jahrhundert in dem 50 km von Gilău entfernten Dorf **Fildu de Sus** ansehen. Sie gehört zu den am perfektesten ausgeführten Sakralbauten im Land.

Ein malerisches Erholungsgebiet stellen die Stauseen in der Gegend von **Fîntînele - Beliş - Tarnița** dar. Der Ort **Fîntînele** ist ein Luftkurort mit Berghütten und Restaurants.

Densuş

✞ Der Heimatort der rumänischen Gelehrtenfamilie Densuşianu ist Standort der wohl **originellsten Kirche Rumäniens**. Das heute orthodoxe Gotteshaus wurde aus Material der nur wenige Kilometer entfernten alten römischen Hauptstadt Sarmizigetusa gebaut. Auch antike Säulen fanden Verwendung. Die Malereien im Inneren sind auf das Jahr 1443 datiert. Einige Bilder und Ikonen sind höchstwahrscheinlich noch früher entstanden.

Die Vielfalt der Baumaterialien geben der Kirche ein eigentümliches Aussehen. Wer sich in der Nähe von Deva aufhält, sollte unbedingt einen Abstecher nach Densuş machen; er wird es nicht bereuen.

Deva

Piaţa Unirii 1, Piaţa Victorie.

Hotel Turist. Hotel Samaris. Hotel Dacia.

"Strei" am Ufer des Strei-Flusses bei der Ortschaft Simeria.

♦ "Poienita Orăştiei" am Waldrand in der Nähe von Orăştie.

Im Gebiet der Stadt Deva (77.000 Einwohner) befand sich das Zentrum des alten dakischen Reiches. Fahren Sie von der Stadt aus in Richtung **Orăştie** und biegen dann am Wegweiser nach Süden zur Ortschaft **Grădiştea de Munte** ab, gelangen Sie zur einstigen Hauptstadt des dakischen Altreiches.

⌘ **Sarmizegetusa Regia** stellte den religiösen und militärischen Mittelpunkt dar. Auf einem 1.200 m hohen Berg stand eine Art Befestigungsanlage, auf den umliegenden Bergen wohnte höchstwahrscheinlich die Bevölkerung. Im ganzen Gebiet befinden sich eine Anzahl von **Kultstätten**. Diese runden, von Steinblöcken umgebenen Stätten dienten unter anderem zu astronomischen Kulthandlungen. Einige Plätze wurden auch als eine Art Kalender benutzt.

Ein Teil der Anlage ist von Archäologen freigelegt worden und kann jetzt besichtigt werden. Man darf aber Sarmizegetusa Regia nicht mit der alten, rein römischen Hauptstadt Daziens, Sarmizegetusa Ulpia Traiana, verwechseln. Diese liegt rund 50 km weiter südwestlich.

20 km nördlich von Orăştie befindet sich der ehemalige Badekurort der Römer, Thermae Dodone, heute **Geoagiu-Băi**. Hier am Fuße des

sogenannten Erzgebirges werden bestimmte Erkrankungen erfolgreich behandelt. Selbstverständlich können Sie in den Hotels sowie auf dem Campingplatz unterkommen.

Wieder in der Stadt Deva angekommen, sollten Sie einmal auf den 371 m hohen **Burgberg** steigen, um die alte **Zitadelle** aus dem 13. Jahrhundert zu besuchen sowie um die herrliche Aussicht auf das Mureş-Tal zu genießen. Im Stadtzentrum ist der **Palast Magna Curia** zu besichtigen.

Făgăraş (Fogarasch)

Hotel Cetate.

Auf dem Gelände der Berghütten (☞ Wandern in den Karpaten, Făgăraş-Gebirge).

Jene an der Verbindungsachse Braşov - Sibiu gelegene Stadt, in der sogenannten "Depresiune Făgăraş", wurde früher auch als "Terra Valachorum" bezeichnet. Sie war im 13. Jahrhundert Fürstensitz der Walachei. Von Făgăraş aus können Sie gen Süden die lange Kette des Făgăraşer Gebirges erkennen.

Die im Stadtzentrum gelegene **Festung** wurde ungefähr im 15. Jahrhundert gebaut. Ihre Grundmauern ruhen jedoch auf einem viel älteren Befestigungsbau. Umgeben ist die Zitadelle Făgăraş' von einem stark befestigten Wall. Im Inneren können Sie prächtige Wohnbauten besichtigen.

Der Fürst Constantin Brîncoveanu stiftete die orthodoxe **Nikolauskirche**. Im Altarraum sind Wandmalereien im bekannten "Brîncoveanu-Stil" ausgeführt.

In der weiteren Umgebung ist natürlich das **Făgăraş-Gebirge** das Ausflugsziel Nr. 1. Fahren Sie durch die Stadt aus Braşov kommend in Richtung Sibiu, gelangen Sie an die Abzweigung "Bîlea-See". Hier beginnt die wohl spektakulärste Paßstraße Rumäniens. Die **Trănsfăgăraşer Hochstraße** ist 95 km lang, hat 28 größere und etwa 500 kleinere Brücken oder Tunnel.

In 1.234 m Höhe steht das Hotel, von dem aus eine Seilbahn zum 2.027 m hoch gelegenen **Bîlea-See** führt. Sie können aber auch

Burg Bran (Transsilvanien)

Die Kirchenburg von Biertan ist die wohl schönste in Siebenbürgen

direkt mit dem Auto zum See gelangen. Von ihm aus führt die Straße durch einen 890 m langen Tunnel auf die Südseite des Gebirges. Der Sinn dieser "**Trănsfăgăraşan**" ist sehr umstritten.

Es wurde eine Menge Geld ausgegeben, um dieses Prestigeprojekt in die Tat umzusetzen. Östlich und westlich vom Gebirge befinden sich bereits Paßstraßen, die das ganze Jahr befahrbar sind. So war der Bau der Trănsfăgăraşan, die nur einige Monate im Jahr (Juni bis September) passierbar ist, völlig überflüssig. Sollten Sie in dieser Zeit in der Nähe verweilen, lohnt eine Überquerung der Karpaten auf der Trănsfăgăraşan auf jeden Fall, zumal das Hotel Bîlea Cascada eine ausgezeichnete Übernachtungsmöglichkeit bietet. Sie sollten sich aber vorher informieren, ob noch Zimmer frei sind. Wildes Campen ist wie überall im Lande auch im Făgăraş-Gebirge erlaubt. Nur in Reservaten und einigen besonders gekennzeichneten Gebieten ist das Zelten verboten.

Făgăraş kann aber auch als Ausgangspunkt für den Besuch der in der Umgebung stehenden **Wehrkirchen** dienen, die an späterer Stelle noch eingehender behandelt werden (☞ Die Kirchenburgen Transsilvaniens).

🛏 ⛺ Im Ort selbst gibt es einige Hotels. Sehr zu empfehlen ist jedoch der Aufenthalt in den zahlreichen am Rand des Făgăraş-Gebirges stehenden **Berghütten**. Hier ist es urgemütlich und ein längeres Verweilen wird von vielen Rumänienbesuchern begrüßt. Für eine genaue Beschreibung der schönsten Hütten ☞ Wandern in den Karpaten.

Hunedoara (Eisenmarkt)

🛏 Hotel Rusca, Boulevard Dacia.

Der unwissende Tourist, der an Hunedoara vorbeifährt, wird sich hüten, hier anzuhalten. Riesige Rauchwolken, Schlote und Gestank umgeben das gesamte Gebiet. Der Grund: ein riesiges **Hüttenkombinat**. Umweltschutz und Ökologie sind in Rumänien völlig unbekannte Wörter. Hoffentlich nicht mehr lange.

♜ In Hunedoara steht der bedeutendste gotische Profanbau Siebenbürgens. Im Jahre 1364 das erste Mal als königliches Castrum erwähnt, wurde es am 18.10.1409 von König Sigismund an "Voyk filii Serbe" verschenkt. Im 15. Jahrhundert wurde es von Iancu de Hunyadi umgebaut und restauriert. Die aufkommenden Feuerwaffen machten die **Festung** als Verteidigungswall bedeutungslos.

Im Jahre 1446 wurde die Umwandlung in ein Residenzschloß vorgenommen. Im 18. Jahrhundert kümmerte sich niemand mehr darum, und 1854 zerstörte eine Feuersbrunst es fast völlig. 1868 begann man dann wieder mit aufwendigen Umbauten. Leider ist der eindrucksvolle Bau heute völlig heruntergekommen und von den Gasen und Dämpfen der Stahlhütte stark angegriffen.

Darüber hinaus steht im Zentrum der Stadt eine schöne orthodoxe **Kirche** mit Ikonen des Malers Constantin.

Lipova (Bad Lippa)

Der von den Bewohnern auch "Sauerbrunn" genannte Ort hat ein Hotel, und in der Nähe befindet sich auch ein Campingplatz.

Der im Banat, unweit Arads gelegene Kurort stellte früher durch seine Befestigungsanlage, die **Burg Şoimoş**, ein wichtiges Bollwerk gegen die Türken dar. Heute ist die auf einem Berg stehende Ruine ein schöner Aussichtspunkt auf das Mureş-Tal.

Die hier entspringenden **Quellen** haben die Qualität eines hervorragenden Mineralwassers. Besonders Herz- und Kreislauferkrankungen werden in Lipova äußerst wirkungsvoll behandelt. Der 183 m hoch gelegene Kurort hat einen schönen alten Stadtkern. Der **alte türkische Basar** ist eine besondere Augenweide.

Lugoj (Lugosch)

"Coşteiu", 7 km nördlich der Stadt.

Der zweitgrößte Ort des Kreises Timiş wurde erst vor 100 Jahren in den Rang einer Stadt erhoben. Er beherbergt Angehörige dreier verschiedener Nationalitäten: Ungarn, Deutsche und Rumänen.

Der **Korso**, eine Art Boulevard, ist der eigentliche Mittelpunkt der Stadt. Hier finden sich Geschäfte, Restaurants und Hotels. Es gibt einige schöne Brücken, die über den Fluß führen.

Im übrigen sind im Zentrum nur noch ein paar Bauten aus dem vorigen Jahrhundert sehenswert.

Mărginimea Sibiului

Dieses Gebiet in der unmittelbaren Umgebung der Stadt Sibiu umfaßt insgesamt 18 Ortschaften. Nach **Boița**, einem Dorf im Olt-Tal, reihen sich die Gemeinden wie eine Kette aneinander bis zum Bach Sebeş. Der Ausdruck *Mărginimea Sibiului* bedeutet soviel wie "Rand-" oder "Grenzgebiet". Diese Dörfer sind die letzten vor dem Karpatenkamm liegenden Ortschaften. Erst wenn Sie das Gebirge überquert haben, finden Sie auf der anderen Seite, in der Walachei, wieder Dörfer und Städte. Besonders reizvoll ist, daß hier, wie wohl kaum in anderen Teilen Transsilvaniens, die Kultur und Traditionen gepflegt werden. Wir wollen nun den schönsten Dörfern einen kurzen Besuch abstatten:

Răşinari

Es ist mit etwa 7.000 Einwohnern die größte Landgemeinde des Kreises Sibiu. Sie sollten das kleine **Dorfmuseum** an den Anfang Ihrer Besichtigung stellen. In dem in einer kleinen Straße stehenden Museum erfahren Sie Genaueres über Geschichte und Kultur des Ortes. Es werden auch Exponate aus anderen Gebieten des Landes gezeigt. Sie wurden von Schafhirten, die durch das ganze Land zogen, mitgebracht.

Die "**Transhumanz**", so heißt das Wanderhirtentum in der Fachsprache, war in dem gesamten Mărginimea Sibiului stark verbreitet. Die Schafhirten zogen früher bis auf die Krim oder in den Kaukasus. Auch heute betreiben noch einige Hirten die Transhumanz. Allerdings beschränken sich die Wanderungen auf das Gebiet von Rumänien.

Sălişte

Der Ort, auch die "Perle Transsilvaniens" genannt, ist das geistige und kulturelle Zentrum dieses Landstriches. Jedes Jahr wird hier das **Volksfest** "Begegnung der Tänze" gefeiert. Die in ihren Trachten auftretenden Mädchen und Jungen sind schon ein Erlebnis.

In der Umgebung Săliştes hat man wieder begonnen, einige schöne alte **Wassermühlen** gewerblich zu nutzen. Darüber hinaus beschäftigen sich die Einwohner mit der Bienenzucht und dem Sammeln von Kräutern und Tannenharz.

Poiana Soarelui, die "Sonnenalm", etwa 5 km vom Ort entfernt, ist der Standort von etwa 50 monumentalen, aus Eichenholz gefertigten Statuen. Jedes Jahr im Sommer treffen sich hier zehn der namhaftesten Bildhauer Rumäniens zu einem Sommerlager.

Überdies besitzt Săliște eine schöne **Ikonensammlung**.

Jina

Es ist das letzte Dorf in der Kette der 18 Gemeinden. Auf einem Plateau gelegen, ist es zugleich einer der am höchsten gelegenen Orte des Landes. Hier trägt man eine in schwarz und weiß gehaltene Tracht.

Jina nennt 50.000 Schafe sein eigen, von denen aber im Ort selbst kaum einmal eines zu sehen ist, denn den ganzen Sommer über sind die Hirten im Gebirge mit ihren Herden unterwegs.

☺ Empfehlen würde ich den Besuch der Mărginimea Sibiului im Sommer. Sie können von Sibiu aus in einem Tagesausflug mit dem eigenen Auto das Gebiet besuchen, oder, wenn Sie Zeit haben, durchwandern Sie einfach einige Abschnitte der Mărginimea. Es gibt dort einige Hütten, am besten ist es aber, ein eigenes Zelt mitzunehmen.

Alle **Dörfer der Mărginimea Sibiului** auf einen Blick: Boiţa, Tălmaciu, Sadu, Răşinari, Poplaca, Gura Rîului, Orlat, Fîntînele, Sibiel, Vale, Sălişte, Tilişca, Rod, Poiana Sibiului, Jina, Sacel, Galeş und Cristian.

Mediaş (Mediasch)

ℹ Birou de Voiaj am Markt.

🛏 Hotel Central.

🚐⛺ "Bazna" im Kurort Bazna, 15 km nordwestlich von Mediaş.

Die ehemalige Siedlung Per Medias Vias ("Kreuzweg") ist eine schöne, mittelalterliche Stadt mit eindrucksvollen Kulturdenkmälern dieser Zeit.

✞ In Mediaş finden Sie die einzig erhaltene **Stadtkirchenburg** Siebenbürgens. Dieser aus dem 14. Jahrhundert stammende Bau steht dem Besucher täglich offen. Beachten Sie den schiefen Kirchturm.

Leider ist viel vom Reiz Mediaş durch Zerfall und die Bauweise der Sozialisten verlorengegangen. Die meisten und schönsten Bauwerke sind in der Umgebung der Stadt zu sehen.

✞ Ganz oben in der Liste der bedeutenden Bauten stehen die für Siebenbürgen so typischen Kirchenburgen und Wehrkirchen. Rund zehn dieser geschichtlichen Denkmäler befinden sich im unmittelbaren Umkreis von Mediaş.

Zu nennen sind die **Wehrkirchen** von Mediaş (Mediasch), Valea Viilor (Wurmloch), Motiş (Mortesdorf), Moşna (Meschen), Nemşa (Nimesch), Şoala (Schaal), Bazna (Baassen), Boian (Bonnesdorf), Bălcaciu (Bulkesch), Jidvei (Seiden) und Velţ (Wölz). Die Wehrkirchen sind zum Teil gut erhalten und restauriert. Von einigen sind jedoch nur noch Fragmente zu sehen.

Alle Kirchen sind mit dem Auto erreichbar. Sie können auch den Bus benutzen, was jedoch etwas umständlich und langwierig ist. Am reizvollsten ist jedoch, mit dem Gepäck auf dem Rücken diesen Landstrich zu durchwandern. Zelten darf man überall, so daß einer solchen Tour durch die Geschichte Transsilvaniens nichts im Wege steht.

Außer durch seine Kirchenburgen ist Mediaş noch durch seinen vorzüglichen **Wein** im ganzen Land bekannt. Im gesamten Gebiet der Großen und Kleinen Kokel wird Weinbau betrieben. Die wohl besten Weine sind der "Bogeschdorfer", der "Kokeltaler" und der aus Bulkesch.

Ocna Sibiului (Salzburg)

Dieses Heilbad mit seinen **Salzseen** (Tümpeln) war schon im Mittelalter ein wichtiges Zentrum der Salzgewinnung. Durch unterirdischen Abbau entstanden riesige Höhlen, die mit der Zeit einstürzten und sich mit Wasser füllten. Der tiefste See mißt rund 80 m.

Es wurden an manchen Stellen **Badehäuser** errichtet, um das Kuren zu erleichtern. Man kann schon bei Frühlingsbeginn hier baden, da sich das Wasser, bedingt durch den hohen Salzgehalt, rasch aufheizt und die Wärme auch speichert. Mitunter hat ein See eine Oberflächentemperatur von 25 Grad, während in einigen Metern Tiefe 40 Grad gemessen werden. Im Ort gibt es Restaurants und einen Campingplatz.

Zu erreichen ist Ocna Sibiului von Sibiu aus mit einer Kleinbahn, dem Bus oder dem Auto.

Oradea (Großwardein)

Piaţa Republicii.

Hotel Dacia. Hotel Astoria. Hotel Crişul Repede. Hotel Transsilvania. Hotel Parc.

"Băile 1. Mai" im gleichnamigen Kurort.
♦ "Crişul Repede", 20 km östlich der Stadt an der DN 1 am Fluß gelegen.

Benutzen Sie von Ungarn kommend den Grenzübergang Borş, sehen Sie schon nach kurzer Zeit Neubauten in der Ferne. Diese sich stark an den Westen anlehnende, 200.000 Einwohner zählende Stadt hat dem Besucher aber einiges mehr zu bieten als häßliche Neubauviertel. Der alte Stadtkern mit seinen wertvollen Kirchen und Prunkbauten ist für einen ausgiebigen Stadtbummel bestens geeignet. Es gibt hier mehr Restaurants und Cafés als in den meisten anderen Städten des Landes.

✞ Der Streifzug durch die Architekturgeschichte Oradeas kann am römisch-katholischen **Dom** beginnen. Mit seiner Erbauung wurde 1752 durch Giovanni Battista Ricca begonnen, die 1762 von dem Wiener Architekten Franz Hillebrandt fortgesetzt wurde. Nepomuk Schöpf, ein Maler aus Prag, führte die Fresken im Inneren des Doms aus. Vor dem Bauwerk steht eine Bronzestatue, die den König Ladislaus, dessen Reliquien im Dominneren verehrt werden, darstellt.

⌘ Das **Museum "Ţarii Crişurilor"** ist im Gebäude des ehemaligen bischöflichen Palais untergebracht, das ebenfalls von Hillebrandt entworfen wurde. Das Museum zeigt Exponate über Geschichte und Kunst des Landes am Fluß **Ţara Crişurilor** (Schnelle Kreisch).

✞ Besonders interessant ist die sogenannte **Mondkirche**. Auf ihrem Kirchturm befindet sich eine halb schwarze und halb goldene Kugel, die durch einen komplizierten Mechanismus die einzelnen Mondphasen veranschaulicht.

✞ Zudem laden die orthodoxe **Kathedrale** sowie der neoklassizistische Bau des **Staatstheaters** zur Besichtigung ein.

In der Nähe von Oradea liegt in einem landschaftlich reizvollen Gebiet der international bekannte Kurort **Băile Felix**. Seine Thermalquellen waren schon in der Antike bekannt. Für Heilzwecke werden sie seit dem 15. Jahrhundert genutzt. Die Quellen sind das ganze Jahr geöffnet. Mehrere Hotels bieten dem Besucher einen angenehmen Aufenthalt. Hier werden vor allem altersbedingte Beschwerden behandelt, aber auch der nicht heilsuchende Gast ist herzlich willkommen.

Ganz in der Nähe von Băile Felix ist ein weiterer Kurort zu finden, **Băile 1. Mai**. Er nennt eine besondere botanische Besonderheit sein eigen: Von einem rund 28 Grad warmen Bach wird ein kleiner See gespeist.

Auf ihm schwimmen zahlreiche, unter Naturschutz stehende Seerosen der Spezies *Nymphaea lotus var. thermalis*. Sie sind im Balkangebiet sonst fast nirgendwo zu finden und stellen daher eine kleine Sensation dar.

Ihr Lager können Sie auch hier auf dem Zeltplatz aufschlagen.

Fährt man in Richtung Beius und biegt am Wegweiser nach **Stîna de Vale** ab, erreicht man nach wenigen Kilometern diesen Wintersportort. Die Berghütte "Stîna de Vale" kann als Stützpunkt für ausgedehnte Wanderungen ins Bihor-Vlădeasa-Gebirge dienen. Auf zahlreichen markierten Wegen gelangen Sie zu Naturschönheiten wie Klammen, Dolinen, Wasserfällen und den Höhlen Scărişoara, Focul fiu usw. Aber auch die Besteigung der höchsten Gipfel Curmătura Mare (1.849 m) und Vlădeasa (1.836 m) sind lohnenswerte Vorhaben.

Beim Dorf **Chişcău** befindet sich eine beleuchtete Bärenhöhle. In ihrem Inneren ist das Skelett eines 15.000 Jahre alten Höhlenbären zu sehen.

Im Gebiet des **Bihor-Vlădeasa-Gebirges** gibt es drei Berghütten, so daß Sie gut auf eigene Faust das ganze Massiv durchwandern können. Ein Zelt sollte bei Mehrtagestouren aber in keinem Rucksack fehlen.

Tips zum Wandern geben gern die Hüttenwirte. Zudem hängen in den meisten Hütten auch recht gute Karten des Gebirges aus.

Reşiţa (Reschitza)

Die Stadt ist eines der bedeutendsten **Hüttenzentren** des Landes, hat jedoch außer dem **Lokomotivmuseum** kaum touristischen Wert.

Reşiţa kann aber zum Ausgangspunkt von Wanderungen oder Skitouren ins **Banater Bergland** werden. Das Semenic-Gebirge ist ein wichtiges **Wintersportgebiet** des Landes. Sie fahren von Reşiţa mit dem Bus bis zur Talstation des Sesselliftes, um dann zum 1.410 m hohen Touristenkomplex zu gelangen. Der Gipfel ist auch mit dem Auto zu erreichen. Schöner und umweltschonender ist der Weg zu Fuß. Am Berg gibt es Skipisten, mehrere Hütten stehen für einen längeren Aufenthalt zur Verfügung.

Blick vom Stundenturm auf Sighişoara

Die Schülertreppe in Sighişoara

Sarmizegetusa

⌘ "Colonia Ulpia Traiana Augusta Dacia" wurde von Kaiser Trajan nach dem Sieg über die Daker im Jahre 108 bis 110 erbaut. Es war die Hauptstadt der Provinz Dakien. Auch heute noch sind die Reste des **Amphitheaters**, des **Liber Pater-Tempels** und einiger anderer **Kultstätten** zu sehen.

Die sich hier befindenden archäologischen Zeugnisse sind die umfassendsten aus der Zeit der Römer. Ein **Museum** im Ort zeigt weitere Fundstücke aus der alten Hauptstadt. Man kann Sarmizegetusa von Caransebeş oder Haţeg aus leicht mit dem Auto erreichen.

Satu Mare (Sathmar)

Piaţa Libertăţii.

Hotel Dacia.

☞ Baia Mare.

Die von Flußschiffern gegründete Stadt ist ähnlich wie Baia Mare vor allem Ausgangspunkt in ein stark traditionsbewußtes Gebiet. Satu Mare selbst war im 15. Jahrhundert ein bedeutendes Handelszentrum, dessen wichtigste Handelspartner Böhmen, Wien und Krakau waren. Heute ist die Stadt ein signifikantes Industriezentrum.

⌘ ✞ Der Stadtkern birgt ein paar sehenswürdige Bauten in sich. Über die Folklore und Traditionen in diesem Landstrich gibt das **Museum für Ethnographie** Auskunft. Auch die römisch-katholische **Kathedrale** und die orthodoxe **Kirche** sind schön. Von besonderem Interesse ist das ehemalige **Haus der Schusterzunft** aus dem 18. Jahrhundert.

Aber nun zu den vielen Sehenswürdigkeiten der Umgebung: Fährt man auf der DN 19 in Richtung der ukrainischen Grenze, stößt man nach 50 km auf die Stadt **Negreşti Oaş**. Hier liegt das Zentrum des gesamten Gebietes der Oaş. Sie können sich in dem Museum für Ethnographie noch genauer über die verschiedenen Völker kundig machen. Von hier aus lassen sich die schönsten Dörfer des Oascher Landes besuchen.

Die Dörfer **Turt**, **Racşa Bixad**, **Dealul Huta** und einige andere liegen alle im Umkreis von rund 10 km von Negreşti Oaş entfernt. Folklore und Tradition in diesen Gemeinden sagen oft mehr aus als jedes

Museum. Der Aufenthalt im Oascher Land wird wohl jeden Besucher beeindrucken, und es dürfte nicht leicht sein, Orte in Europa zu finden, in denen das Brauchtum ähnlich lebendig und die Landschaft ebenso urwüchsig ist.

⌘ **Sapînța**, ein kleiner Ort an der Grenze zur Ukraine, hat eine besonders originelle Sehenswürdigkeit zu bieten: Auf dem **Heiteren Friedhof** wurden die Grabsteine und Kreuze von einem Volkskünstler mit lustigen Inschriften und Bildern, die Begebenheiten aus dem Leben der Verstorbenen erzählen, versehen. So liest man, daß einer der Verblichenen ein Schürzenjäger und ein anderer ein Trunkenbold war. Dieser unbeschwerte Umgang mit dem Tod wurde von den Dakern überliefert. Im Dorf werden sehr schöne dicke Decken aus Schafwolle gefertigt, die man auch an Ort und Stelle kaufen kann.

Nach dem Besuch des Dorfes sollten Sie weiter in die kleine Stadt **Sighetul Marmației**, direkt an der Grenze zur Ukraine gelegen, fahren. Hier werden Möbel mit den in der Maramureș üblichen Stilelementen hergestellt und in alle Welt exportiert. Aber die Stadt wurde ja schon näher im Abschnitt über Baia Mare besprochen. Von Sighetul Marmației können Sie nach Satu Mare zurückfahren oder Ihre Tour nach Baia Mare fortsetzen. Zum Campen kommen die Plätze, die in der Nähe von Baia Mare liegen, in Frage. Am besten ist es, wenn Sie auf den Bauernhöfen Ihr Zelt aufschlagen.

Sebeș (Mühlbach)

🛏 Hotel "Dacia" und "1. Mai".

⛺ Im Umkreis der Berghütten.

Sebeș, am gleichnamigen Bach gelegen, hatte früher einen großen Anteil deutscher Bewohner. Die Stadt liegt an der Verbindungsstraße von Sibiu nach Deva. Aber auch von Cluj aus ist sie leicht erreichbar.

✞ ⌘ Sebeș war früher ein wichtiger Sitz kirchlicher Würdenträger. Die riesige evangelische **Pfarrkirche** legt eindrucksvoll Zeugnis darüber ab. Sie ist eines der schönsten Baudenkmäler Siebenbürgens. Auf einem Friedhof gebaut, war sie anfangs als romanische Basilika erschaffen worden. Nach ihrer Zerstörung im 13. Jahrhundert durch die Tataren wurde sie im gotischen Stil wiederhergestellt. Im Inneren schmückte man die Kirche mit vielen Plastiken aus. Der mit 13 m höchste erhaltene Flügelaltar Siebenbürgens ist hier zu sehen.

Zudem steht in der Stadt ein **Wojewodenhaus** aus dem 15. Jahrhundert. Es ist heute Sitz des Bezirksmuseums.

Den **Studententurm** und die Überreste der ehemaligen **Stadtbefestigung** können Sie bei einem Stadtbummel gleich mit anschauen.

Unweit vom Zusammenfluß des Secaş (Zekesch) mit dem Sebeş (Mühlbach), im Süden der Stadt, erhebt sich der **Rote Berg**. Der durch Regen völlig zerfurchte und vom Eisenoxyd rot gefärbte Bergstock ist eine Insel für seltene Steppenpflanzen und einige seltene Tiere. Federngras, Goldbart, Schillergras sowie eine große Anzahl schönster Wiesenkräuter wachsen hier. Der echte Naturfreund sollte aber die Pflanzen dort stehenlassen, wo sie wachsen.

Benutzen Sie die Straße 67 C in Richtung Süden, so sehen Sie schon von weitem einen mächtigen Gebirgszug, das **Şureanu-Gebirge**, dessen höchster Gipfel, der Virful Şurianu, 2.061 m hoch ist. Das Gebirge nimmt eine Fläche von etwa 900 km² ein, bietet also genügend Raum für ausgedehnte Wanderungen. Es gibt fünf Hütten in unmittelbarer Umgebung des Şureanu-Gebirges. Für Ausrüstung und Durchführung einer Wanderung ☞ Wandern in den Karpaten.

Sibiu (Hermannstadt)

Piaţa Unirii.

Hotel Impăratul Romanilor. Hier soll einmal Joseph II. gewohnt haben.
- Hotel Continental. Hotel Boulevard. Alle Hotels liegen im Zentrum.
- Weitere Übernachtungsmöglichkeiten im Wintersportort Paltiniş.

"Dumbrava" beim gleichnamigen Erholungsgebiet am Rande der Stadt.

Die einstige Hauptstadt Siebenbürgens hat bis heute ihre durch die deutschen Siedler geprägte Gestalt erhalten. Für mich ist sie ein Musterbeispiel deutscher Kultur in Transsilvanien. Obwohl erst 800 Jahre alt, durchlebte sie eine äußerst bewegte Zeit. Türken, Tataren und Naturkatastrophen überstand Sibiu, das Bollwerk der Christen gegen die orientalische Welt. Sie erhielt 1483 vom Papst den Titel "**Schutzwall aller Christen**". Noch heute ist Sibiu der Sitz des Bischofs der deutschen evangelischen Kirche in Rumänien. Enge Gassen, verwinkelte Straßenzüge und mittelalterliche Plätze geben der Stadt ihr besonderes Gepräge.

Im Innern einer Holzkirche in der Maramureş

Der "Heitere Friedhof" von Sapînța (Maramureş/Transsilvanien)

Der **Piaţa Mare** ist das eigentliche Zentrum Sibius. Um ihn reihen sich eine ganze Anzahl kulturhistorisch wertvoller Bauten.

⌘ Direkt am Rande des Platzes steht das **Brukenthal-Museum**. Das ehemalige Palais des Gouverneurs von Siebenbürgen, Baron Samuel von Brukenthal, wurde schon 1817 in ein zum Teil öffentliches Museum umgewandelt. Es beherbergt eine der schönsten Kunstsammlungen des Landes. Teile im Inneren wurden in ihrem ursprünglichen Zustand belassen.

Das Museum untergliedert sich in mehrere Bereiche. Ein Teil beschäftigt sich mit der Tradition und der Kultur des Gebietes in und um Sibiu. Ganze Zimmer und Bauernstuben wurden originalgetreu nachgebildet. Archäologische Funde und Mineralien werden in anderen Räumen gezeigt. Besonders interessant ist die **Gemäldesammlung**, die Werke von Rubens, van Dyck, Lucas Cranach und wichtigen rumänischen Künstlern zeigt.

Die **Bibliothek** enthält über 200.000 Bücher und andere Schriftstücke von teilweise historischem Wert. Wertvoll und eindrucksvoll sind die Pläne des Conrad Has, der im 15. Jahrhundert eine Art Rakete entwarf.

♦ Täglich außer Montag 10:00 bis 18:00.

⌘ Auf dem Piaţa Mare stehend, fällt einem sofort der ehemalige **Rathausturm** auf. Im 14. Jahrhundert errichtet und 1588 erneuert, dient er als Aussichtspunkt auf Sibiu. Auch ein **Heimatmuseum** ist in den Räumen untergebracht.

⌘ ✞ Beim Piaţa Mică stehen alte **Zunfthäuser** in kleinen Gassen, in denen die Waren feilgeboten wurden. Geht man nun weiter in Richtung des dritten Platzes, dem Piaţa Griviţa, stößt man auf den gewaltigen spätgotischen Bau der evangelischen **Kirche**. In ihrem Inneren ist ein 50 m^2 großes Fresko aus dem Jahre 1445 zu sehen. Der Piaţa Griviţa stellte im 13. Jahrhundert das Zentrum des ersten Rings der Stadtmauer dar.

✞ In der Nähe des Stadtzentrums ist die imposante **orthodoxe Kathedrale** eine Augenweide. Erbaut im Jahre 1902/1903, wurde sie der Sophienkirche in Konstantinopel nachgebildet. Wenn Sie durch die Stadt bummeln, werden Sie auf Schritt und Tritt mit der Architekturgeschichte konfrontiert.

An erster Stelle der sehenswerten Dinge in der Umgebung, weil am nächsten bei der Stadt gelegen, ist das **Naherholungsgebiet Dumbrava-Wald** ("Junger Wald") zu erwähnen.

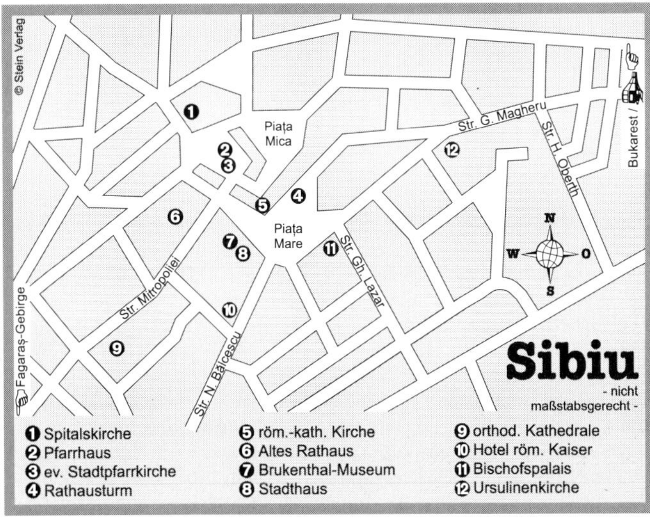

Er ist mit den städtischen Nahverkehrslinien zu erreichen. Sie sollten auf dem dortigen Campingplatz verweilen und die teureren Hotels in der Stadt meiden.

Die Touristen werden sicherlich den Hausbergen der Stadt, dem **Zibin (Cindrel)-Gebirge**, einen Besuch abstatten wollen. Der 35 km lange und bis 2.244 m hohe Gebirgszug ist besonders gut zum Wandern und Skifahren geeignet.

Der **Höhenkurort Păltiniş** (Hohe Rinne) ist eines der ältesten Wintersportzentren Rumäniens. Hier gibt es Hütten, Pensionen, Hotels, Skilifte und Restaurants.

Am Fuße des Cindrel-Gebirges liegt die Ortschaft **Răşinari**. Bis hierher fährt eine Straßenbahn aus der Stadt. Alle Züge sind mit entsprechenden Schildern, auf denen der Anfangs- und Zielort steht, ausgerüstet.

Weiter lassen sich von der Stadt aus Ausflüge zu den ☞ Kirchenburgen der Umgebung sowie in das Gebiet der ☞ Mărginimea Sibiului unternehmen.

Sighişoara (Schässburg)

- Str. 1. Decembrie.
- Hotel Steaua sowie auch Privatunterkünfte.
- Beim Restaurant "Hula Daneşului", 4 km außerhalb der Stadt in Richtung Mediaş.
- ♦ Camping "Villa Franke" auf dem Berg gegenüber dem Bahnhof.

Die auch "Rothenburg von Siebenbürgen" genannte Stadt hat so viele gut erhaltene Baudenkmäler, daß kurzerhand die ganze Altstadt unter Denkmalschutz gestellt wurde. In der Mitte Sighişoaras erhebt sich die am besten erhaltene **Festung** Transsilvaniens. Ihre Erbauung wird auf das Jahr 1191 datiert. Sie kann als Ausgangspunkt für die Besichtigung der Stadt dienen.

Zuerst sollten Sie sich den **Stundenturm** ansehen. In seinen Mauern ist ein **Museum** untergebracht, das Dokumente und Funde aus der Daker- und Römerzeit und aus dem Mittelalter zeigt. Am interessantesten ist der Raum des Apothekers Andreas Bertram (1635), in dem kuriose Werkzeuge und Utensilien aus dem medizinischen Bereich der damaligen Zeit untergebracht sind. Im oberen Teil des Turms befindet sich das Uhrwerk, das den Figurenkreis, der von außen am Turm zu sehen ist, antreibt. Sie haben von oben einen schönen Ausblick auf die Stadt und die Umgebung.

Sind Sie vom Stundenturm abgestiegen, sollten Sie gleich den etwas mühevollen Aufstieg über die 178 Stufen der **Schülertreppe zur Bergschule** unternehmen. Die Treppe ist mit einem Holzdach bedeckt. Neben der Bergschule steht die im spätgotischen Stil erbaute Bergkirche aus dem Jahre 1345. Von hier aus haben Sie eine gute Sicht auf die neun der ursprünglich 16 **Bergtürme** der Stadt. Jeder Turm wurde früher von einer anderen Zunft unterhalten. Heute stehen unter anderem noch der Weber- und der Schneiderturm.

Steigen Sie wieder hinab, so finden Sie gegenüber vom Stundenturm eine gemütliche Bierkneipe im Haus des Vlad Dracul. Hier wurde der legendäre **Dracula**, alias Vlad Ţepeş, geboren; eine am Haus angebrachte Gedenktafel erinnert an dieses Ereignis.

⌘ Einige Häuser weiter ist ein kleines Museum mit einer Waffensammlung untergebracht.

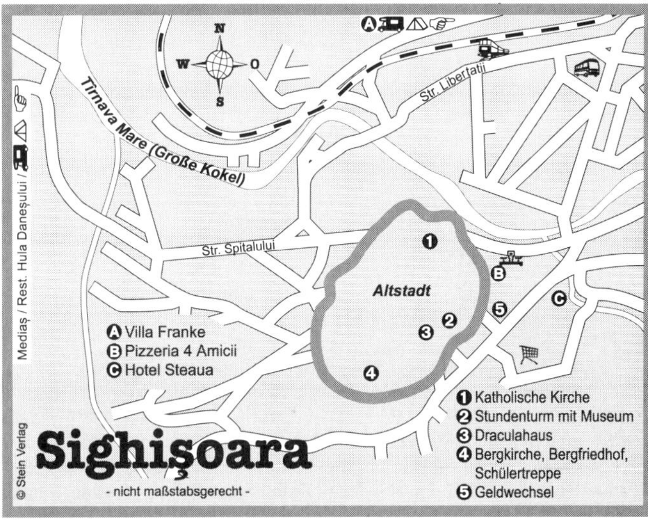

Ferner sollten Sie einmal in Ruhe durch die Stadt gehen und den Anblick der vielen alten Häuser genießen. Zur beschaulichen Rast lädt die "**Villa Franke**" am Bahnhof ein, wo man unter uralten Eichen sein Bier oder seinen Wein trinkt. Der Weg dorthin ist etwas schwer zu finden. Die "Villa" finden Sie genau auf dem Berg gegenüber dem Bahnhof. Von unten ist sie leider nicht zu sehen. Am besten Sie fragen am Bahnhof nach. Auch ein schöner Campingplatz mit wunderschöner Aussicht auf die Stadt ist dem Restaurant angeschlossen.

Etwas außerhalb der Stadt in Richtung Mediaş finden Sie das Restaurant "Hula Daneşului" am gleichnamigen Campingplatz.

Die Stadt hat sich zum Touristenmagneten entwickelt. Sie finden im Zentrum Restaurants, Pizzerias und Bars von oft sehr hohem Niveau. Die Preise sind sehr niedrig und das Angebot ist außergewöhnlich gut. Sehr empfehlen kann ich Ihnen die Pizzeria "4 AMICII" etwas unterhalb der Altstadt schräg gegenüber dem Kaufhaus.

In der weiteren Umgebung, im Ort **Biertan**, steht eine gewaltige **Bauernburg** aus dem Jahre 1516. Fahren Sie in die entgegengesetzte Richtung nach Braşov, kommen Sie nach etwa 50 km in die Gemeinde

Rupea. Hier können Sie ebenfalls eine Bauernburg besichtigen. Sie ist allerdings nicht ganz so schön wie der Bau von Biertan.

Sehr gut sind die Busverbindung zu den Kirchenburgen. Den Busbahnhof finden Sie gleich neben dem Bahnhof. So können Sie praktisch jeden Tag von Sighişoara aus eine andere Kirchenburg besuchen.

Timişoara (Temeswar)

Bd. Republicii 6.

Hotel Continental. Hotel Timişoara. Hotel Central. Hotel Banatul. Hotel Nord.
- Motel Timis (alle im Zentrum).

"Pădurea Verde" im Nordteil der Stadt.
- "Terasa Albina" am Timis, 20 km vom Ort Buzias entfernt gelegen.
- "Călacea" beim gleichnamigen Kurort, 30 km nordwestlich von Timişoara.

In den letzten Tagen des Jahres 1989 wurde die Stadt ins Blickfeld der ganzen Welt gerückt, denn hier brach der Sturm gegen das verhaßte Ceauşescu-Regime los. Es war kein Zufall, daß der auslösende Funke gerade in Timişoara entstand. In dieser Stadt leben die unterschiedlichsten Nationalitäten zusammen; Deutsche, Ungarn und Serben stellen die größten Minderheiten dar. Die Stadt selbst ist stark von der westlichen Kultur geprägt, was sich in Lebensweise und kultureller Ausstrahlung zeigt.

Wer nach Timişoara kommt, wird kaum mittelalterliche Bauten vorfinden. Die etwa 700jährige Stadt lohnt aber trotzdem einen Besuch.

⌘ Im Zentrum kann man das **Schloß Hunyade** besichtigen. Es wurde im 14. Jahrhundert erbaut und im 15. Jahrhundert renoviert. Jetzt ist in dem Gebäude ein Teil des Banater Museums untergebracht.

- Täglich außer Montag 11:00 bis 18:00.

Bei der Kreuzung Strada Buftea/Strada Popa Şapcă kann man die Überreste der sogenannten **Bastion** erkennen.

Das **Alte Rathaus** wurde vor 250 Jahren auf den Resten eines alten türkischen Bades aus dem Jahre 1675 errichtet.

Der wohl bedeutendste Bau der Stadt dürfte der römisch-katholische **Dom** am Piaţa Unirii sein. Er wurde nach Plänen des Wiener Architekten J. Emanuel Fischer 1736 bis 1754 errichtet. Der barocke Bau erinnert an manchen Stellen an die Peterskirche in Wien.

Ebenfalls am Piaţa Unirii steht die alte **Präfektur**, ein riesiges Gebäude, bei dem die verschiedensten Baustile miteinander vermischt wurden.

⌘ Bei einem Spaziergang sollten Sie dem am Stadtrand gelegenen **Museum der bäuerlichen Architektur** einen Besuch abstatten.

Tîrgu Mureş (Neumarkt)

Piaţa Trandafirilor.

Hotel Transsilvania. Hotel Grand.
♦ Herberge "Zum goldenen Hahn" (Cocosul de Aur).

"Strand", im Naherholungsgebiet.

Die Hauptstadt des Kreises Mureş ist zum bedeutenden Industriezentrum des Landes herangewachsen.

Die vielen Neubauten und das Chemische Kombinat verleihen der Stadt ein nicht allzu schönes Aussehen.

Die am Mureş gelegene Stadt hat dennoch einige interessante Sehenswürdigkeiten zu bieten:

An erster Stelle steht die **Teleki-Bibliothek**. Sie ist vom Grafen Samuel Teleki (1739-1822) im 18. Jahrhundert eingerichtet worden. Seit 1902 wird sie als öffentliche Bibliothek genutzt. Sie umfaßt heute 40.000 alte Drucke sowie 80.000 historische Bücher.

Der Gesamtbestand beträgt über 200.000 Exemplare. Unter anderem können Sie eine Prachtausgabe von J.J. Rousseaus "Du Contract Social" aus dem Jahre 1795 bewundern.

⌘ Weitere wichtige Bauwerke sind der **Kulturpalast** sowie eine **Festung** aus dem Jahre 1653.

☺ Zur beschaulichen Rast laden die Restaurants "Zum weißen Rößl" und die Herberge "Zum goldenen Hahn" ein.

Der in der Nähe der Stadt gelegene **Stausee** ist ein beliebtes Naherholungsgebiet. Er wird von den Bewohnern des Gebietes liebevoll "Weekend" genannt.

Hier gibt es ein schwimmendes Restaurant sowie einen Campingplatz.

Turda (Thorenburg)

ist eine alte dakische Siedlung und spätere römische Stadt. Sie diente mit ihren Salinen den Römern schon damals als Heilbad. Auch heute noch werden die 350 m hoch gelegenen **Badeanlagen** genutzt. 5 km von der Stadt entfernt befindet sich eine **Gedenkstätte Michael des Tapferen**.

In dem im Tal des Arieş gelegenen Turda stehen viele schöne alte Häuser. Die Bewohner tragen zum Teil noch ihre Trachten.

Das **Naturschutzgebiet Turdaer Klamm**, das Sie nach einem Ausflug zum Dorf **Cheia** erreichen, ist von besonderer, wildromantischer Schönheit. Hier steht eine Berghütte, in der Sie nach Durchforschung der Klamm ausgiebig Rast machen können.

Vatra Dornei

In und um Vatra Dornei gibt es reichlich Übernachtungsmöglichkeiten in Form von Hütten, Hotels und Campingplätzen. Bitte die Einwohner fragen, da einige Plätze geschlossen haben.

Begrüßt werden Sie bei der Einfahrt in die Stadt von einem der für die Maramureş typischen riesigen **Holztore**. Schon die Strecke, die man bis hierher mit dem Auto zurücklegt, ist wunderschön. Riesige Wälder, über 2.000 m hohe Gipfel und verträumte Dörfer begleiten Sie Kilometer um Kilometer. In der Nähe Vatra Dorneis befindet sich der auch in der Literatur über Dracula vorkommende **Borgo-Paß**, der aber nichts Unheimliches an sich hat.

Übrigens ist Vlad Ţepeş niemals hier gewesen. Hier hat der Erfinder der Horrorgestalt Draculas wohl etwas verwechselt.

Vatra Dornei ist zugleich **Luftkurort** und **Wintersportzentrum**. Das 2.000 m hohe Călimani-Gebirge ist das größte Gebiet vulkanischen Ursprungs in Rumänien. Es wird dominiert von einem erloschenen Krater mit einem Durchmesser von 10 km.

Die Kirchenburgen Transsilvaniens

Die einfallenden Tataren und die osmanischen Heere tilgten auf ihren Raubzügen ganze Gebiete von der Landkarte Transsilvaniens. Die hier angesiedelten Siebenbürger Sachsen begannen bald damit, ihre Gotteshäuser zu festungsähnlichen Gebilden umzubauen. Die Kirchen wurden von mächtigen Ringmauern umgeben. Von den Schießscharten und Pechnasen der Wehrtürme aus kämpften die Einwohner oftmals erfolgreich gegen die Belagerer.

Typische Holzkirche in der Maramureş

Diese **Wehrkirchen** konnten die gesamte Dorfbevölkerung aufnehmen. Die Verteidigung mußten häufig Frauen und Kinder übernehmen, da der Großteil der Männer im Heer diente.

Jeder Wehrbau hatte sein eigenes Gepräge, wenn auch örtlich Ähnlichkeiten entstanden. Keine Wehrkirche gleicht der anderen. Von den über 300 Bauten sind heute noch 150 in recht gutem Zustand. Die wichtigsten Ausgangspunkte für den Besuch der Burgen sind: Mediaş, Sighişoara, Rupea, Braşov und Sibiu.

Besonders schön sind **Wanderungen von Dorf zu Dorf**. Sie laufen durch eine wunderschöne Hügellandschaft, die sogar bis auf 700 m ansteigen kann. Hier sind Sie völlig allein und auf sich gestellt; Touristen gibt es nicht. In den Tälern finden Sie kleine Dörfer, in denen Sie auch übernachten können. Leider gibt es keine Markierungen, so daß man sich oft verläuft. Wer es einsam mag, kann natürlich auch zelten. Am besten auf einem Berg, denn man hat abends eine wunderschöne Aussicht auf das südlich gelegene Făgăraş-Gebirge. Einkaufen können Sie in den Dörfern. Allerdings nur das Nötigste. Eine Kneipe finden Sie aber überall. Beachten Sie bitte, daß die Läden und Kneipen erst gegen 16:00 öffnen, wenn die Leute von der Arbeit kommen.

Einige der wichtigsten Kirchenburgen der Gegend werden im folgenden vorgestellt:

Agnita (Agnetheln)

Standort: Im Harbachtal in der Nähe von Sibiu.
Erbaut: 1409
Bemerkungen: Die Kirche hatte einst einen dreifachen Mauergürtel. Vier Wehrtürme, der Schusterturm, der Schneiderturm, der Schmiedeturm und der Faßbinderturm, sind bis heute erhalten geblieben.

Apold (Trappold)

Standort: Im Harbachtal bei Sighişoara.
Erbaut: 1504
Bemerkungen: Über dem Chor befindet sich ein Wehrgeschoß. Sogenannte Truhenbänke, die aufklappbar waren und in denen sich die Bewohner verstecken konnten, stehen im Chor. Von der inneren Ringmauer sind leider nur noch einige Überreste zu sehen.

Bălcaciu (Bulkesch)

Standort: Im Kokelgebiet bei der Stadt Blaj.
Erbaut: Anfang des 16. Jahrhunderts

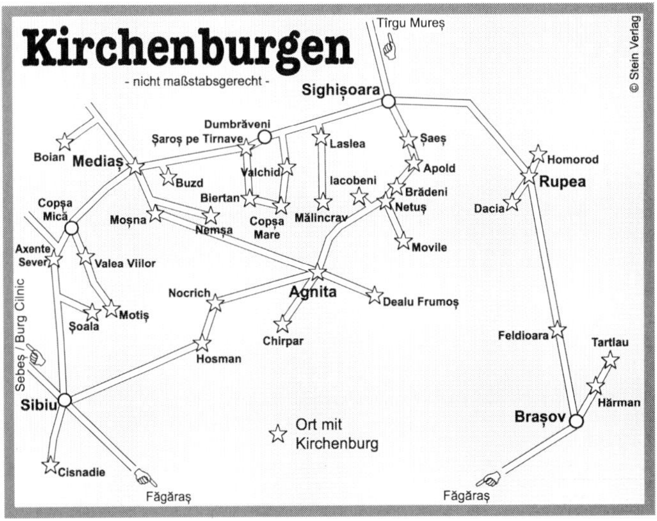

Bemerkungen: Vollständig erhaltener Außenring. Fünf sogenannte Schalentürme stehen noch. Diese Kirchenburg ist ein insgesamt sehr eindrucksvoller Bau.

Biertan (Birthälm)

Standort: Zwischen Mediaş und Sighişoara.
Erbaut: 1510
Bemerkungen: Eine der imposantesten Wehrkirchen. Ehemaliger Bischofssitz. Im Inneren sind eine wertvolle steinerne Kanzel sowie zahlreiche interessante Bildhauerarbeiten zu sehen.

🛏 Hier finden Sie die wohl beste Übernachtungsmöglichkeit Siebenbürgens. Innerhalb der Burg wurde eine Unterkunft geschaffen, die jeden Vergleich mit westlichen Pensionen standhält. Warme Duschen, saubere Zimmer und gutes Essen sind hier selbstverständlich. Der Preis liegt etwa bei DM 40 für eine Nacht und zwei Personen.

☺ Biertan empfehle ich jedem, der Wert auf gute Unterkunft, Wandermöglichkeiten und historische Bauwerke legt.

Boian (Bonnesdorf)

Standort: Im Kokelgebiet bei Mediaş.
Erbaut: 1506
Bemerkungen: 18 m hoher Torturm. Über der Toreinfahrt befindet sich das Wappen der Moldau. Im Inneren sehen Sie wertvolle Fresken.

Brădeni (Henndorf)

Standort: Im Harbachtal zwischen Sibiu und Sighişoara.
Erbaut: 15. Jahrhundert
Bemerkungen: Eigenartig finster wirkender Bau. Gewaltiger Dachstuhl, in dem sich die alten Glocken befinden. Im Inneren sind noch über 100 der sogenannten Stollentruhen zu sehen. In ihnen wurde die Habe der Bevölkerung im Verteidigungsfall aufbewahrt.

Buzd (Bussd)

Standort: Bei Sebeş.
Erbaut: 15. Jahrhundert
Bemerkungen: Gotische Saalkirche mit einer mehrere Stockwerke hohen Bastei. Zur Verteidigung wurden Schießscharten und Pechnasen angebracht.

Chirpăr (Kirchberg)

Standort: Im Harbachtal zwischen Sibiu und Sighişoara.
Erbaut: Anfang des 16. Jahrhunderts
Bemerkungen: Früher eine der größten Kirchenburgen der Gegend. Riesiger Wehrturm.

Cîlnic (Kelling)

Standort: Bei Sebeş.
Erbaut: 1430
Bemerkungen: Mehrere hohe Wehrtürme und gut erhaltene Ringmauern.

Cisnădie (Heltau)

Standort: Bei Sibiu.
Erbaut: Etwa 15. Jahrhundert
Bemerkungen: Gewaltige Wehrkirche. Im Inneren befindet sich ein Kruzifix aus Kupfer, das noch von den ersten Siedlern stammen soll.

Dacia (Stein)

Standort: Im Repser Land zwischen Sighişoara und Braşov.
Erbaut: Anfang des 16. Jahrhunderts

Bemerkungen: Im Mittelpunkt der Anlage steht die selbst wehrfähig ausgebaute, ursprünglich romanische Basilika.

Dealu Frumos (Schönberg)

Standort: Bei Agnita.
Erbaut: Um 1500
Bemerkungen: Sehr gut erhaltener Turm mit altem Pultdach.

Feldioara (Marienburg)

Standort: Bei Braşov.
Erbaut: 13. Jahrhundert
Bemerkungen: Es ist nur noch eine Ruine zu sehen.

Hărman (Honigberg)

Standort: 10 km nördlich von Braşov.
Erbaut: 15. Jahrhundert
Bemerkungen: Eine der schönsten Wehrkirchen. Zugbrücke, Ringmauern und sechs Wehrtürme sind noch vorhanden. Man kann Wehrgeschosse, Wohnkammern und das Innere der Kirche (schöne Fresken) besichtigen.

Homorod (Hamruden)

Standort: Im Repser Land zwischen Braşov und Sighişoara.
Erbaut: Um 1500
Bemerkungen: In der Kirche befinden sich viele Fresken. Ein fast 30 m hoher Bergfried beherrscht den gesamten Wehrbau. Besonders interessant ist der fünfeckige Turm. Zudem sind Teile der Mauer mit Schießscharten und Pechnasen erhalten geblieben.

Hosman (Holzmengen)

Standort: Im Harbachtal bei Sibiu.
Erbaut: Anfang des 16. Jahrhunderts
Bemerkungen: Imposantes Fallgitter aus Holzbohlen, zudem eine 7 m hohe Ringmauer mit Schießscharten. Der Ort wurde 1449 von Vlad Ţepeş zerstört.

Iacobeni (Jakobsdorf)

Standort: Im Harbachtal zwischen Agnita und Sighişoara.
Erbaut: Ende des 15. Jahrhunderts
Bemerkungen: Fast 30 m hoher Bergfried, holzverschalter Wehrgang.

Jidvei (Seiden)

Standort: Bei Mediaş.
Erbaut: Um 1500
Bemerkungen: Schöner alter Barockaltar im Inneren der kleinen Kirche.

Malincrav (Malmkrog)

Standort: Bei Sighişoara.
Erbaut: 14. Jahrhundert
Bemerkungen: Besonders erwähnenswert sind die Fresken im Inneren des Baus. Sie sind die ältesten erhaltenen Werke ihrer Art in Siebenbürgen. Die Ausführung ist datiert auf das Jahr 1405.

Bekannt ist Malmkrog durch einige deutsche Neusiedler aus den neuen Bundesländern.

Mănărade (Donnersmarkt)

Standort: Bei Blaj.
Erbaut: Nicht bekannt
Bemerkungen: In der alten Kirche steht ein großes Steintaufbecken.

Motiş (Mortesdorf)

Standort: Bei Mediaş.
Erbaut: 15. Jahrhundert.
Bemerkungen: Im Kircheninneren teilweise bäuerliche Bemalung.

Movile (Hundertbücheln)

Standort: Im Harbachtal zwischen Agnita und Sighişoara.
Erbaut: 15. Jahrhundert
Bemerkungen: Schöner Torturm.

Nemşa (Nimesch)

Standort: Bei Mediaş.
Erbaut: Anfang des 15. Jahrhunderts
Bemerkungen: Teilweise erhalten gebliebene Malereien aus dem 15. Jahrhundert, ein Ölgemälde aus dem 16. Jahrhundert sowie ein alter Holzaltar.

Netuş (Neithausen)

Standort: Im Harbachtal zwischen Agnetheln und Sighişoara.
Erbaut: Etwa 1505
Bemerkungen: Von der Befestigung sind nur Teile des Torturms erhalten.

Nocrich (Leschkirch)

Standort: Bei Agnita.
Erbaut: 15. Jahrhundert
Bemerkungen: Interessant ist der in der Form eines Helmes vorliegende sogenannte Türkenturm. Im Ort steht das Geburtshaus des Barons von Brukenthal.

Prejmer (Tartlau)

Standort: Wenige Kilometer vor Braşov.
Erbaut: Um 1500
Bemerkungen: Die Kirchenburg soll die größte der Welt sein, ein riesiger Bau inmitten eines Dorfes. Das Gotteshaus im Inneren der Befestigungen stammt vermutlich aus dem Jahre 1270. Eine bis 5 m dicke und über 12 m hohe Mauer umschließt den ganzen Komplex.

Innerhalb der Verteidigungsanlage wurden über 200 Wohnkammern errichtet. Dieses Denkmal siebenbürgischer Geschichte müssen Sie einfach gesehen haben.

Rupea (Reps)

Standort: Zwischen Braşov und Sighişoara.
Erbaut: Etwa 15. Jahrhundert
Bemerkungen: Die ehemalige Fluchtburg war schon vor dem Eintreffen der deutschen Siedler bekannt.

Heute ist sie leider nur noch als Ruine vorhanden, die jedoch eine Besichtigung wert ist.

Şoala (Schaal)

Standort: Bei Mediaş.
Erbaut: 15. Jahrhundert
Bemerkungen: Romantisch gelegen. Im Dorf können Sie den "Schandstein" besichtigen, an den die Missetäter gebunden und bespuckt wurden.

Şona (Schönau)

Standort: Bei Blaj.
Erbaut: Etwa 15. Jahrhundert
Bemerkungen: Die etwa 3 m hohe Ziegelmauer stammt aus dem 17. Jahrhundert.

Valea Viilor (Wurmloch)

Standort: Bei Mediaş.
Erbaut: 14. Jahrhundert

Bemerkungen: Einer der schönsten Sakralbauten Siebenbürgens. Torbastei, Wehrgang und Glockenturm sind gut erhalten. Selbst am Kirchenbau findet man Verteidigungseinrichtungen.

Außer den oben genannten gibt es noch eine große Anzahl weiterer sehenswerter Kirchenburgen. Wer sich für dieses Thema interessiert, dem empfehle ich das Buch *Kirchenburgen in Siebenbürgen* von Hermann und Alida Fabini, Verlag Koehler und Amelang, 2. Aufl. 1991.

Weitere Übernachtungsmöglichkeiten finden Sie in den folgenden Kirchenburgen: Ighisul Nou (Eibesdorf) bei Mediaş, Moşna (Meschen) bei Mediaş (Richtung Agnita), Richis (Reichesdorf) bei Biertan und in der Kirchenburg in Atel (Hetzeldorf) bei Mediaş.

Moldau

Lage

Die Osthänge der Karpaten sowie der Fluß Prut begrenzen die Ost-West-Ausdehnung der Moldau. Die Grenze zur Ukraine im Norden sowie im Süden die Donau, bei der Stadt Galaţi, bilden die Endpunkte der Nord-Süd-Ausdehnung.

Der Fluß Prut stellte früher keine Grenze dar. Auf dem heutigen Gebiet Moldawiens befindet sich **Bessarabien**, das von der Sowjetunion annektiert worden war (heute GUS). Bereits vor ihrer Auflösung gab es in Bessarabien Protestaktionen, da das bessarabische Volk die Union verlassen wollte.

Landschaftlich gesehen beeindrucken in der Moldau vor allem die **Ostkarpaten**. Unüberschaubare Wälder mit einer außerordentlich reichen Tierwelt bedecken einen großen Teil des Landesstriches. Kristallklare Gebirgsbäche, aber auch reißende Flüsse bilden das hydroenergetische Potential dieses Landesteiles.

Zahlreiche Staudämme haben das Bild der unberührten Natur verändert. Entfernen Sie sich in östliche Richtung vom Gebirge, so erstreckt sich vor Ihnen ein fruchtbares **Flachland**, das auch stark landwirtschaftlich genutzt wird. Überdimensionale agrotechnische Komplexe wurden während der Zeit des Sozialismus aus dem Boden gestampft. Trotz riesiger Investitionen sind diese "Agrarfabriken" nie in der Lage gewesen, die Bevölkerung ausreichend mit Lebensmitteln zu versorgen. Heute fördert man wieder mehr die privaten Bauern.

Im Norden der Moldau befindet sich ein eigenständiges Gebiet: die **Bukowina**, was auf Deutsch soviel wie "Buchenland" bedeutet. Sie ist für den Touristen wegen der herrlichen Landschaft sowie der einzigartigen Bauwerke besonders interessant.

Bevölkerung

Die Menschen, die in der Moldau leben, sind beinahe alle Rumänen. Nur in einigen wenigen Teilen, z.B. der Bukowina, leben ein paar Deutsche; auch Ungarn sind in nicht allzu großer Anzahl in diesem Gebiet vertreten.

Geschichte

Die Moldau kann, wie das gesamte Rumänien, auf eine äußerst bewegte Geschichte zurückblicken. Archäologische Funde aus der Frühzeit verdeutlichen, daß damals bereits eine Besiedlung des Gebietes vorlag. Im 6. Jahrhundert v.Chr. fielen aus dem Osten kommende **skythische Stämme** in die Moldau ein und drangen bis in das Gebiet Transsilvaniens vor, wo sie sich auch ansiedelten. Zahlreiche, auch heute noch sichtbare Befestigungsanlagen in der Moldau zeugen von dieser Invasion.

Im 3. Jahrhundert v.Chr. drangen **germanische Krieger** aus dem Norden in die Moldau ein. Zahlreiche Dörfer und Befestigungsbauten wurden zerstört. Die Unterwerfung der Bevölkerung dauerte bis zum Zerfall der Macht germanischer Stämme kurz vor Beginn unserer Zeitrechnung. Auch später noch durchquerten immer wieder kriegerische Völker die Moldau. Vor allem Steppenvölker aus dem Osten zogen aus, um Gebiete der Moldau und auch im Inneren des Karpatenbogens zu unterwerfen.

Von den Römern wurde das Gebiet kaum berührt. Lange Zeit war es um die Moldau recht ruhig bestellt. Der erste große Anführer, der dann wieder in Erscheinung trat, war **Basarab I.** (1317-1352). Die Krise in der ungarischen Herrscherdynastie begünstigte sein Vorhaben, die Walachei zu vereinigen. Sein Einfluß dehnte sich bis in die Moldau aus, wo ein Teil des Gebietes seinen Namen trägt (Bessarabien).

Der Kampf der Bewohner der Moldau gegen das tatarische Joch war ein wichtiges Kapitel in der Geschichte der Region. Zusammen mit den Ungarn wurden im 14. Jahrhundert unter Führung **Dragos** erfolgreiche Feldzüge gegen die **Tataren** durchgeführt.

Der Wojewode Bogdan unternahm dann einen weiteren Feldzug in die Moldau. Der Nachfolger Dragos' wurde gestürzt, und es wurde der unabhängige Staat der Moldau gegründet. Dieses Kapitel der Geschichte ist als Volkssage noch immer bei den Menschen lebendig. Im 14. Jahrhundert, nach der Vertreibung der Tataren, stellte das Gebiet der Moldau ein Reich mit recht beachtlichen Ausmaßen dar. Es wurden Festungen gebaut, die die Wehrfähigkeit des Staates erhöhen sollten.

Alexander der Gute (1400-1432) gab dem Staat den letzten Schliff, so daß er zu seiner endgültigen Form fand. Die Hauptstadt Suceava war zugleich Sitz des Metropoliten. Es wurden mehrere Klöster gegründet, die Hervorragendes auf dem Gebiet der Schriftkunde und der Ikonenmalerei leisteten.

Anfangs kaum von der türkischen Invasion betroffen, ließ sich eine Tributabhängigkeit wegen der gewaltigen Machtfülle der **Türken** nicht mehr verhindern. Nach einer gewissen Zeit war **Stephan der Große**

(1456-1504) nicht mehr bereit, Abgaben an die fremden Herren zu zahlen. Im Jahre 1475 errang er einen überwältigenden Sieg über das türkische Heer. Es folgten danach Triumphe, aber auch Niederlagen der Streitkräfte Stephans. Im nachhinein mußten sich die türkischen Invasoren doch aus der Moldau zurückziehen, da ein endgültiger Sieg über die wehrbereite Bevölkerung der Moldau nicht möglich war.

Erst im Jahre 1538, 34 Jahre nach Beendigung der Herrschaft Stephans des Großen, errangen die Türken einen entscheidenden Sieg über Petru Rareş. Die Moldau wurde nun endgültig unterworfen. Trotz des **Sieges der Osmanen** entwickelte sich vor allem auf kirchlichem Gebiet ein hohes Niveau künstlerischer Betätigung. Die auch heute noch zu bewundernden Kunstprodukte sind einmalige Schätze der rumänischen Kulturgeschichte. Die Herrschaft der Türken wurde aber nicht ohne weiteres akzeptiert. Im Jahre 1574 unternahm Johann der Schreckliche einen Versuch, die Besatzer zu vertreiben. Die Schlacht verlief zugunsten der türkischen Streitkräfte.

Michael der Tapfere konnte dann um 1600 erstmals die Vereinigung der drei rumänischen Teilstaaten erzielen. Im gleichen Jahrhundert wurde in der Moldau die Leibeigenschaft abgeschafft.

Unter Ion Cuza wurde im Jahre 1859 die **Vereinigung der Moldau mit der Walachei** durchgesetzt.

In unserem Jahrhundert wurden noch einmal die Bukowina und Bessarabien von der Moldau abgetrennt. Die Bukowina zählt jedoch heute wieder zu Rumänien.

Kultur, Tradition, Religion

Was für Transsilvanien die Kirchenburgen, sind für die Moldau die in der Welt einmaligen **bemalten Klosterkirchen**. Die im 15./16. Jahrhundert errichteten Bauwerke stehen in engem Zusammenhang mit Stephan dem Großen. Wegen ihrer hohen künstlerischen Qualität sowie ihrer Einzigartigkeit wurden die Klosterkirchen von der **Unesco** in das Verzeichnis einmaliger Bauwerke aufgenommen.

Interessant sind außerdem die vielen Arbeiten der Mönche auf literarischem, malerischem und musikalischem Gebiet. Die meisten kulturellen Errungenschaften der Moldau sind eng mit der Kirche verknüpft.

Auch in diesem Teil Rumäniens ist man bestrebt, Traditionen zu bewahren. Das zeigt sich besonders auf dem Lande. Liebevoll erhaltene Häuser, Trachten und altes bäuerliches Handwerk sind in vielen Dörfern zu finden.

Wie überall in Rumänien steht auch in der Moldau der orthodoxe Glaube an erster Stelle. Darüber hinaus gibt es jedoch evangelische und katholische Gotteshäuser, die vor allem von der deutschen und ungarischen Minderheit besucht werden.

Orte und Sehenswürdigkeiten

Bacău

🛏 Hotel Decebal.

🚐⛺ "Gherăeşti" am Ufer der Bistriţa im Gherăeşti-Park, in unmittelbarer Nähe der Stadt.

Dieser ehemalige Fürstensitz ist durch die reichen Erdgas- und Erdölfunde zu einem großen **Industriezentrum** herangewachsen. Dies hat sich natürlich auf das gesamte Stadtbild ausgewirkt. Der Ort selbst hat nur wenige touristisch interessante Einrichtungen. Zu nennen wäre hier das **Geschichts- und Naturkundemuseum**. Auch einige **alte Häuser** sind beachtenswert. In der Umgebung befinden sich einige **Stauseen**, in deren Nähe auch ein Naherholungszentrum angelegt wurde.

Der alleinige Besuch der Stadt lohnt kaum. Wenn Sie von der Moldau zum Schwarzen Meer fahren oder umgekehrt, können Sie, da durch Bacău die wichtigste Verbindungsstraße führt, einen Abstecher machen.

Botoşani

🛏 Günstig in der 40 km weit entfernten Stadt Suceava.

🚐⛺ Mehrere Plätze bei Suceava.

Die weit im Norden des Landes gelegene, 100.000 Einwohner zählende Stadt wurde im Jahre 1439 das erste Mal urkundlich erwähnt. Botoşani hat dem Reisenden nicht allzuviel zu bieten. Interessant ist die im Vorort Popăuţi stehende **Nikolauskirche**. Der Bau, eine Stiftung Stephans des Großen, wurde im Jahre 1496 fertiggestellt. Schöne Steinmetzarbeiten, die von Künstlern aus mehreren Landesteilen ausgeführt wurden, beeindrucken besonders. Die Malereien im Inneren der Kirche sind imposant, aber zum Teil sehr schlecht erhalten.

⌘ Im Vorort **Mihai Eminescu** (früher Ipoteşti) sollten Sie das Museum, das dem gleichnamigen rumänischen Dichter gewidmet ist, besuchen.

In der Gemeinde **Vorona** stehen einige beachtenswerte Bauwerke aus dem 15. Jahrhundert. Besonders die "**Steineiche des Cuza**", ein bedeutendes Naturdenkmal, lohnt einen Besuch.

Cotnari

ist eines der berühmtesten **Weinbaugebiete** des Landes. Hier wird ein sehr bekömmlicher Dessertwein gekeltert, der es jedoch in sich hat. Ein **Weinkeller** ist im Keller eines Fürstenhofes aus dem 15. Jahrhundert untergebracht. Im Ort gibt es einige schöne Bauten aus dem 16. Jahrhundert zu sehen.

In der Umgebung Cotnaris ziehen vor allem die schönen alten Dörfer das Augenmerk auf sich.

Dragomirna

✞ Nur wenige Kilometer von der Stadt Suceava entfernt, gelangen Sie zu dem Dorf Dragomirna. Hier steht das gleichnamige **Kloster**. Dieser repräsentative Bau zählt mit zu den auffälligsten seiner Art. Vor allem die Klosterkirche aus dem Jahre 1609 ist eine Augenweide. Auffallend ist die Schlichtheit ihres Äußeren. Das Innere ist mit Miniaturmalereien bedeckt. Das Eingangstor wirkt stark orientalisch. Im Refektorium des Klosters ist ein Museum untergebracht, das Exponate aus den Anfängen des Stiftes zeigt.

Galați

- Hotel Galați. Hotel Dunărea.
- ♦ Touristenkomplexe Gîrboavele und Conachi, beide 25 km von der Stadt entfernt.
- "Tirighina", 7 km südlich der Stadt.

Günstig am linken Donauufer gelegen und somit ein wichtiger Hafen, ist der Ort einer der ältesten der Moldau. Die Stadt wurde geprägt durch den ständigen Kampf gegen die Türkenherrschaft.

Stark zerstört wurde Galați beim Abzug der deutschen Truppen im Zweiten Weltkrieg. Viele alte Bauwerke wurden dabei für immer vernichtet.

✞ Das bedeutendste historische Bauwerk, das bis heute erhalten geblieben ist, stellt die im Stadtinneren stehende, befestigte **Precista-Kirche** dar. Sie wurde im Jahre 1647 von Kaufleuten aus Brăila erbaut.

⌘ Die Türen des **Naturkunde-** sowie des **Geschichtsmuseums** stehen dem interessierten Touristen täglich außer montags offen.

Die **Uferpromenade** ist großzügig angelegt und verdeutlicht die enge Beziehung der Stadt zur Donau. Auch lassen sich vom Passagierhafen aus **Bootstouren** auf der Donau oder sogar ins Donaudelta unternehmen.

Iaşi

Hotel Continental. Hotel Unirea. Hotel Trajan.

"Bucium" auf dem gleichnamigen Hügel in der Nähe der Stadt.

♦ "Ciric" am Ciric-See etwas außerhalb von Iaşi.

Iaşi ist eine der bedeutendsten Städte Rumäniens. Im Jahre 1565 wurde der Sitz der Regierungsgewalt von Suceava nach Iaşi verlegt. Damit begann dessen ruhmreiche Geschichte. Bis heute ist Iaşi Sitz des Metropoliten geblieben. Besonders mit der Geschichte der Stadt verbunden ist **Alexander Ion Cuza**. Sein Denkmal, das auf dem Piaţa Unirii steht, erinnert an den ersten Fürsten der vereinigten Teilstaaten Moldau und Walachei. Das ehemalige Wohnhaus des Fürsten beherbergt heute das **Museum der Vereinigung**.

✞ Was Iaşi besonders anziehend macht, sind die vielen historischen und zum Teil sehr gut erhaltenen Kirchenbauten. Fast 50 solcher Bauwerke kann man noch bewundern. Am bekanntesten ist die **Dreihierarchenkirche**, die mitten im Zentrum steht. Von dem Fürsten Vasile Lupu im Jahre 1639 gestiftet, zeugt dieser Bau von dem außerordentlich hohen künstlerischen Niveau seiner Erbauer. Die gesamte Fassade ist mit unzähligen Ornamenten versehen, die aus der Ferne betrachtet zu einer Einheit verschmelzen. Im Inneren der Kirche sind zahlreiche, zum Teil überaus kostbare Gegenstände aufbewahrt. Zu nennen wären Stickereien und wertvolle Fresken. Die Gräber der Fürsten Alexander Ion Cuzas sowie Vasile Lupe können Sie in der Kirche besichtigen.

✞ Die **orthodoxe Kathedrale** der Stadt wird von vier Türmen dominiert. Der Grundstein für den Bau wurde im Jahre 1833 gelegt. Er wurde mehrmals unterbrochen und erst 1886 zu Ende geführt. In den Räumen sind Malereien im klassizistisch-akademischen Stil ausgeführt.

✞ Schön gelegen sind die zahlreichen Klosteranlagen in unmittelbarer Nähe der Stadt. Vom **Kloster Galața** ist nur noch die Klosterkirche erhalten geblieben. Der traditionelle moldauische Dreikonchentypus wurde hier durch walachische Einflüsse unterbrochen. Die ehemals vorhandenen Wandmalereien wurden leider im 18. Jahrhundert durch einen Brand zerstört.

✞ Das **Kloster Golia** wurde laut einer Inschrift am 24.5.1660 fertiggestellt und seiner Bestimmung übergeben. Das Gelände ist von einer hohen Mauer umgeben. Der Torturm, der zugleich als Glockenturm diente, hatte gemeinsam mit der Mauer die Aufgabe, das Kloster vor Angriffen zu schützen. Zahlreiche stilistische Besonderheiten lassen auf die Mitarbeit polnischer und italienischer Künstler schließen. Die Wandmalereien wurden im 18. Jahrhundert restauriert und z.T. neu gestaltet.

⌘ ✞ Weitere interessante **Sehenswürdigkeiten** in einer kurzen Übersicht: Aroneanukirche (1593), Kloster Cetățuia (1668-1672), Dosoftei-Haus (17. Jahrhundert) und Kulturpalast (19. Jahrhundert).

Piatra Neamț

- Hotel Boulevard. Hotel Central. Hotel Ceahlău.
- ♦ Mehrere Villen im Luftkurort Lacu Roşu.

- "Bîtca Doamnei" direkt in Piatra Neamț.
- ♦ "Poiana Teiului" am nördlichen Teil des Stausees gelegen.
- ♦ "Potoci" am Stausee.
- ♦ "Lacu Roşu" im gleichnamigen Kurort.

Die wunderschönen Häuser dieser alten Stadt mußten häßlichen Neubauten weichen. Nur eine Kirche und einige wenige Häuser sind von der Bauwut verschont geblieben. Piatra Neamț, was sinngemäß "Stein der Deutschen" heißt, ist ein idealer Ausgangspunkt für die Besichtigung der umliegenden **Klöster** sowie für Ausflüge in die die Stadt umgebenen **Berge**.

Viele Klöster in dieser Region werden immer noch von Mönchen bewohnt. Die sehr versteckt in den Wäldern gelegenen Abteien sind oft nur mit einem Geländewagen sicher zu erreichen. Die freundlichen Mönche beantworten Ihre Fragen gern.

✞ Das schönste Kloster ist auf jeden Fall das von Stephan dem Großen gestiftete **Kloster Neamţ**. Es ist der älteste Bau dieser Art in der Moldau. Von riesigen Mauern umgeben, trotzte die Abtei unzählige Male den angreifenden Feinden. Die Klosterkirche, im typischen moldauischen Stil ausgeführt, ist einer der beeindruckendsten Bauten dieser Epoche. In der Abtei lebten zahlreiche Mönche, die das kulturelle Gut der Moldau entscheidend prägten. Die kostbaren Schriftstücke sind zum Teil hier oder im benachbarten Kloster Putna aufbewahrt. Die wertvollsten Stücke sind in den Museen Bukarests, Moskaus und Oxfords ausgestellt.

Ebenso reizvoll wie die zahlreichen Bauwerke sind die Naturschönheiten der Umgebung. An erster Stelle steht auf jeden Fall der von den Moldaubewohnern liebevoll "**Bicazer Meer**" genannte Stausee. In seinem Wasser spiegelt sich der Ceahlău-Gipfel, auch "Olymp der Moldau" genannt.

Eine besondere Sehenswürdigkeit ist der **Lacul Roşu** (Roter See). Er entstand im vorigen Jahrhundert, als bei einem schweren Sturm eine Bergkuppe ins Tal geschleudert wurde und sich dadurch ein natürlicher Staudamm bildete. Noch heute ragen viele Baumstämme aus dem See empor und geben ihm ein eigenartiges Aussehen. Im Sommer können dort Ruderboote ausgeliehen werden.

Ebenfalls eine Attraktion ist die von steilen Felswänden dominierte **Bicaz-Klamm**. Eine Straße führt direkt durch sie hindurch und fordert die volle Aufmerksamkeit des Fahrers. Im Gebiet des Stausees sowie rund um das Ceahlău-Gebirge gibt es mehrere Hütten und Campingplätze. Von Piatra Neamţ, Gheorgheni und Braşov fahren auch Autobusse zum Naturdenkmal Lacul Roşu.

Rădăuti

Eine Übernachtungsmöglichkeit in einem hotelähnlichen Bau wurde direkt beim Kloster Putna geschaffen, im übrigen stehen die Hotels von Suceava zur Verfügung.

"Putna" bei einem hotelähnlichen Komplex in der Nähe des Klosters.

✞ In dem 30.000 Seelen zählenden Ort steht eine der ältesten Kirchen der Moldau. Die **Nikolauskirche**, eine Stiftung Bogdans I., wurde auf den Resten einer bedeutend älteren Holzkirche errichtet. Kunstkenner behaupten, daß an einigen Stellen siebenbürgische Elemente vorhanden sind. Im Innenraum wurde eine Wendeltreppe gebaut, die in die Geheimräume, die sich unter dem Seitenschiff befanden, führt.

Der Ort ist ein Zentrum des traditionellen **Töpferhandwerkes**. Ein **Gestüt** mit schönen Vollblutpferden befindet sich ebenfalls dort.

✞ Wenn Sie sich Sehenswertes in der Umgebung anschauen möchten, biegen Sie nicht weit von dieser kleinen Stadt beim Dorf **Vicovu de Jos** links ab und gelangen so nach wenigen Minuten zum alten **Kloster Putna**.

Diese wunderschön gelegene Abtei ist wohl die bedeutendste der Ära Stephans des Großen. Der Kirchenbau diente als Grundlage für viele später errichtete Klosterkirchen. Nur Teile des urprünglichen Baus sind bis heute erhalten geblieben, so z.B. die **Wehrmauern** und der ehemalige **Schatzturm**. Außerdem sind die **Grabsteine** Stephans des Großen und seiner Familie zu sehen.

Von den Bewohnern des Klosters wurden in Spezialwerkstätten feine **Goldschmiedearbeiten und Miniaturen** von hohem künstlerischen Wert angefertigt. Ergebnisse dieses Schaffens sind im klostereigenen Museum zu bewundern.

Suceava

Hotel Central. Hotel Bucovina. Hotel Arcaşul. Hotel Balada.

"Adîncata" im gleichnamigen Wald, etwa 10 km nördlich der Stadt.
- "Mitocu Dragomirnei" beim Kloster Dragomirna, 10 km nördlich der Stadt.
- "Strand" direkt in Suceava.

Kurz bevor Sie zur Stadt gelangen, ist auf einem kleinen Hügel die Ruine der ehemaligen **fürstlichen Burg** zu sehen. Das erste Mal wurde der Bau im Jahre 1388 urkundlich erwähnt. Während das riesige Bauwerk mehreren Angriffen standhielt, verursachten einige Erdbeben Einstürze teilweise ganzer Abschnitte. Trotz starker Beschädigungen sollten Sie es sich nicht nehmen lassen, beim Besuch der Stadt einen Abstecher hierher zu unternehmen.

✞ Im Zentrum Suceavas stehen die **Georgskirche** sowie die **Demetriuskirche**, beides sehr schöne Bauwerke mit interessanten Details.

Die ehemalige Hauptstadt der Moldau (1388 bis 1566) ist mit heute fast 100.000 Einwohnern zu einer Kreisstadt herangewachsen. Die vielen

Hotels können als Stützpunkte für Ausflüge in das Gebiet der Nordmoldau mit ihren vielen historischen Bauwerken dienen.

Die bemalten Klosterkirchen

Bedeutung und Geschichte

Die für Siebenbürgen so typischen Wehrkirchen bilden einen interessanten Gegensatz hinsichtlich ihrer Architektur und Geschichte zu den **Klosterkirchen der Bukowina**. Bis heute kennt man den genauen Grund nicht, warum an diesen die äußerst aufwendigen Außenmalereien ausgeführt wurden. Man nimmt an, daß bedingt durch das geringe Platzangebot im Inneren der eigentlichen Kirche die Gläubigen gezwungen waren, sich vor das Gotteshaus zu setzen, um so den Gottesdienst miterleben zu können. Eigenartig ist auch, daß die Praxis dieser Art der Bemalung genauso schnell endete, wie sie begonnen hatte.

Mit der **bildnerischen Gestaltung** begann man im 16. Jahrhundert, und gegen Ende desselben Jahrhunderts wurde an der Klosterkirche Suceviţa das letzte Kunstwerk dieser Art geschaffen. Man findet diese Malereien an den Außenwänden von insgesamt fünf Klosterkirchen der Bukowina. Außer in diesem Teil der Moldau ist diese Form der künstlerischen Gestaltung nirgendwo sonst im Land zu finden.

Stephan der Große sowie Petru Rareş waren ihre bedeutendsten Förderer und stifteten zahlreiche Kirchen. Auf mehreren sogenannten **Stifterporträts** sind sie abgebildet. Dargestellt werden darüber hinaus ausnahmslos kirchliche Motive; besonders das "Jüngste Gericht" und die "Wurzel Jesse" sind von beeindruckender Schönheit.

Die Technik dieser bis heute zum Teil noch sehr gut erhaltenen Malereien ist noch nicht vollkommen erforscht. Man nimmt an, daß verschiedene Pflanzen- und Tierprodukte wie Ruß, Kalk und Ochsengalle verwendet wurden.

Aufgrund des hohen künstlerischen Wertes sowie der Einmaligkeit dieser Kunstwerke wurden sie von der **Unesco** in die Liste einmaliger Bauwerke aufgenommen. Rumänien ist bemüht, diese Sakralbauten zu erhalten und sie interessierten Touristen zugänglich zu machen. Trotz ihres hohen Beliebtheitgrades sind die Kirchen keineswegs überlaufen. Sie liegen eingebettet in einer herrlichen Landschaft und laden zu stundenlanger Besichtigung ein.

Da in den Klosterkirchen am Wochenende für die Bewohner umliegender Dörfer noch immer **Gottesdienst** abgehalten wird, ist der Andrang zu dieser Zeit natürlich hoch. Vor allem an kirchlichen Feiertagen pilgern oft Hunderte von Bauern von überall hierher. Die verschiedensten Trachten können dann bewundert werden - ein Erlebnis, das man nicht so schnell wieder vergißt.

Am Eingang jeder Kirche wird ein geringes **Eintrittsgeld** verlangt (DM 2 bis 5 für ausländische Touristen, also kaum der Rede wert). Eine kleine Spende in die Kirchenkasse ist zwar immer willkommen und wird auch benötigt, sie ist aber kein Muß.

Ausgangspunkt für den Besuch der Klosterkirchen ist die Stadt **Sucevița**. Aber auch von **Bukarest** oder von den **Schwarzmeerbädern** aus werden von rumänischen Reisebüros entsprechende Ausflüge preiswert angeboten. Schöner ist aber ein Besuch mit dem eigenen Auto. Sie haben erstens mehr Zeit für die Besichtigung und zweitens lädt die schöne Gegend zu manch unvorhergesehenem Abstecher ein. Die Klosterkirchen liegen ziemlich nahe beieinander und sind bequem an einem Tag zu besichtigen.

Arbore

Diese von Bojaren gestiftete Kirche ist bedeutend kleiner und bescheidener ausgestattet als die übrigen Bauwerke. Sie besitzt zwar keinen Turm, verfügt aber über besonders schöne Malereien. Die Farbe **Grün** in den verschiedensten Nuancen prägt das gesamte Bild der Kirche von Arbore. An der Westfront ist auf acht Tafeln die **Erschaffung der Welt** zu sehen. Diese sehr realistisch wirkenden Bilder sind von außerordentlicher künstlerischer Perfektion.

Das Kircheninnere birgt zwei große Steinplatten in sich, die ausgemeißelt wurden und zum Anrühren und Mischen der Farben für die Bemalung dienten.

Humor

Das etwa 5 km vom Ort Gura Humorului entfernte Kloster ist in einem dunklen **Rot** bemalt. Gestiftet wurde die Abtei im Jahre 1530 vom Fürsten Petru Rareş sowie von einem Kanzler. Sie hat eine schöne Lage und fügt sich harmonisch ins Landschaftsbild ein. Der Komplex umfaßt einen Glockenturm sowie einen sehr schönen Wehrturm. Die Kirche selbst ist bis unter das Dach mit **Miniaturen** bemalt worden.

An der Südfassade erblickt man auf 24 Tafeln eine Komposition, die die **Befreiung Konstantinopels** aus der Belagerung der Perser durch die Jungfrau Maria zeigt. Darüber hinaus sind biblische Geschichten wie die vom **Verlorenen Sohn** dargestellt. Es wurde mit viel Witz der Volksglaube in kirchliche Legenden eingeflochten. So wird z.B. der Teufel als verführerisches Weib gezeigt.

Das Kloster Humor war im 15. Jahrhundert ein **bedeutendes Zentrum kirchlicher Kunst** auf dem Gebiet des heutigen Rumänien. Besonders die Miniaturmalerei sowie Stickereien wurden mit großer Kunstfertigkeit ausgeführt. Wertvolle Exemplare sind in Bukarester Museen ausgestellt.

Moldoviţa
In diesem Kloster ist **Blau** der alles beherrschende Farbton. Die gesamte Anlage ist bedeutend größer als vergleichbare Komplexe. Erbaut wurde sie im Jahre 1532, bemalt im Jahre 1537. Ein wichtiges Thema ist auch hier das **Jüngste Gericht**. Es steht aber der Darstellung von Voroneţ in jeder Hinsicht nach.

Überdies ist in der Klosterkirche von Moldoviţa die **Belagerung Konstantinopels** zu sehen. Es ist eines der bedeutendsten Kunstwerke, die dieses historische Ereignis zeigen.

Neben den eindrucksvollen Fresken sind im Inneren der Kirche auch schöne alte **Möbel** zu sehen. Besonders der über 2 m hohe **Fürstenthron** von Petru Rareş aus dem 16. Jahrhundert ist ein außergewöhnliches Schmuckstück.

Suceviţa
Dieses Kloster ist in einer herrlichen Landschaft gelegen. Die eigentliche Kirche wird durch hohe Mauern mit wuchtigen Türmen und Wehrgängen geschützt. Zahlreiche Legenden werden von den Einwohnern über den Bau des Objektes erzählt. Die Wände sind übersät mit Hunderten von Fresken.

Wichtige Themen sind an der Nordfront die "**Himmelsleiter**" sowie an der Südseite der "**Lebensbaum**". Dort sind zahlreiche Persönlichkeiten der Antike abgebildet, so z.B. Plato, Pythagoras und Aristoteles. "**Lobgesang**" und "**Schleierung**" sind weitere Bildkompositionen von Suceviţa.

Voroneţ
Das in rund drei Monaten errichtete, von Stephan dem Großen gestiftete Bauwerk wurde zur Zeit Petru Rareş im 16. Jahrhundert bemalt. Die in dem malerischen **Bergdorf Voroneţ** gelegene Klosterkirche ist wohl das schönste Glied in der Kette der Stifte. Von dunkelgrünen Wäldern umschlossen, ist dieses in **Blau** gehaltene Kunstwerk ein Juwel, das seinesgleichen sucht.

Byzantinische Kunst wurde hier mit **rumänischer Volkskunst** verschmolzen, so daß ein vollkommener, für dieses Gebiet einmaliger Stil geschaffen wurde. So brachte man die Heiligen mit Gegenständen aus dem Leben der Einheimischen in Verbindung, und die Abtrünnigen beim Jüngsten Gericht stellte man als Türken und Tataren dar. Diese zwei Gruppen waren zur damaligen Zeit die Hauptfeinde des Moldaureiches.

Am interessantesten ist die Darstellung des **Jüngsten Gerichts** an der Westseite der Kirche. Dieses Motiv wird auch in der Arena von Padua und im Kloster Athos abgebildet, erreicht aber nicht die monumentale Größe Voronețs.

Der künstlerische Wert sowie die Qualität der Ausführung wird oft verglichen mit den Kunstwerken von San Marco, der Kahrie-Moschee in Istanbul usw. Dargestellt wird ein riesiges **Höllenfeuer** zu Füßen Jesu. Im Feuer leiden auch hochstehende Persönlichkeiten wie Könige und Päpste. Neben dem Richterstuhl Gottes erkennt man Propheten, Erzengel und Märtyrer. Weiter unten hält eine Hand die Waage der Gerechtigkeit. Um sie gesellen sich die vermeintlichen Sünder, dargestellt als Türken und Tataren.

Auch **Tiere** beteiligen sich am Jüngsten Gericht; sie bringen einzelne Teile von Menschen an, die von ihnen vorher zerrissen wurden. Das Reh, das für die Rumänen das Zeichen der Unschuld ist, steht abseits und beteiligt sich nicht an diesem Geschehen. An einer anderen Stelle des Freskos drängen sich oftmals sehr kurios aussehende Menschen vor dem Eingang zum Paradies.

Auf der Südseite der Kirche befindet sich der "**Lebensbaum**". Dieser Stammbaum Christi wird auf acht Bildtafeln gezeigt. Die "**Erschaffung der Welt**" (Nordseite) ist durch Wettereinflüsse stark beschädigt worden.

Dobrudja

Lage

Dieser im Osten liegende Landesteil wird vom Schwarzen Meer sowie von der Donau eingeschlossen. Die zwei Gewässer bestimmen hauptsächlich das Landschaftsbild. Das **Donaudelta** ist eine der bedeutendsten Naturlandschaften Europas. Auf einer Fläche von 5.640 km² befinden sich unzählige natürliche Kanäle und Seen. Die an vielen Stellen an den tropischen Urwald erinnernde Vegetation beherbergt eine große Anzahl der unterschiedlichsten Tierarten.

Im Gegensatz zum Donaudelta ist der südliche Teil der **Schwarzmeerküste** touristisch weitgehend erschlossen. In den Seebädern reiht sich Hotel an Hotel. Etwa 60 km Küste wurden auf diese Art und Weise ausgebaut, eine Erscheinung, die man auch von anderen europäischen Ländern kennt. Oberhalb von Mamaia ist der Strand meist einsam und ruhig, eine wohltuende Abwechslung zum Touristentrubel. Die zahlreichen **Lagunenseen** sind ebenfalls beschauliche Orte, die zum Baden und zu Naturbeobachtungen einladen.

Das **Landesinnere** der Dobrudja (Dobrogea) wird stark landwirtschaftlich genutzt. Durch die große Hitze, die dort herrscht, ist die Bewässerung ausgedehnter Gebiete unerläßlich geworden. Trotzdem gibt es noch weite, steppenähnliche Abschnitte, die den Besucher auf ihre besondere Art und Weise beeindrucken.

Um in die Dobrudja zu gelangen, muß auf jeden Fall die **Donau** überquert werden. In dem rund 200 km langen Abschnitt gibt es nur wenige Brücken und Fähren. Die Fahrt mit solch einer Fähre ist eine recht abenteuerliche Angelegenheit. Die meist alten Schiffe haben jedoch bisher immer ihre Passagiere sicher ans andere Ufer gebracht.

Im oberen Teil der Dobrudja erhebt sich das **Măcin-Gebirge**. Seine fast 500 m hohen Gipfel zählen mit ihrem Alter von 400 Millionen Jahren zu den ältesten Gebirgen der Welt. Auch diese Region ist vom Tourismus verschont geblieben und lädt zu interessanten Ausflügen ein.

Bevölkerung

Knapp eine Million Menschen sind hier beheimatet. Vor allem der Kreis Tulcea ist recht dünn besiedelt. Das Donaudelta zählt zu den bevölkerungsärmsten Teilen ganz Europas. Ein Großteil der Menschen lebt in den Städten **Tulcea** und **Constanța**.

Den Hauptanteil der Bevölkerung machen Rumänen aus, die wichtigste Minderheit sind die Türken. Moscheen und andere typisch mohammedanische Bauwerke zeugen überall von ihrer Anwesenheit. Vor allem im Donaudelta leben die aus Rußland stammenden Lipovaner. Aber auch Dörfer mit Einwohnern tatarischer Herkunft findet man vor.

Geschichte

Die Dobrudja (Dobrogea) kann auf eine über 2.000 Jahre alte Geschichte zurückblicken. Bereits im 7. Jahrhundert v.Chr. kamen **griechische Siedler** an die Schwarzmeerküste, um Städte zu gründen. Vor allem Histria, Tomis und Kallatis wurden bald zu befestigten Zentren der Kolonisten ausgebaut. Die Griechen nahmen schnell Kontakt zu den einheimischen Stämmen, den Geten, auf. Sie erhielten von diesen vor allem landwirtschaftliche Produkte.

Bedeutendster Besucher dieser Gebiete war im 6. Jahrhundert v.Chr. der griechische Gelehrte und Historiker **Herodot**. Er war tief beeindruckt von den Einheimischen, die er als tapfer und fleißig lobte.

Beendet wurde die griechische Kolonisation mit der Eroberung durch die **Römer** im 1. Jahrhundert v.Chr. Seitdem gehörten die Städte zur römischen Provinz Mösien. Gegen Ende des Altertums verloren sie ihre Bedeutung und verfielen langsam.

Die ganze Dobrudja wurde zu Beginn unserer Zeitrechnung von den Römern urbanisiert. Es wurden von ihnen bedeutende Bauwerke errichtet wie das Siegesdenkmal Tropaeum Traiani.

Der römische Dichter **Ovid** verbrachte als Verbannter seinen Lebensabend in Constanța. Er beschrieb seine Umgebung als Einöde, die von Wilden bevölkert würde.

Viele Stämme und Völker zogen durch die Dobrudja und hinterließen häufig zerstörte Städte und Dörfer. Enge Verbindungen wurden zu **Konstantinopel** geknüpft, das mit seiner Flotte Schutz vor dem bulgarischen Zarenreich bot.

Im 15. Jahrhundert geriet die Dobrudja unter den Einfluß Mircea des Alten, der Fürst der Walachei war. Zur gleichen Zeit wurde das gesamte Gebiet von den **Türken** okkupiert, deren Herrschaft mehrere Jahrhunderte währte. **1918** kam die Dobrudja dann wieder zu Rumänien.

Kultur, Tradition, Religion

Kulturhistorisch wertvoll sind vor allem die **Ausgrabungsstücke** aus der Antike. Wertvolle Exponate sind im Museum in Constanța sowie in der Nähe der antiken Stadt Histria zu finden. Viele **türkische Kultur- und Sakralbauten** bilden einen angenehmen Kontrast zum Baustil der einheimischen Bevölkerung. Auch die Musik der Dobrudja ist stark durch die Türken beeinflußt worden. Fährt man durch die weite, steppenartige Landschaft, glaubt man sich auf einmal in die tiefste türkische Provinz versetzt.

Die **Tradition** wird sowohl von den Rumänen als auch von den übrigen Volksgruppen gepflegt. Schon aufgrund ihrer Bekleidung lassen sich die Menschen auch vom Laien ihrer Herkunft nach zuordnen. Interessant ist die Bauweise der Häuser: Es wird dabei mit Stroh durchmischter Lehm zu Ziegeln geformt. Auf diese Weise werden Häuser jeder Größe errichtet. Die gute Wärmeisolation dieser Ziegel wird auch in Mitteleuropa heute wieder genutzt.

Fast die ganze Bevölkerung der Dobrudja hängt dem orthodoxen Glauben an. Nur die Türken leben nach moslemischen Grundsätzen.

Orte und Sehenswürdigkeiten

Adamclissi

Es ist recht umständlich, zu diesem kulturhistorisch so interessanten Ort zu gelangen. Von Mangalia aus sind es gut zwei bis drei Autostunden, die Straßen führen durch eine eindrucksvolle Landschaft, mit für das Gebiet typischen Dörfern.

⌘ Im kleinen Adamclissi steht das größte Siegesdenkmal, das jemals auf fremdem Gebiet von den Römern gebaut wurde. Heute ist eine originalgetreue Rekonstruktion zu bewundern. Das **Tropaeum Traiani** wurde im Jahre 109 errichtet. Der Durchmesser sowie die Höhe betragen 40 m.

Der Sieg der Römer über die dakischen Heere war der Grund für den Bau dieses riesigen Zeugnisses der großen Schlachten zur Zeit des römischen Imperiums. An den Mauern sind Tafeln eingelassen, die Szenen aus dem Kriegsgeschehen zeigen. Die Originale und weitere Fundstücke sind im Museum Tropaeum Traiani nur wenige Meter entfernt zu bewundern.

Leider gibt es in der Nähe keine Übernachtungsmöglichkeiten. Ein Tagesausflug mit dem Wagen, z.B. an einem verregneten Tag am Meer, lohnt aber auf jeden Fall.

Basarabi

✞ Auch in diesem kleinen Dorf gibt es eine besondere Sehenswürdigkeit: Die in Kreidefelsen gehauenen Kirchen und Wohnräume sind einmalig im Land. Diese im 10. Jahrhundert errichteten **Höhlenbauten** zeigen in ihrem Inneren zahlreiche Wandzeichnungen, die alle möglichen Tiere und Gegenstände darstellen. Sie sollten aber vorher Erkundigungen einholen, ob ein Zutritt möglich ist, da oft Wissenschaftler in den Räumen arbeiten und diese dann für die Öffentlichkeit nicht zugänglich sind.

In unmittelbarer Nähe von Basarabi befindet sich Rumäniens berühmtestes Weingut. In **Murfatlar** werden Weinproben durchgeführt, die vom Touristenamt in Constanţa organisiert werden. Aber auch ein privater Besuch ist zu empfehlen.

Constanţa

ℹ Bd. Tomis 46, ☎ 916/17127.

🛏 Hotel Casa lui lei. Hotel Pelican. Hotel Palace. Hotel Continental.

♦ Während der Saison werden auch viele Privatunterkünfte angeboten.

🚐⛺ "Valu lui Traian" beim gleichnamigen Ort, 12 km südlich von Constanţa.

Der größte Hafen des Landes ist schon seit dem Altertum bekannt. Das alte **Tomis**, eine griechische Stadt aus dem 6. Jahrhundert v.Chr., war neben Histria eines der bedeutendsten Zentren hellenistischer Kolonisation.

Leider liegen die Ruinen dieser antiken Stadt vollkommen unter dem heutigen Constanţa begraben. Trotzdem sind einige Stellen freigelegt worden und heute zu besichtigen.

Constanţa ist zu einer modernen **Hafenstadt** angewachsen. Zahlreiche Industriebetriebe haben sich in und um Constanţa angesiedelt und verleihen der Stadt nicht unbedingt ein schönes Aussehen. Sehr sehenswert ist hingegen die Innenstadt. Der **Piaţa Independeţei** ist zentral gelegen und somit der beste Ausgangspunkt für eine Stadtbesichtigung.

Das erste Bauwerk, das Ihnen sofort ins Auge fällt, ist die 1910 erbaute imposante **Große Moschee**. Besonders das über 50 m hohe Minarett ist eine Augenweide.

Am Piaţa Independeţei befindet sich das **Archäologische Museum** der Stadt Constanţa. Die Exponate, die vorwiegend aus römischer und griechischer Zeit stammen, legen eindrucksvoll Zeugnis über die bewegte Geschichte der Dobrudja ab. Gleich neben dem Museum steht das **Denkmal des Dichters Ovid**, der zu Beginn unserer Zeitrechnung nach Constanţa verbannt wurde.

Teile der alten **Festung Tomis** sind restauriert worden. Besonders bemerkenswert ist das römische **Mosaik**, das im westlichen Teil der Stadt zu sehen ist. Es befand sich im ehemaligen Warenlager der Stadt. Von ursprünglich 2.000 m^2 Fläche sind bis heute etwa 600 m^2 erhalten geblieben. Die Ausführung zeigt deutlich die hohe künstlerische Fertigkeit der römischen Meister.

Ein Bauwerk ganz anderer Herkunft ist das **Casino** Constanţas. Es wurde in den Jahren 1907 bis 1910 vom rumänischen Architekten Daniel Renard im sogenannten Nouveau-Stil entworfen und zählt zu den typischsten Bauwerken dieser Richtung.

Der **Genueser Leuchtturm** aus dem 13. Jahrhundert zählt ebenso zu den Sehenswürdigkeiten wie das aus heutiger Zeit stammende **Delphinarium** und **Aquarium**. Besonders reizvoll ist ein abendlicher Bummel auf der **Uferpromenade**, die von zeitgenössischen Skulpturen gesäumt wird.

Cernavoda

Die an der Einfahrt zum Donau-Schwarzmeer-Kanal gelegene Ortschaft ist kaum von touristischem Interesse. Berühmt geworden ist Cernavoda durch den Fund zweier neolithischer **Statuetten**. Der "Denker" sowie die "Sitzende Frau" sind Plastiken von außerordentlich hohem künstlerischen

Niveau. Die Figuren zeigen stark abstrakte Züge. Zu sehen sind die für das Neolithikum einmaligen Kunstwerke im Archäologischen Museum in Constanța.

Ein ehemals römischer **Kalksteinbruch** sowie die **Eisenbahnbrücke** "**Anghel Saligny**" aus dem Jahre 1895 sind weitere sehenswerte Objekte in Cernavoda.

Histria

⌘ Diese ehemalige griechische Festung ist eine der ältesten Städte auf rumänischem Boden. Die im 7. Jahrhundert v.Chr. von **Griechen** aus Milet gegründete Stadt wurde bei landwirtschaftlichen Arbeiten entdeckt. Von den Griechen wurde Histria nach ihrer Bezeichnung für die Donau, "Hister", "Istros" genannt. Es lag günstig an einem natürlichen Hafen. Mit der Zeit versandete dieser jedoch und es bildete sich daraufhin der heutige Lagunensee Sinoie.

Im Jahre 1914 begannen die ersten **Ausgrabungen**, die aber durch die Kriegswirren mehrmals unterbrochen wurden. In das Gelände integriert ist ein sehr gut geführtes **Museum**, das die wichtigsten und wertvollsten Stücke zeigt. Das riesige Gebiet ist auf markierten Wegen für jedermann zugänglich. Vor allem sind hier Anlagen aus römischer Zeit freigelegt worden. Wegen des äußerst niedrigen Grundwasserspiegels ist es sehr schwer, an die ursprünglichen hellenistischen Bauwerke heranzukommen.

Das von hohen, teilweise sehr gut erhaltenen Mauern umgebene Histria gliedert sich in folgende **Bereiche**:

❶ Erdwälle,
❷ Festungsmauer aus römisch-byzantinischer Zeit,
❸ Stadttor,
❹ Basiliken am ehemaligen Marktplatz,
❺ Handelsviertel (Tabernae),
❻ Wachtturm,
❼ öffentliche Bäder (Thermae),
❽ Wohnviertel,
❾ geweihtes Stadtgebiet und
❿ hellenistische Festungsmauer.

Im ganzen Ausgrabungsgebiet stehen unzählige, zum Teil riesige Amphoren, Schrifttafeln, Säulen und andere eindrucksvolle Stücke.

Ausgrabungen in der antiken Stadt Histria

Histria liegt etwa 60 km nördlich von **Mamaia** entfernt und ist auf der Straße Constanța - Babadag erreichbar. Kurz vor der eigentlichen Ortschaft Histria führt eine Abzweigung zur Ausgrabungsstätte. Eigenartig ist, daß dieser so geschichtsträchtige Ort kaum von ausländischen Touristen aufgesucht wird. Würde er in Griechenland liegen, könnte man sich vor geschichtshungrigen Touristen wohl kaum retten.

Jurilovca

Das Dorf dient als Ausgangspunkt, wenn Sie den wohl abgelegensten Campingplatz der Schwarzmeerküste besuchen wollen. "Gura Portitei" ist nur mit dem Boot erreichbar. Die einheimischen Fischer bringen Sie über den **See Golovița**. Dazu muß man zum Hafen gehen und versuchen, jemanden ausfindig zu machen, der fährt. Eine Fahrt kostet ca. DM 10 bis 15 pro Person. Da die Fischer fast alle Lipovener sind, wird auch Wodka als Zahlungsmittel angenommen. Auf jeden Fall sollten Sie etwas Wasser mitnehmen, da es auf dem Campingplatz nur Mineralwasser in Flaschen gibt und dies manchmal knapp wird, so daß Sie dann ein bis zwei Tage ohne Trinkwasser auskommen müßten.

Der Weg nach Julirovca ist etwas umständlich. Sie fahren mit dem Zug von Constanța in Richtung Tulcea, steigen aber in Babadag aus. Wenn kein Taxi oder Bus vor dem Bahnhof steht, laufen Sie bis zur Hauptstraße und versuchen Ihr Glück per Anhalter (klappt eigentlich immer). Wenn Sie erst spät in Julirovca ankommen, können Sie in dem einzigen Hotel des Dorfes übernachten. Fragen Sie aber ruhig auch nach Privatunterkünften.

Mangalia

Hotel Mangalia, ☎ 917/51889.

Hotel Zefir. Hotel Zenit. Hotel Mangalia. Hotel Scala.

"Saturn" an der Küste, 5 km nördlich der Stadt.

Am südlichen Ende der Schwarzmeerküste gelegen, ist die im 6. Jahrhundert v.Chr. von den **Griechen** gegründete Stadt Callatis heute eine wichtige Hafenstadt des Landes.

Es wurden zahlreiche **Ausgrabungen** durchgeführt, die interessante Stücke ans Licht brachten. Sie werden im örtlichen **Museum** aufbewahrt und sind für jedermann zugänglich.

Das schon im Altertum genutzte Kurbad wird wegen seiner Mineralwasserquellen auch heute noch gern besucht.

⌘ In der Nähe der Stadt, in der Gemeinde **Limanu**, können Sie einige noch erhaltene Wohnhöhlen besuchen. Übrigens ist Mangalia ein idealer Ausgangspunkt für einen Besuch des **Tropaeum Traiani**.

Vama Veche

Der Ort ist beliebt bei Urlaubern, die sich kein Hotel in den Schwarzmeerbädern leisten können. Hier wird wild gezeltet und jeder macht eigentlich das, was er will. Leider ist auch hier in der Saison oft die Hölle los.

Wenige Kilometer südlich befindet sich der Grenzübergang zu Bulgarien. Gerade für Autotouristen ist Vama Veche daher eine Überlegung wert.

Schwarzmeerbäder

Die Kette der Seebäder erstreckt sich über eine Länge von etwa 60 km. Kennzeichnend für die Schwarzmeerküste ist der nach Osten liegende Strand, das Fehlen der Gezeiten, sehr feinkörniger Sand und das Fehlen gefährlicher Meeresbewohner. Die Ausmaße sowie die Ausstattung der Hotelanlagen ähneln stark den übrigen Seebädern Europas, für die riesige Hotels mit allen Raffinessen charakteristisch sind. War der Service auch nicht immer zufriedenstellend, so ist man heute bemüht, allen Wünschen der Urlauber gerecht zu werden. Es fehlt aber das notwendige Geld, um die Hotels und die dazugehörigen Anlagen auf ein angemessenes Niveau zu bringen. Trotzdem können Sie sich auch hier gut erholen. Der nicht unbedingt allen Luxus benötigende Urlauber kann hier sehr preiswerte Ferien verbringen.

Die Zeit können Sie sich mit **Surfen**, **Wasserski**, **Segeln**, **Radfahren** usw. vertreiben. Alle Sportgeräte können für wenig Geld ausgeliehen werden. Buchungen sind in allen deutschen Reisebüros möglich.

Mamaia

Hotel Perla, ☏ 918/31334.

Hotel Selena. Hotel Arta. Hotel Comandor. Hotel Parc. Hotel Perla.

"Mamaia-Sat" an der Küste, 5 km nördlich vom Strandbad.
♦ "Năvodari" an der Küste, 8 km nördlich von Mamaia.
♦ "Popasul Pescarilor" in der Nähe des Ortes Năvodari.

☺ **Besonderheiten**: Swimmingpools, Diskotheken, Nationalitätenrestaurants, Videoclub, Nachtclubs sowie die Möglichkeit für Ausflüge nach Istanbul, Athen und Kairo.

Das nördlichste Seebad Rumäniens liegt auf einer Landzunge zwischen dem Meer und dem **Mamaia-See**. Es ist das älteste und traditionsreichste Seebad Rumäniens. Über 40 Hotels und Feriensiedlungen können Tausende von Gästen beherbergen. Das sogenannte **Gaststättendorf** zählt Dutzende traditioneller Restaurants, die die verschiedensten Spezialitäten rumänischer Küche servieren.

Eforie Nord und Süd

Bd. Republicii 36, ☏ 917/45715.

Hotel Meduza. Hotel Astoria. Hotel Belvedere. Hotel Bega. Hotel Europa.

"Eforie Nord" und "Eforie Süd", beide in der Nähe des Seebades.

☺ **Besonderheiten**: Swimmingpools, Diskotheken sowie Spezialitätenrestaurants mit Folkloredarbietungen und Kuranlagen.

14 km südlich von Constanţa, am **Techirghiol-See**, befindet sich dieses weitere bedeutende Strandbad der Schwarzmeerküste. Von herrlicher Vegetation umgeben, ist der Ort auch als Kurbad weit über die Grenzen des Landes bekannt geworden. Neben der Anwendung von Schlammkuren wird hier auch die weltberühmte Behandlung mit Gerovital durchgeführt.

Neptun

Hotel Covasna, ☏ 917/31777.

Hotel International. Hotel Orfeu. Hotel Dacia. Hotel Delta. Hotel Transsilvania. Hotel Bîlea. Hotel Doina. Hotel Covasna.
♦ Jugendferiendorf.

"Neptun" direkt im Ort.

☺ **Besonderheiten**: Swimmingpools, Spezialitätenrestaurant "Calul Balan", Kurbehandlung, Reitschule und Tennisplatz.

Hier beginnen die überdimensionalen Hotelburgen der Schwarzmeerküste. In der unmittelbaren Umgebung lädt der **Comorova-Wald** zu ausgiebigen Wanderungen ein, eine willkommene Abwechslung für Menschen, die dem Trubel am Strand entkommen wollen. Rund um den Ort

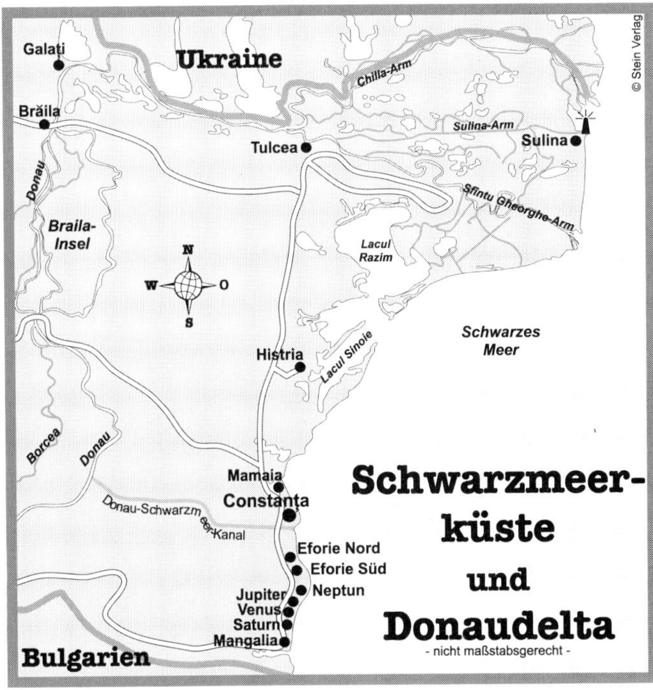

gibt es zwei Süßwasserseen, die einen Besuch lohnen. Dutzende Hotels, Feriendörfer sowie andere Einrichtungen vertreiben die Langeweile.

Jupiter

ℹ ☞ Saturn.

🛏 Hotel Olympic. Hotel Cozia. Hotel Capitol. Hotel Tismana.

♦ Feriendörfer Zodiac und Liliacul.

🚐⛺ "Jupiter" direkt im Ort.

☺ **Besonderheiten**: Swimmingpools, Diskothek, Nachtclub und Vergnügungszentrum "Paradis".

Die schicken Hotels, die im Stil alter rumänischer Bauwerke errichtet wurden, heben sich angenehm von den übrigen Giganten ab. Was Service und Ausstattung angeht, ähnelt der Komplex den übrigen Bädern, doch handelt es sich um das kleinste rumänische Seebad am Schwarzen Meer.

Venus

Saturn.

Hotel Silva. Hotel Heana. Hotel Adriana. Hotel Cocoral.

Ferienzentrum Cap Aurora mit zehn Hotels.

"Venus" direkt im Ort.

Besonderheiten: Swimmingpools, Diskothek, Gaststättenkomplex "Catunul", sehr attraktive Nachtbar "Calypso" und Kuranlage mit schwefelhaltigem Wasser.

Ein Seebad mit über 25 Hotels und sehr schönen, im maurischen Stil gehaltenen Feriendörfern.

Saturn

Hotel Tosca, ☏ 917/52452.

Hotel Diana. Hotel Aida. Hotel Cleopatra. Hotel Tosca. Hotel Hora. Hotel Narcis.

Feriendorf.

"Saturn" direkt im Ort.

Besonderheiten: Meeresswimmingpool, Nachtbar "Cleopatra" und Einkaufsstraße.

Südlichstes Seebad Rumäniens. Wurde in den letzten Jahren bedeutend modernisiert. Sehr schöner, leicht abfallender Strand.

Das Donaudelta

Geographie

Der zweitgrößte Strom Europas, die Donau, durchfließt, bevor sie das Meer erreicht, ein riesiges Gebiet. Allein drei Hauptstädte - Wien, Budapest und Belgrad - werden von ihr geprägt.

Auf einer Länge von 1.075 km berührt die Donau rumänisches Gebiet. Dieser Fluß ist an sich schon eine großartige Naturerscheinung, wenn auch der größte Teil seines natürlichen Verlaufes vom Menschen verändert wurde. Das Schönste an der Donau dürfte aber mit Abstand das letzte Teilstück ihrer 2.860 km langen Reise sein: das Donaudelta. Es ist das wohl größte, noch fast völlig intakte ökologische System in Europa. Die gesamte Ausdehnung beträgt 5.640 km², von denen 4.340 km² auf rumänischem und 1.300 km² auf ukrainischem Gebiet liegen.

Mit anderen Deltas verglichen, liegt das Donaudelta auf Rang zwei in Europa, d.h. hinter dem Wolgadelta (18.000 km²). Es ist der östlichste Punkt Rumäniens.

Vor etwa 5.000 Jahren begann diese einzigartige Naturlandschaft zu entstehen. Auch heute noch bildet sich bedingt durch die massenhafte **Anschwemmung** von Sand und Lehm immer neues Land. Wie ein großer Bagger frißt sich der Fluß stetig weiter ins Meer. Früher beteiligten sich auch noch andere bedeutende Flüsse an der Bildung dieses Gebietes. **Katalpug**, **Ialpug** und **Kitai** wurden aber im Laufe der Zeit durch riesige Schlammansammlungen in ihrem Lauf gestoppt. Die Überreste dieser ehemaligen Flußbetten sind auch heute noch sichtbar und zum Teil auch noch schiffbar.

Der **Wasserstand** im Delta hängt sehr von dem auf dem Meer herrschenden Wetter ab. Weht z.B. ein starker Wind aus Meeresrichtung, so wird der Fluß der Donau ins Meer behindert, und der Wasserstand, vor allem in Mündungsnähe, steigt erheblich.

Das Donaudelta wird in folgende Abschnitte aufgeteilt:

Flußdelta: Die Oberfläche beträgt 2.065 km². Davon entfallen auf den westlichen Teil der Letea-Insel 1.153 km², auf den westlichen Teil der Sfîntu Gheorghe-Insel 357 km², auf die Dobrudjaer Flußaue 115 km² und auf den westlichen Teil der Dranov-Insel 441 km².

Fluvio-maritimes Delta: Die Gesamtoberfläche beträgt 1.309 km². Untergliedert wird dieser Abschnitt wie folgt: östlicher Teil der Letea-Insel 359 km², östlicher Teil der Sfîntu Gheorghe-Insel 638 km² und östlicher Teil der Dranov-Insel 312 km².

Lagunenseen Razim und Sinoie: Die Oberfläche beträgt 880 km². Der Lagunensee Razim und seine Umgebung hat eine Ausdehnung von 715 km² und das Gebiet des Sees Sinoie eine von 165 km².

Donauarme: Sie umfassen ein Gebiet von rund 85 km².

Klima

Ein für die gemäßigten Breiten typisches **Steppenklima**, das aber bedingt durch die Nähe des Schwarzen Meeres deutlich milder ist, herrscht vor. Die Sommer im Donaudelta sind im Vergleich zu anderen Teilen der Dobrudja nicht ganz so heiß. Die Winter sind äußerst mild und die Schneedecke überschreitet sehr selten wenige Zentimeter. Deutlich geringer, verglichen mit dem Landesdurchschnitt, sind die **Niederschläge**.

Es gibt noch andere örtliche Besonderheiten. So entwickelt sich auf Grund der Windstille und der **hohen Luftfeuchtigkeit eine Art tropisches Mikroklima**. Vor allem beim Letea-Wald hat man den Eindruck, daß es sich um einen tropischen Regenwald handelt.

Flora

In bezug auf die Flora muß eine Unterscheidung zwischen der in fließenden und der in stehenden Gewässern vorkommenden getroffen werden. Bedingt durch die hohe Fließgeschwindigkeit der einzelnen Flußarme können sich dort kaum größere Pflanzen entwickeln. Vor allem Phytoplankton und Algen sind hier typisch. Ganz anders sieht es in den zahlreichen Tümpeln, Seen und toten Flußarmen aus.

Im Donaudelta befindet sich die größte zusammenhängende **Schilffläche** (etwa 2.800 km²) der Welt. Eine Besonderheit stellt das sogenannte "**Plaur**" dar. Dabei handelt es sich um schwimmende Vegetationsinseln, deren Fundament zahlreiche, im Wurzelwerk miteinander verflochtene Schilfpflanzen bilden. Auf ihrer Oberfläche wachsen natürlich auch andere Pflanzen. Dieses Plaur kann riesige Ausmaße annehmen. Es ist, wenn es als schwimmende Insel in Erscheinung tritt, für eine Orientierung im Delta sehr hinderlich.

Weitere wichtige im Delta vorkommende **Pflanzen** sind: die Weiße und Gelbe Seerose, Schwimmfarn, fleischfressende Pflanzen wie Wasserschlauch und Wasserhade, Sumpf-Schwertlilie, Aschweide, Pfeilkraut, Sumpfwolfsmilch, Sumpffuchsschwanz, Weiden, Pappeln, Tamariske, Wermut, Salzkraut und viele andere.

Besonders von Interesse dürften die Gebiete der **Grinduri Letea** und **Caraorman** mit ihrer **tropenähnlichen Vegetation** sein. Eichen, Eschen, Pappeln, Weiden sowie Weißdorn, Sandnelke und Kornelkirsche sind einige der wichtigsten Vertreter der Pflanzenwelt in diesem Gebiet. Wildreben, Winde und griechische Lianen geben dem Wald sein eigentlich tropisches Aussehen. Diese Schlingpflanzen werden bis zu 25 m lang und hinterlassen beim Betrachter einen nachhaltigen Eindruck.

Die letztgenannten Abschnitte des Deltas stehen unter **Naturschutz**, was Sie beim Betreten auch berücksichtigen sollten!

Fauna

Den bedeutendsten Reichtum des Deltas stellen die 110 verschiedenen **Fischarten** dar. Karpfen, Bleie, Hechte, Plötze, Welse und Karauschen kommen in großer Anzahl vor. Donauheringe, Störe, Hausen und Wachxdick sind wichtige Nutzfische. In der Nähe der Donaumündung sowie vor den Lagunenseen können Sie auch **Delphine** und **Schwarzmeerseehunde** beobachten. Darüber hinaus leben hier auch **Haifische**, aber nur eine kleine, völlig ungefährliche Art.

Von größtem Interesse dürfte die **Vogelwelt** des Deltas sein. 300 Arten wurden registriert, davon über 70 aus außereuropäischen Gebieten. Der Großteil der hier lebenden Vögel sind Zugvögel, wie die aus Asien stammenden Silberreiher, Kormorane, Aasgeier usw. Eine Attraktion stellen die aus dem Süden kommenden **Rosa- und Krauskopfpelikane** dar. Diese Tiere kommen in Europa sonst nur noch im Wolgadelta vor.

Durch die **Verschmutzung der Donau**, an der alle Anrainerstaaten beteiligt sind, und dem damit verbundenen Rückgang des Fischbestandes ist die Anzahl der Pelikane von etwa 5.000 auf unter 1.000 zurückgegangen. Auch die unter strengen Schutz gestellten Gebiete können den Bestand nicht retten. Nur eine Verbesserung der Wasserqualität kann auf Dauer die einzigartige Naturlandschaft des Deltas erhalten.

Neben Vögeln und Fischen gibt es natürlich auch eine große Anzahl von **Säugetieren**. Zu nennen wären Fischotter, Nerze, Wiesel, Hermeline, Wildschweine, Wildkatzen, Marderhunde, Füchse, Wölfe und Biberratten.

Auch **Schlangen** und **Lurche** sind im Gebiet des Deltas heimisch. Darüber hinaus sind **Schildkröten** vertreten. Die giftige Sandotter ist nur an einigen wenigen Orten anzutreffen. Falls Sie von einer gebissen werden, sollten Sie vorsorglich einen Arzt aufsuchen, da das Gift bei einigen Menschen schlimme Auswirkungen haben kann. Die grausamsten Untiere sind auf jeden Fall die unzähligen **Mücken**, die einen Deltabesuch oft zur Qual werden lassen.

☺ Ratschläge für Deltabesucher

Am reizvollsten ist natürlich, das Delta mit dem eigenen Boot zu befahren. Zuvor muß jedoch in Tulcea eine **Genehmigung** eingeholt werden. Auf jeden Fall sollten Sie sich beim Rumänischen Touristenamt in Frankfurt erkundigen (☞ Reise-Infos von A bis Z, Information).

Jedes gute Faltboot oder besser noch ein geräumiger **Kanadier** sind für eine Deltatour geeignet. Daß der Umgang mit dem Boot schon daheim erlernt werden sollte, ist selbstverständlich.

Das eigentliche Problem stellt die **Orientierung** dar. Ein Kompaß sowie eine Karte des Donaudeltas sind unbedingt erforderlich. Sie sollten sich hüten, ohne Karte die Tour durchzuführen, da sonst eine Orientierung in diesem riesigen Gebiet praktisch unmöglich ist. Leider ist es sehr schwierig, solch eine Karte zu bekommen. Am besten wenden Sie sich an das Rumänische Touristenamt in Deutschland.

Sehr gute Informationen bietet das 1974 im Verlag für Tourismus, Bukarest, erschienene Buch "Das Donaudelta". Es ist in deutscher Sprache verfaßt worden, dürfte aber wegen der geringen Auflage längst vergriffen sein. Ob ein Nachdruck erschienen ist, ist mir nicht bekannt. 1992 ist eine recht gute Karte vom Delta im Verlag Odeon, Bukarest, in der Reihe "Romania Turistica" erschienen. Die Karte ist in den Buchläden Rumäniens erhältlich und kostet Lei 75.

Zum Problem kann ebenfalls die **Wasserbeschaffung** werden. Das Donauwasser ist ohne aufwendiges vorheriges Filtern wohl kaum genießbar. Sie sollten deshalb beim Passieren von Dörfern anhalten und sich einen ausreichenden Wasservorrat aus dem Dorfbrunnen beschaffen. Ein 10-l-Faltkanister ist meiner Meinung nach ausreichend.

Zur Qual kann die **Mückenplage** werden. Ein 100%ig wirksames Mittel gibt es nicht. Jeder wird hier seine eigenen Erfahrungen machen müssen. Ein Zelt mit absolut dichtem Mückennetz sowie ein Insekten-Kopfnetz sind bestimmt nicht fehl am Platze.

Auch zahlreiche **Blutegel** können Ihnen das Leben im Donaudelta schwermachen. Sie sind zwar recht unangenehm, aber stellen keine eigentliche Gefahr dar.

Selbstverständlich gehört eine kleine Angelausrüstung ins Boot. In den Gewässerabschnitten, wo Fischfang betrieben wird, ist das **Angeln** zeitweise untersagt. Über die gesperrten Gebiete sowie die Angelgenehmigung erkundigen Sie sich am besten in Tulcea.

- Tourismusagentur, Boulevard Faleza 1, ☎ 915/14720.

Sollten Sie keinen Schein bekommen, brauchen Sie nicht zu verzagen, denn eine Kontrolle von Angelpapieren wird selten durchgeführt, da die Ausdehnung des Deltas dieses einfach nicht zuläßt. Falls doch kontrolliert wird, ist ein nachträglicher Erwerb der notwendigen Papiere leicht möglich. Das Ordnungsgeld, das erhoben wird, ist für einen westlichen Touristen kaum der Rede wert. Trotzdem ist es immer besser, Sie haben alles schon vorher geregelt, da offiziell Schwarzangeln auch hier verboten ist.

Ein **Kocher**, eine **Taschenlampe**, ein gutes **Messer** sowie ausreichend **Lebensmittel** gehören in jeden Rucksack. Wichtig ist außerdem ein **Reparaturset** für das Boot, da es nicht möglich ist, in Rumänien entsprechende Dinge zu kaufen. Ein **Fotoapparat**, am besten eine Spiegelreflexkamera, gehört ebenso ins Gepäck wie eine ausreichende Anzahl an **Farbfilmen**. Lieber ein paar mehr mitnehmen, da ein Nachkauf in Rumänien sehr schwierig ist.

Wer sich eine Bootstour allein nicht zutraut, kann sich auch von den Einheimischen durchs Delta fahren lassen. Die Preise sind jedoch recht hoch. Ich bezahlte schon für 8 Stunden Fahrt DM 60. Allerdings hat sich die Ausgabe gelohnt, da Bewohner des Deltas sich wirklich auskennen. In jedem größeren Dorf werden solche Touren angeboten. Sie müssen aber immer erst danach fragen.

- *Angeln* - Basiswissen für Draußen (Band 21) von Harald Barth. Conrad Stein Verlag, ISBN 3-89392-121-4, DM 14,80.
- *Kanuwandern* - Basiswissen für Draußen (Band 11) von Rainer Mareik. Conrad Stein Verlag, ISBN 3-89392-111-7, DM 12,80.
- *Solo im Kanu* - Basiswissen für Draußen (Band 10) von Cliff Jacobson. Conrad Stein Verlag, ISBN 3-89392-100-1, DM 12,80.
- *Karte und Kompaß* - Basiswissen für Draußen (Band 4) von Cliff Jacobson. Conrad Stein Verlag, ISBN 3-89392-104-4, DM 12,80.
- *Fotografieren* - Basiswissen für Draußen (Band 12) von Ralf Gantzhorn und Stephan Husen. Conrad Stein Verlag, ISBN 3-89392-112-5, DM 12,80.

Touren im Delta

Tulcea - Chilia Veche - Periprava

Ausgangspunkt unserer Tour ist die Stadt **Tulcea**, das Tor zum Delta. Sie liegt etwa 350 km von Bukarest entfernt und ist mit dem Auto, der Bahn oder dem Flugzeug leicht zu erreichen. Das sich heute zu einer modernen Großstadt entwickelnde Tulcea ist bereits seit dem Altertum bekannt. Der **Kai** sowie das **Deltamuseum** sind Sehenswürdigkeiten, die einen Besuch lohnen.

Die Tour kann auch mit einem der "**Navrom**"**-Schiffe** unternommen werden, die sozusagen die öffentlichen Verkehrsmittel des Donaudeltas sind; Fahrzeit hin und zurück etwa 10 Std. Der Preis für die Schiffsfahrt beläuft sich auf wenige Lei.

Besser ist es jedoch, die Route mit dem **eigenen Boot** zu befahren. Die gesamte Länge beträgt 113 km. Der Flußlauf ist stark gewunden und der Chilia-Arm teilt sich an mehreren Stellen in kleinere Nebenarme. Das Landschaftsbild wird von Tümpeln und zahlreichen ausgedehnten Schilfgebieten geprägt. Die Breite des Chilia-Armes erreicht fast einen Kilometer, bei Hochwasser oft noch mehr. Diverse, häufig sehr kleine Dörfer treffen wir auf unserem Weg. Übrigens sind sie willkommene Stellen zur Auffrischung des Wasservorrates.

Die erste nennenswerte Siedlung, **Pardina**, befindet sich 45 km von Tulcea entfernt. Sie ist auch auf einer Straße erreichbar, die jedoch nur bei entsprechendem Niedrigwasser befahrbar ist. Die Ortschaft erstreckt sich etwa 6 km entlang des **Chilia-Armes**. Im Ort selbst können Fischerboote ausgeliehen werden. Mit solch einem Boot oder auch mit dem eigenen sollten Sie einen Abstecher in die **Pardina-Senke** unternehmen. Zahlreiche Kanäle, tote Flußarme und andere Wasseradern prägen das Bild. Auf dieser Tour werden Sie häufig Seidenreiher, Ibisse und Löffler zu Gesicht bekommen.

Anschließend führt uns der Weg auf dem Chilia-Arm nun weiter bis zur 59 km von Tulcea entfernt liegenden Ortschaft **Tatanir**. Beim Kilometer 75 (vom Meer aus gemessen) wird der Chilia-Arm verlassen. Wir sind nun auf dem **Tatanir-Arm**, auf dem es weiter bis zum eigentlichen Ort geht. Die zwischen Weidenbäumen gelegenen Häuser sind hübsch anzusehen und laden zu einem Landgang ein. In der Nähe der Fischabnahmestelle führt ein Kanal zum fischreichen Tatanir-See.

Wird die Ortschaft wieder verlassen, so erreichen Sie nach einigen Kilometern Fahrt auf dem Tatanir-Arm wieder den Chilia-Hauptarm. 20 km von Tatanir treffen wir auf **Chilia Veche**, die mit über 5.000 Einwohnern größte Siedlung im Delta. Eine 30 m hohe Kirche weist uns schon aus der Ferne den richtigen Weg. Früher war der Ort ein wichtiger Handelsplatz, auf dem Fische in alle möglichen Länder verkauft wurden.

Südlich der Ortschaft dehnt sich eine große **Seenlandschaft** aus. Kurz nach Chilia Veche zweigen mehrere Wasseradern in dieses Gebiet ab. Der genaue Weg ist nur mit einer entsprechenden Karte sicher zu finden. Sie sollten aber unbedingt ein bis zwei Tage in diesem herrlichen Abschnitt der **Seen Babina**, **Merheiu Mare** und **Trei Iezere** verweilen, um die Flora und Fauna genau beobachten zu können. Westlich des Merheiul-Kanals ist eine der letzten **Pelikankolonien** anzutreffen. Das 170 km^2 große Reservat mit zwei Pelikanarten sollte nicht betreten werden. Überhaupt sollten Sie sich im ganzen Delta wie ein echter Naturfreund benehmen.

Nach dem Besuch der Seenlandschaft steuern wir nun den **Lacul Merhei** an. Am nordöstlichen Teil gelangen Sie auf einem fast geradlinig verlaufenden Wasserweg direkt zur Ortschaft **Periprava**. Sie ist 103 km von Tulcea entfernt und hat den Charakter eines typischen Fischerdorfes.

Das Dorf kann zum wichtigen Ausgangspunkt für den Besuch des **Letea-Waldes** werden. Ob mit dem Boot oder zu Fuß, das bleibt jedem selbst überlassen, das Waldgebiet ist in jedem Fall leicht zu erreichen. Die üppige Mittelmeervegetation sowie die Unberührtheit der Natur sind der Grund für die hohe Popularität des Letea-Waldes. Dichter, undurchdringlicher Pflanzenwuchs, u.a. lange Lianen, prägen seinen tropischen Charakter. Seeadler, Mäusebussarde und Falken sind aus der Luft auf der Suche nach Nahrung. Auch Füchse, Dachse und sogar Wölfe kommen hier vor. Diese einmalige Landschaft sucht in ganz Europa ihresgleichen. Hoffentlich können noch viele Naturinteressierte dieses Kleinod bewundern.

Tulcea - Dunavăt-Kanal - Lagunensee Razim

Diese rund 90 km lange Strecke führt zunächst entlang des **Sfîntu Gheorghe-Armes**. Am Kilometer 54 (vom Meer aus gemessen) zweigt der **Dunavăt-Kanal** dann plötzlich nach Süden ab. Er ist fast 30 km lang. Einzelne Teilstücke müssen ständig ausgebaggert werden, da mitgeführtes Schwemmaterial mit der Zeit zur Verlandung und somit zur Beeinträchtigung der Schiffahrt führen würde. Die Idee, hier einen Kanal zu bauen, stammt nicht erst aus heutiger Zeit. Schon im Altertum war an dieser Stelle eine Wasserstraße. Unter anderem soll die römische Flotte sie einmal befahren haben.

Etwa 5 km vor der Mündung des Dunavăt-Kanals in den See erblicken Sie linker Hand die **Insel Popina**. Sie ist etwa 100 ha groß. In der Nähe der Mündung wurde auch eine Schutzhütte gebaut. Sie kann von jedem in Anspruch genommen werden, der hier übernachten möchte. Sind Sie schließlich auf dem eigentlichen See angekommen, so ist endlich Zeit zum Ausruhen. Der Fischreichtum lädt zum Angeln ein und der nur 3 m tiefe See eignet sich vorzüglich für ein ausgiebiges Bad. Die antike **Ruinenstadt Histria** kann auch per Boot besucht werden.

Tulcea - Sulina

Eine weitere schöne Tour beginnt ebenfalls in Tulcea und endet schließlich in der einzigen Stadt im Donaudelta, in **Sulina**. Ein großer Hafen sowie ein Leuchtturm gehören zu ihren Sehenswürdigkeiten. Sulina ist sicherlich einer der romantischsten Orte ganz Rumäniens.

Natürlich gibt es unerschöpfliche Möglichkeiten für weitere Touren, angefangen von Tagesausflügen bis zu mehrwöchigen Unternehmungen.

Wandern in den Karpaten

Versucht man, in einschlägigen Geschäften Bücher über die Karpaten zu bekommen, ist die einzige Antwort, die einem die Verkäufer geben können, meist ein Schulterzucken. Mir ist es schon passiert, daß nicht einmal der Begriff selbst bekannt war. Auch sogenannte "Insider" des Bergsports können meist keine Antwort auf die Frage nach den Karpaten geben. Ja, es sei wohl ein Gebirge irgendwo im Osten. Lohnt es sich denn überhaupt, sich kundig zu machen? Wenn sie so weltbewegend wären, würde man ja mehr von ihnen hören.

Vor ein paar Jahren wußte ich außer dem Namen und einigen Fakten, die ich aber mit etwas anderem verband, ebenfalls nichts von den Karpaten.

Als ich eines Morgens aus dem Schlafwagen des **Baltorient-Expresses** blickte, traute ich meinen Augen kaum. Ich sah riesige, wohl über 1.500 m hohe und überaus steile Felswände genau vor meinen Augen aufsteigen. Oben auf einem der Gipfel stand ein großes Kreuz. Das Ganze war so beeindruckend, daß ich am liebsten ausgestiegen wäre, um diese Berge zu erklimmen.

Heute weiß ich, daß ich mich damals im Prahova-Tal befand. Das Kreuz, das da in schwindelerregender Höhe stand, ist 25 m hoch und steht auf dem Caraiman-Gipfel (2.384 m). Seitdem habe ich die Karpaten viele Male durchwandert. Für mich ist es eines der schönsten Gebirge Europas.

Die rumänischen Karpaten bleiben mit ihrem höchsten Gipfel von 2.544 m zwar deutlich unter der Höhenmarke der Alpen und der anderen europäischen Hochgebirge, aber ihr Formenreichtum, die riesigen Wälder, die unglaubliche Artenvielfalt der Tier- und Pflanzenwelt sowie die unendliche Einsamkeit, die man hier erleben kann, machen das Gebirge für den Naturfreund zum **Paradies**.

Lage

Die Karpaten durchqueren auf einer Länge von 1.200 km folgende Länder: Slowakei, Polen, die Ukraine und Rumänien. Der höchste Gipfel befindet sich in der Hohen Tatra (Slowakei) und mißt 2.655 m. Es handelt sich um ein sehr waldreiches Gebirge, das einzelne alpine Abschnitte besitzt. Der Hauptteil der Karpaten mit einer Länge von etwa 900 km entfällt auf Rumänien.

Die Karpaten bedecken eine Fläche von 66.720 km², was einen Anteil von rund 31% der Landesfläche ausmacht. Die Karpaten werden in drei

Abschnitte aufgeteilt: die **Ostkarpaten** (35.900 km²), die **Südkarpaten** (13.800 km²) und die **Westkarpaten** (17.020 km²). Eigentlich werden die letztgenannten als eigenständiges Gebirge betrachtet, aber der Begriff "Westkarpaten" hat sich nun einmal eingebürgert, und so will auch ich bei dieser Bezeichnung bleiben.

Die **Ostkarpaten** zeichnen sich durch riesige, parallel zueinander verlaufende Massive aus. Viele von ihnen sind vulkanischen Ursprungs. In einigen Abschnitten, wie im Călimani- und Ciomatul-Gebirge, sind noch heute erloschene Krater zu erkennen. Manche von ihnen füllten sich mit Wasser, andere beeindrucken durch ihr Ausmaß von bis zu 10 km Durchmesser. Alpine Formen sind in diesem Abschnitt der Karpaten nur im **Rodna-Gebirge** erkennbar. Zu ihm gehört der Virful Pietrosu, der mit 2.303 m Höhe der höchste Berg der Ostkarpaten ist.

Die Stelle, wo die Karpaten plötzlich nach Westen streben, nennt man den **Karpatenbogen**. In diesem Abschnitt treffen Sie auf einige der mächtigsten Berge. Vor allem das **Bucegi-Gebirge** beeindruckt durch seine alpine Erscheinung. Aus dem Tal betrachtet, wirkt es mit seinen über 2.500 m hoch aufragenden Gipfeln wie eine unbezwingbare Festung. Ab einer bestimmten Höhe breitet sich ein großes, flaches Plateau aus. Im Bucegi-Gebirge liegt die Wiege des rumänischen Alpinismus.

Verläßt man diesen Abschnitt in Richtung Westen, so kommt man in das Areal der **Südkarpaten**. Wegen ihrer schroffen Gipfel werden sie auch "Transsilvanische Alpen" genannt. Das **Făgăraş-**, **Iezer Păpuşa-**, **Lotru-**, **Parîng-**, **Şurean-** sowie das **Retezat-Gebirge** sind die höchsten und mächtigsten Abschnitte der Karpaten. Insgesamt soll es über 70 einzelne Gebirgsabschnitte geben. Besonders in den Südkarpaten gibt es zahlreiche Gletscherseen, ein Überbleibsel der letzten Eiszeit.

Das **Westgebirge**, auch "Siebenbürgisches Erzgebirge" genannt, beeindruckt weniger durch seine Höhe (1.849 m) als vielmehr durch die Vielfalt der einzelnen Gebirgsabschnitte. Höhlen, Karstgebiete und alte Vulkankegel machen dieses vom Tourismus kaum erschlossene Gebiet äußerst anziehend und üben auf den Besucher einen besonderen Reiz aus. Klettern, Höhenwandern und Trekking sind nur einige Möglichkeiten der Freizeit- und Urlaubsgestaltung.

Die einmalige **Tierwelt**, die Tiere wie den Bär, Wolf, Luchs usw. einschließt, die riesigen, im Juni blühenden **Alpenrosenfelder** und die Stille, die nur manchmal durch freundliche Schäfer und ihre Herden unterbrochen wird, hinterlassen wohl bei jedem Besucher der rumänischen Bergwelt einen tiefen Eindruck.

Ratschläge und Tips

Ausrüstung

Es gilt für Wandertouren in den Karpaten eigentlich das gleiche, was auch für die Alpen empfohlen wird: festes Schuhwerk, Regenbekleidung usw. Auch eine Mütze sollten Sie selbst im Sommer im Gepäck haben, da oft ein recht starker und kühler Wind weht. Um den oft mühevollen Auf- und Abstieg zu erleichtern, sollten Teleskopstöcke auf keiner Tour fehlen. Eine Sonnenbrille sowie Sonnencreme helfen, die oft starke Sonneneinstrahlung erträglich zu machen. Wer mehrere Tage unterwegs ist, sollte einen großen Rucksack (80 l), Zelt, Schlafsack, Iso-Matte, Taschenlampe, Kompaß, Proviant, Erste-Hilfe-Set, Rettungsdecke, Trinkflasche, Kocher mit Brennstoff, Hygieneartikel, Wäsche zum Wechseln usw. bei sich haben.

☝ Beachten sollten Sie unbedingt, daß in den Karpaten oft tagelang kein Mensch zu sehen ist. Deshalb ist es ratsam, mindestens zu dritt eine solche Tour zu unternehmen. Ein Unfall hätte für den Einzelwanderer fatale Folgen! Die Schäfer helfen zwar immer gern, aber bei schwerwiegenden Verletzungen sind auch sie - trotz ihrer Erfahrung - machtlos.

Auch sind die Notunterkünfte oft durch Witterungseinflüsse entweder stark beschädigt oder auch gar nicht mehr vorhanden. Also nicht darauf verlassen!

Bergrettung und Erste Hilfe

Der "**Salvamont**" ist der organisierte Rettungsdienst in den Karpaten. Eine ordnungsgemäße Bergwacht kann er jedoch nicht gewährleisten. Schlechte Organisation und mangelnde Ausrüstung sind zwei Gründe dafür. Einzig das Făgăraş-, das Bucegi- und das Retezat-Gebirge werden verstärkt beaufsichtigt. Die Karpaten sind einfach viel zu groß für eine ausreichende Beobachtung durch die wenigen Mitarbeiter der Bergwacht. Es mangelt vor allem an Geld, das gerade jetzt für viel wichtigere Dinge benötigt wird.

Aus diesen Gründen ist eine genaue Kenntnis der wichtigsten Erste-Hilfe-Maßnahmen unbedingt notwendig. Am besten ist es, einen entsprechenden Kurs zu belegen, das Erlernte kann auch in anderen Situationen nützlich sein.

☎ **Telefonnummern einiger Salvamont-Stützpunkte**: Kreis Sibiu: 061, Kreis Braşov: 16550 und Kreis Cîmpulung: 15033.

Hier eine kleine Liste, was die **Reiseapotheke** beinhalten sollte: Rettungsdecke, Heftpflaster verschiedener Größen, drei elastische Binden, drei Mullbinden, ein Dreieckstuch, Schmerztabletten, Sicherheitsnadeln und ein kleines Messer.

Natürlich können Sie das Set je nach Ihren individuellen Wünschen noch ergänzen. Es ist in jedem Fall besser, zuviel mitzunehmen als zu wenig.

☝ Sie sollten unbedingt immer auf die Warnungen der Hüttenwirte hören!

Gefahren

Neben den allgemeinen alpinen Gefahren wie Unwetter, Lawinen usw. sollten Sie sich vor allem vor den oft sehr **aggressiven Schäferhunden** in acht nehmen. Am besten umgehen Sie Schafherden weiträumig. Sollten Schäfer in der Nähe sein, ist die Gefahr nicht ganz so groß, da die Hunde sofort zurückgerufen werden.

Mit **Wölfen** werden Sie kaum in Berührung kommen, da sie den Menschen meiden. Das einzige Lebenszeichen von ihnen sind die nächtlichen Heulkonzerte, die gelegentlich zu hören sind.

Schlimme Folgen kann die Begegnung mit einem **Bären** haben. Es gibt jedoch genauso viele Tips, wie man sich in solch einem Fall verhalten sollte, wie es Bären gibt. Die Chancen, einem dieser Tiere zu begegnen, sind aber sehr, sehr gering, denn sie gehen den Menschen aus dem Weg.

Klima

Da die Monate Mai und Juni stark zu Regenwetter neigen, sind sie wohl am ungeeignetsten für längere Touren. Es empfiehlt sich, den **Juli**, **August**, **September** und eventuell den **Oktober** zu nutzen. Ich habe es allerdings auch schon erlebt, daß im Făgăraşer Gebirge Anfang September über ein Meter Schnee lag. Für **Winterbegehungen** ist der März zu empfehlen, da die Tage dann schon länger werden und die Temperaturen nicht mehr ganz so tief liegen.

Im allgemeinen kann man sagen, daß die Sommer in den Bergen warm, die Winter aber oft extrem kalt sein können (unter -40 Grad).

Karten und Wanderführer

Im Grunde genommen gibt es über jeden einzelnen Abschnitt der Karpaten einen Wanderführer oder entsprechende Karten. Ihrer habhaft zu werden, dürfte das eigentliche Problem sein. Am größten sind die Chancen, sie in den Gebirgshütten vorzufinden. Aber darauf sollten Sie sich nicht verlassen. Eine weitere Möglichkeit besteht darin, sich an das Rumänische Touristenamt zu wenden. Die Qualität der Karten läßt oft zu wünschen übrig. Aber mit ein wenig Erfahrung und etwas Phantasie werden Sie schon ganz gut zurechtkommen.

Gute Informationen bietet die Reihe "**Muntii Nostri**", was soviel wie "Unsere Berge" heißt. In jedem Buch wird ein anderes Gebirge vorgestellt. Auch eine Karte gehört zu der entsprechenden Ausgabe dazu. Ihr einziger Nachteil: Die Bücher erscheinen nur auf rumänisch.

"**Komm Mit**" nennt sich ein beliebter Wanderführer in deutscher Sprache. Er enthält wichtige Informationen und ist wegen seiner Beliebtheit entsprechend schnell vergriffen. In den letzten Jahren ist leider auch keine Neuauflage mehr erschienen.

Kleines Wörterbuch für die Berge

Cabana	Berghütte
Creastă	Kamm
Curmătură	Sattel
Drum	Weg
Izvor	Quelle
Lac	See
Piatră	Stein
Pîrîu	Bach
Peşteră	Höhle
Poiană	Wiese
Refugiu	Notunterkunft
Rîu	Fluß
Şa	Sattel
Telecabină	Seilbahn
Vale	Tal
Vîrf	Gipfel

Ostkarpaten

Rodna-Gebirge

Das im Norden des Landes gelegene Massiv ist der höchste Abschnitt der **Ostkarpaten**. Der 50 km lange und bis 10 km breite Kamm fällt gegen Norden steil ab, während die Südseite allmählich abflacht. Der **Pietroşul** (2.303 m) und der **Ineu** (2.279 m) sind die höchsten Gipfel in den Ostkarpaten. Wegen der fehlenden Hütten sowie seiner abgelegenen Lage wird das Rodna-Gebirge relativ selten begangen. Sie sollten also nie ohne Zelt aufbrechen. Ausgangspunkte für Touren sind die Orte **Borşa**, **Sîngeorz Bai** und **Năsăud**.

Tour: Borşa - Pusdrele-Hütte

Dauer: 2 Tage.
Markierung: blaues und rotes Band, blaues Dreieck.

Kurz nach **Borşa** (675 m) steiler Anstieg zur Wetterstation (1.830 m); die Markierung ist ein blaues Band. Am **Iezerul Pietroşul** vorbei gelangen Sie zum Nordhang des **Pietroşul** (2.303 m). Hier führt eine Abzweigung auf den Gipfel. Da er etwas abseits vom Hauptkamm liegt, haben Sie eine wunderschöne Sicht auf das Tal und die anderen Berge.

Wieder auf dem alten Weg, wird ein schmaler Grat in südlicher Richtung, vorbei am Gipfel Repra und dem Iezerul Buhăiescu, bis auf den **Gropilor-Sattel** überschritten. Von hier aus ist ein Abstecher zum **Buhăiescu-Gipfel** (2.122 m) auf einem mit einem roten Band gekennzeichneten Pfad möglich. Im Kessel des Gipfels steht eine kleine **Sennhütte**, in deren Nähe Sie Ihr Zelt aufschlagen sollten.

Am nächsten Morgen geht es wieder zurück zum **Kamm**, auf dem der Weg auch fortgesetzt wird. Der mit einem roten Band markierte Weg bietet eine herrliche Aussicht auf das gesamte Gebirge. Sie müssen häufig steile Passagen bewältigen. Von der **Curmătura Galaţului** (1.890 m) führt ein mit blauem Dreieck markierter Pfad zur 1.540 m hoch gelegenen **Pusdrele-Hütte**. Hier gibt es nur Pritschen zum Übernachten. Von der Hütte gelangen Sie in etwa drei bis vier Stunden wieder nach Borşa (blaues Dreieck). Besonders reizvoll ist die Begehung des ganzen Kammes vom **Rotunda-Paß** bis zum **Şetrefu-Paß**, was ca. fünf Tage dauert.

Die besten Zeltplätze sind: **Lala-See**, **Gărgălău-Sattel**, **Intre Izoare** und **Bătrîna**.

Călimani-Gebirge

Auch dieses Gebirge wird relativ selten von Touristen begangen. Es nimmt eine Fläche von über 1.500 km² ein. Weniger spektakuläre Steilhänge als vielmehr die eigenartigsten Felsgebilde machen eines der größten vulkanischen Gebiete Rumäniens interessant. Der erloschene Hauptkrater von über 10 km Durchmesser wird von 2.000 m hohen Rändern eingesäumt. Im Umkreis finden sich auch noch ein paar kleinere **Krater**. Der Hauptkrater wird im Nordosten vom Neagra Şarului-Fluß durchbrochen. Das ganze Areal wirkt wie ein riesiges Hufeisen.

Die markantesten **Felsformationen** sind: "Die Zwölf Apostel", der "Drachen" und das "Hîrla-Tor".

Es gibt im Călimani-Gebirge auch zahlreiche **Höhlen**, in denen durch das Einwirken des Wassers auf eisenoxidhaltiges Gestein rote Tropfsteine entstehen.

Hirsche, Bären, Luchse und viele andere **Tiere** kommen im ganzen Gebirge in reichlicher Zahl vor. **Berghütten** fehlen gänzlich. In der Nähe des **Negoiu Unguresc-Gipfels** steht eine Notunterkunft.

In der Umgebung des Kammes gibt es kein Wasser!

Ausgangspunkte für Wanderungen sind die Orte **Vatra Dornei** und **Toplița**.

Tour: Vatra Dornei - Gura Haitii - Vatra Dornei

Dauer: 8 Std.
Markierung: rotes Dreieck.
Aufstieg bis zum Kraterrand. Kurz danach erreichen Sie die Felsgruppe der **Zwölf Apostel**. Schöner Ausblick auf die Nordseite des Călimani-Gebirges. Auf dem Ausläufer **Piciorul Hîrlei** geht es an einem Felstor wieder bergab zur Gura Haitii und dann weiter nach Vatra Dornei.

Tour: Neagra Şarului - Gura Haitii

Dauer: 2 Tage.
Markierung: roter Punkt.
Dieses ist eine Tour über den Rand des gesamten Kraters. Der Weg ist nicht zu verfehlen. Es geht über alpine Matten und durch Latschenwälder. Auch die seltene Zirbelkiefer ist hier zu finden.

Der **Pietroşul**, der mit 2.100 m der höchste Berg des Călimani-Gebirges ist, kann auf einem kleinen Umweg gleich mit erklommen werden (Abzweigung rotes Kreuz). Beim **Refugiul Negoiu** sollte die erste Etappe beendet werden.

Am nächsten Tag gehen Sie über die **Gipfel Reţiţis** (2.021 m) und **Călimanul Cerbului** (2.015 m) hinab nach Gura Haitii am Rande der Stadt Vatra Dornei.

Nicht vergessen: Immer einen Wasservorrat mitnehmen!

Ceahlău-Massiv und Bicaz-Klamm

"Olymp der Moldau" wird der 1.900 m hohe Ceahlău genannt. Es ist wahrscheinlich, daß der Berg zur Zeit der Daker eine Art Kultstätte war, die dem Gott Zamolxes geweiht war. Am Fuße des Massivs liegt der **Bicazer Stausee**, ein Paradies für Angler und Wassersportler.

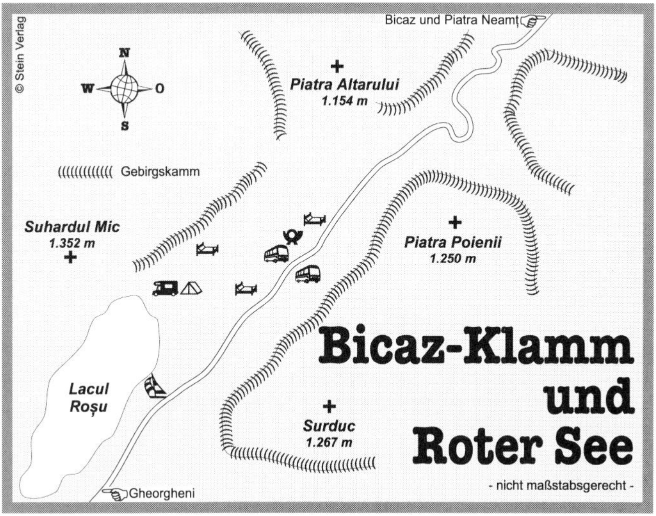

Es gibt überall Hütten und auch Zeltplätze. Sie können von hier aus schöne Tagestouren unternehmen. Wegen der geringen Ausdehnung des Ceahlău-Massivs lohnen mehrtägige Wanderungen nur in benachbarte Gebirgszüge.

Folgen Sie dem **Bicaz-Fluß** nach Verlassen der Staustufe auf der Straße DN 12 C in Richtung Gheorgheni, wird nach wenigen Kilometern die **Bicaz-Klamm** erreicht. Sie ist 300 m tief und rund 10 km lang. Die steilen, mehrere hundert Meter hohen Felswände sind neben denen der Bucegi-Gruppe die schwierigsten Kletterpartien der Karpaten.

Tour: Bicaz - Dochia-Hütte

Dauer: 6 Std.

Markierung: rotes Band.

Von Bicaz bis zur **Cabana Izvoru Muntelui** (797 m) können Sie mit dem Auto fahren. Dann geht es steil bergauf durch den Wald bis zur **Poiana Maicilor** (1.326 m). Nach einiger Zeit wird der Wald verlassen und das Gebiet alpiner Matten erreicht.

Das **Ocolaşu-Plateau** wird überschritten, und man ist wenig später an der **Cabana Dochia**. Die Hütte ist der Mittelpunkt zahlreicher, sich kreuzender Wanderwege. In der unmittelbaren Nähe der Cabana steht der sagenumwobene **Dochia-Felsen**. Dieser riesige Brocken soll angeblich eine von den Dakern geschaffene Kultfigur sein.

Kletteranstiege in der Bicaz-Klamm

Suhardul Mic - Südwand

Elf mittelschwierige Wege (Schwierigkeitsgrad II bis IV). Ausgangspunkt ist der **Lacul Roşu**, ein durch einen Erdrutsch entstandener See, aus dem noch heute einzelne Baumstümpfe herausragen. Hier steht auch die **Cabana Suhard**, von der ein mit einem blauen Dreieck gekennzeichneter Pfad zur Südwand führt.

Piatra Altarului - Turnul Bardosului

Vier Anstiege auf den 300 m hohen Fels, der das ganze Gebiet beherrscht (Schwierigkeitsgrad IV). Ausgangspunkt ist die **Cheile Bicazului-Hütte**. Darüber hinaus gibt es neben bereits begangenen Wegen auch noch viel Neuland zu entdecken.

Hăşmaş-Gebirge

Unmittelbar nach der Bicaz-Klamm und dem Lacul Roşu schließt sich dieses von Schluchten und Karstabschnitten geprägte Massiv an. Hier entspringen der **Olt** und der **Mureş**. Der Hauptkamm ist etwa 35 km lang und wird auf seiner gesamten Länge immer wieder von einzelnen kantigen Felsen durchbrochen. Die meisten Gipfel liegen ca. 1.600 m hoch, wobei der **Hăşmaşul Mare** mit seinen 1.793 m der höchste ist. Die Felsabschnitte werden von riesigen Wäldern umschlossen, in denen eine große Anzahl verschiedenster Tiere lebt.

Die **Hütten** und **Hotels am Lacul Roşu** können als Ausgangspunkte für **Wanderungen** ins Hăşmaş-Gebirge dienen. Im Massiv gibt es nur eine Hütte, die aber schon fast am südlichen Ende in der Nähe des Ortes Balan liegt. Nebenbei bemerkt: Das Hăşmaş-Gebirge ist Rumäniens kältestes Gebiet.

Tour: Cabana Piatra Singuratică - Kurort Lacu Roşu

Dauer: 5 Std.

Markierung: rotes und blaues Band.

An der Cabana Piatra Singuratică (1.430 m) vorbei gelangen Sie durch einen Wald zum **Curmătura-Sattel** (1.470 m). Als Markierung dient ein

Wandern im Bucegi-Gebirge (Südkarpaten)

Die Omul-Hütte im Bucegi-Gebirge

rotes Band. Von hier beginnt der sich lang hinziehende Aufstieg zum **Hăşmaşul Mare-Gipfel** (1.793 m). Die etwas abseits liegende Bergspitze wird wieder verlassen und Sie folgen dem Kamm weiter bis zur **Poiana Albă**. Hier stehen zahlreiche Sennhütten (Vorsicht Hunde!).

Auf einem mit einem blauen Band markierten Pfad geht es jetzt immer weiter ins Tal, bis Sie zu einem **Forstweg** gelangen. Bald ist die kleine **Raststätte "Pîrîul Oil"** zu sehen. Nach einer kleinen Pause geht es nun weiter immer den Forstweg entlang bis zu Ihrem Ziel, dem Ort **Lacu Roşu**.

Harghita-Gebirge

Das maximal 1.800 m hohe, bis in die höchsten Regionen bewaldete Gebirge lädt zu bequemen Wanderungen durch die unüberschaubaren Wälder der Ostkarpaten ein. Das Harghita-Gebirge ist das bärenreichste Gebiet Rumäniens. Hier soll es fast 1.000 Exemplare geben. Auch Wölfe, Luchse und die mächtigen Karpatenhirsche sind in großer Anzahl vertreten.

Als Ausgangspunkt für Wanderungen dient die am Fuße des Gebirges gelegene Kleinstadt **Miercurea Ciuc**.

Tour: Miercurea Ciuc - Cabana Harghita Mădăraş

Dauer: 10 Std.

Markierung: blaues Band.

Von der Stadt immer die Straße DN 13 A entlang bis zur **Cabana Brădet**. Ein Bus verkehrt ebenfalls auf dieser Strecke. Auf einem Paßweg geht es von der Hütte dann weiter bis zur **Cabana Harghita**. Der Weg ist nicht zu verfehlen. Hier können Sie übernachten, oder Sie gehen gleich in einem steilen Anstieg weiter bis zum Kamm am **Harghita Ciceu** (1.720 m).

Der Berg selbst wird nicht bestiegen, sondern auf seinem Westhang umgangen.

Dann geht es wieder durch einen Wald bis zum 1.709 m hohen Gipfel **Colţul Teşit**. Die Bergwiese bietet eine wunderbare Aussicht auf die umliegenden Berge und Täler. Wir marschieren weiter bis zur **Racu-Spitze**, die aber südlich umgangen wird.

Durch schöne Wälder und Lichtungen setzen wir unseren Weg zur **Harghita Mădăraş-Hütte** (1.623 m) fort.

Zum Gedenken an die Dezemberrevolution 1989 (Bratocea-Paß) ☞

"FERICITI FACATORII DE
PACE CĂ ACEIA FIII LUI
D-ZEU SE VOR CHEMA"
RIDICAT ÎN
MEMORIA EROILOR
REVOLUTIEI PENTRU LIBERTATE
DIN DECEV 1989
RID DE GAVRILĂ I NICOLAE DIN
COM MAGURELE JUD PRAHOVA
NICOLAE GH

Ciucaş-Gebirge

Das Ciucaş-Gebirge überragt mit seinen bis 1.954 m hohen Gipfeln das ganze Gebiet des Karpatenbogens. Es bedeckt zwar nur eine Fläche von 200 km², übt aber durch seinen ungeheuren Formenreichtum an einzelnen Felsgruppen einen großen Reiz auf Bergwanderer aus. Ungewöhnliche **Felsskulpturen** begegnen einem auf Schritt und Tritt. Die auffälligsten sind: **Babele la Sfat** (Altweiberrat), **Turnu lui Goliat** (Goliathturm) und **Mîna Dracului** (Teufelshand).

Das Gebirge läßt sich in zwei Teile aufgliedern: zum einen in den schmalen, schartigen **Zăganu-Kamm** und zum anderen in den Abschnitt des **Bratocea-Kammes**, in dessen Nähe sich auch die zahlreichen Skulpturen sowie der **Ciucaş-Gipfel** (1.954 m) befinden.

Vom Feriendorf Cheia führt eine asphaltierte Straße bis zur **Cabana Muntele Roşu** (1.260 m). Sie ist durchgehend geöffnet, während die 1.550 m hohe **Ciucaş-Hütte** nur während des Sommers bewirtschaftet wird.

Winterräume wie in den Alpen gibt es in Rumänien nicht, da 95% aller Hütten als Wohnung der Hüttenwirte dienen und somit immer offen sind.

Tour: Cabana Muntele Roşu - Cheia

Dauer: 5 Std.

Markierung: rotes Dreieck, rotes Kreuz.

Sehr steiler Aufstieg auf den **Gropşoarele-Sattel** (rotes Dreieck). Folgen Sie dann dem roten Kreuz. Die alpinen Matten, die den Anfang der Strecke bestimmen, gehen langsam in immer schmaler werdende Felsabschnitte über.

Der **Gropşoare-Gipfel** und die Stelle "**La Lanturi**" sind die schwierigsten Strecken. Am letztgenannten Teilstück ist eine Seilsicherung angebracht. Ein einigermaßen geübter Bergwanderer dürfte hier aber kaum Schwierigkeiten haben.

Wenn die **Zăganu-Spitze** (1.817 m) überschritten ist, wird der Weg wieder bequemer. Etwas später geht es auf dem mit einem roten Kreuz markierten Weg durch einen Wald hinab bis zum **Cheia-Kloster** in der unmittelbaren Umgebung des Dorfes.

Das Piatra Craiului-Massiv (Südkarpaten)

Die Turdaer Schlucht im Westgebirge

Südkarpaten

Bucegi-Gebirge

Wie eine gewaltige Burg aus Stein erhebt sich das Bucegi-Gebirge vom Prahova-Tal gesehen. Scheinbar unbezwingbar wirken die bis 1.500 m hohen Wände auf den Beschauer. Ist man erst einmal oben angelangt, was problemlos möglich ist, erwartet einen eine flache Ebene, die von jedem Kind durchwandert werden kann.

Das Areal des Bucegi-Gebirges ist etwa 300 km² groß. An den östlichen Steilwänden gedeihen über 1.000 verschiedene **Pflanzen**, die unter Naturschutz gestellt wurden. Gemsen, Hirsche und Bären kommen wie überall in den Karpaten auch hier vor. Das Bucegi ist das alpinistische Zentrum sowie eines der bedeutendsten **Wintersportzentren** des Landes.

Die Hauptstadt ☞ **Bukarest** liegt 120 km entfernt. Mehrere Züge verbinden die Hausberge mit der Stadt. Es gibt zahlreiche Hotels, Villen und Campingplätze.

Die wichtigsten und schönsten Orte im Tal sind: **Sinaia**, auch "Perle der Karpaten" genannt, **Poiana Țapului**, **Bușteni**, **Azuga** und **Predeal**. Von den Orten Sinaia und Bușteni aus können Sie per Seilbahn auf das Plateau gelangen.

In der Umgebung der Seilbahnstationen sowie der leicht erreichbaren Hütten herrscht vor allem am Wochenende großer Andrang. Das Bucegi-Gebirge ist vollkommen überlaufen und an vielen Stellen recht verschmutzt. Die **westlichen Abschnitte**, die zum Bran-Paß hin abfallen, sind wieder ruhig, denn sie sind vom Touristenrummel weitgehend verschont geblieben. Bei der Hütte Babele stehen die **Felsgruppen Babele** und **Sfinx**. Leider mußten die eigenartigen Gebilde umzäunt werden, um sie vor Trophäenjägern zu schützen.

Von der Seilbahnstation führt eine weitere Seilbahn zur **Cabana Peștera** auf der Westseite des Gebirges. Die **Höhle Ialomița** lohnt auf jeden Fall einen Besuch.

Die **Ostwände** sind ein Eldorado für Kletterer. Es sind insgesamt 300 Pfade der unterschiedlichsten Schwierigkeitsstufen bekannt, so daß hier für jeden Geschmack etwas dabei sein sollte.

Bei unserer Rundreise durch die rumänischen Karpaten stellt der **Omul** (2.505 m) den ersten Zweitausendfünfhunderter dar. Er ist auf einer bequemen Wanderroute zu erreichen. Auf seinem Gipfel steht eine Hütte. Von hier haben Sie einen schönen Ausblick auf die umliegenden Gebirgszüge.

Tour: Buşteni - Caraiman-Kreuz

Dauer: 6 Std.
Markierung: blaues Dreieck, blauer Punkt, roter Punkt, gelbes Band.
Die Talstation der Seilbahn soll als Ausgangspunkt dieser Tour dienen. Dann geht es auf einem steilen Pfad immer dem blauen Dreieck nach. Am Anfang durch **Wald** wandernd, kommen Sie nach einem anstrengenden Marsch bald wieder heraus. Jetzt folgt ein etwas schwieriger Weg, der über in den Fels gehauene Stufen führt. Nach kurzer Zeit erreichen Sie ein **Plateau**, auf dem ein altes Haus der Seilbahnarbeiter steht. Von hier blicken Sie auf Buşteni und die umliegenden Berge. Eine phantastische Aussicht!

Durch einen unter Naturschutz stehenden **Latschenwald** geht es bis zur **Kreuzung Babele** (gelbes Band) zur **Caraiman-Hütte** (blauer

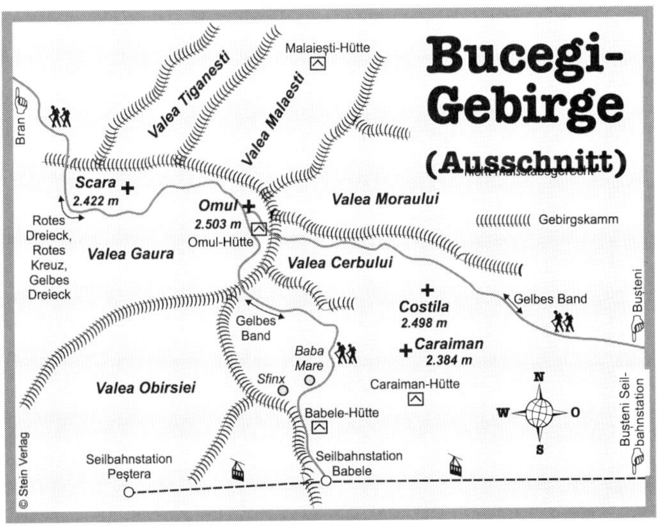

Punkt), bei der man eine kleine Rast machen kann. Nun folgen wir dem roten Punkt vorbei an gewaltigen Abhängen, bis wir uns endlich auf dem **Plateau des Caraiman** befinden. An dieser Stelle, am Fuße des 2.384 m hohen Caraiman-Gipfels, steht das 25 m hohe Heldenkreuz, das zu Ehren der Opfer des Ersten Weltkrieges errichtet wurde. Von hier oben bietet sich einer der schönsten Ausblicke der Karpaten. Das gegenüberliegende Gîrbova-Gebirge wirkt mit seinen 1.900 m Höhe fast zwergenhaft.

Nachdem Sie die herrliche Aussicht genossen haben, steigen Sie entweder wieder nach **Buşteni** ab, oder es wird die ca. 1 Std. Fußmarsch entfernte Seilbahnstation "Babele" angesteuert, von der Sie bequem wieder ins Tal kommen.

Tour: Bran - Gipfel Omul - Bran

Dauer: 14 Std.
Markierung: gelbes Dreieck, rotes Band.
Als Stützpunkt kann die **Cabana Bran** dienen. Einen Tag können Sie zur ausgiebigen Besichtigung der **Festung Bran** nutzen. Frühmorgens am nächsten Tag brechen wir dann in Richtung des Ortsteils **Poarta** auf. Es geht bis zum Ortsausgang, wo die Forststraße beginnt. Kurz danach, am Waldrand, erkennen wir die gelbe Markierung, die uns bis zum Gipfel begleitet.

An einer kleinen Hütte (Salvamontstützpunkt) vorbei geht es in einer schweißtreibenden Steigung bis auf eine **Almwiese** hinauf. Etwas später stehen wir vor einer Felswand, an der ein Weiterkommen nicht möglich scheint. Aber das gelbe Kreuz zeigt uns den Weg.

Den Kamm **Podul Spintecăturilor** überschreitend, stehen wir bald auf dem **Scara-Gipfel** (2.422 m). Hier befand sich eine **Notunterkunft** des rumänischen Bergrettungsdienstes, leider ist sie durch Witterungseinflüsse völlig zerstört. Jetzt geht es gemütlich in leichtem Auf und Ab bis zum höchsten Gipfel des Bucegi-Gebirges, den 2.505 m hohen **Omul**. Der Gipfel selbst ist wenig spektakulär, so daß der Abstieg nach kurzer Rast begonnen wird. Es geht anfangs den gleichen Weg zurück, bis zum Wegweiser "Gaura".

Durch wildes Terrain führt der Weg bis zur **Alm Gaura**. An der Wegkreuzung folgen wir dem Schild nach **Poarta**. Später gelangen wir wieder auf die am Anfang der Wanderung benutzte Forststraße bei Poarta. Die Tour ist sehr anstrengend und sollte nur von erfahrenen Bergwanderern durchgeführt werden.

Klettertouren

Die römischen Zahlen stellen den Schwierigkeitsgrad dar.

Caraiman-Südflanke: Colțul Berbecului ("Widderturm") (V); Fisura Berbecului (V); Fisura de la Scări (IV) und Peretele Brînei Mari, drei Anstiege (III-IV). Die Cabana Caraiman ist Ausgangspunkt für die Touren.

Coştila (2.498 m): Interessantester Kletterberg Rumäniens.

Valea Alba: Sie ist die höchste Wand der Karpaten, über 400 m hoch, und bietet zahlreiche schöne Wege: Fisura Pintenului (V); Fisura Verde

Topfbaum einer Berghütte in der Maramureş (Transsilvanien)

(V); Fisura Centrala (IV); Traseul Sperantei (VI); Traseul Memorial (VI) und Diedrul Pupezei (VI).

Gălbenele-Wand: Cele Trei Surplombă (V); Marea Surplombă (IV) und Marele Tavan (V).

Wintersport

Buşteni, **Predeal** und **Sinaia** sind die bedeutendsten Wintersportorte des Bucegi-Gebirges. Sessellifte, Skischulen und entsprechende Pisten findet man hier. Der Komfort wird einem alpenverwöhnten "Pistenhai" jedoch nicht genügen. Trotzdem sollen die wichtigsten **Abfahrtspisten** kurz genannt werden:

	Länge	Höhenunterschied
Sinaia		
Carp	2.500 m	585 m
Turistica	2.800 m	450 m
Vîrfu cu Dor	500 m	132 m
Buşteni		
Avîntul	1.600 m	600 m
Cabana Omul	1.500 m	650 m
Cerbului-Tal	3.000 m	650 m
Predeal		
Clăbucet	2.400 m	400 m
Subteleferic	1.200 m	350 m
Clăbucet-Plecare	200 m	50 m

Der Schwierigkeitsgrad reicht von leicht bis sehr schwierig.

Postăvaru-Massiv

Rumäniens bekanntester und bedeutendster Wintersportort ist um die jäh aus der Bîrsa-Senke aufstrebende Felsbastion des Postăvaru-Massivs angelegt worden.

Poiana Braşov, auch Schulerau genannt, liegt 1.020 m hoch und ist ein Zentrum sportlicher Betätigung. Die Fläche des gesamten Wintersportgebietes beträgt 175 km^2.

Das bis 1.800 m hohe Massiv ist aber auch bestens zum Wandern und Klettern geeignet. Nur 13 km von **Braşov** entfernt, können Sie es von der Stadt aus durch schöne Wälder bequem zu Fuß erreichen. Aber auch auf den zahlreichen asphaltierten Straßen gelangen Sie schnell nach Poiana Braşov.

Trotz der relativ hohen Anzahl an Touristen scheint der **Tierreichtum** der umliegenden Wälder kaum beeinträchtigt worden zu sein. Ein Phänomen, das dem Touristen in Rumänien immer wieder begegnet.

Die zahlreichen **Hotels** bieten eine komfortable Unterkunft. Es ist aber dringend zu empfehlen, sich rechtzeitig nach freien Kapazitäten zu erkundigen, da die Hotels oft restlos ausgebucht sind. Am besten buchen Sie gleich beim Rumänischen Touristenamt in Deutschland.

Tour: Braşov - Cabana Postăvaru

Dauer: 6 Std.
Markierung: blaues Band.
Ob auf Schusters Rappen die **Tîmpa** erklommen oder die Seilbahn genommen wird, bleibt jedem selbst überlassen. Der Aussichtsberg **Braşovs** soll Ausgangspunkt unserer Wanderung ins **Postăvaru-Massiv** sein. Ist der Gipfel der Tîmpa erreicht, geht es weiter durch einen Wald am Berg vorbei.

Bald wird der Gipfel **Crucurul Mare** (1.435 m) überquert und eine Notunterkunft des Salvamont passiert.

Der Weg führt unter Seilbahntrossen weiter bis zur **Cabana Postăvaru**. Die Übernachtung in der Hütte ist billiger als in den Hotels und außerdem weitaus gemütlicher. Sollte sie aber belegt sein, finden Sie auf jeden Fall einen schönen **Zeltplatz** in der Nähe.

Von hier aus lassen sich Wanderungen unternehmen oder die Hütte wird als Ausgangspunkt für Kletterpartien oder Wintersportaktivitäten genutzt. Zahlreiche Abfahrtspisten und Langlaufstrecken laden dazu ein.

Wintersport

Die Hochburg des rumänischen Wintersports, das Postăvaru-Massiv, hält für jeden das entsprechende Angebot bereit. Langlauf, Abfahrtslauf und Schlittschuhfahren sind die wichtigsten Sportarten, die man hier ausüben kann. Entsprechende Anlagen sind in großer Anzahl vorhanden. Den Hauptanteil machen dabei die Abfahrtspisten aus.

Zahlreiche Seilbahnen und Sessellifte ersparen den mühevollen Anstieg.

Abfahrtspisten sind:

	Länge	Höhenunterschied
Lupului	2.800 m	780 m
Sulinar	2.440 m	650 m
Drumul Roşu	3.800 m	540 m
Subteleferic	1.000 m	280 m
Ruia	550 m	200 m

Außerdem gibt es drei Langlaufstrecken von 1 bis 5 km Länge. Eine Rodelbahn befindet sich in der Nähe des Restaurants "Capra Neagră". In allen großen Hotels kann die entsprechende Ausrüstung ausgeliehen werden.

Wer das Skilaufen bisher noch nicht beherrscht, sollte einen Kurs in der **Skischule** besuchen. Ein Kindergarten, in dem die Kleinen Skiunterricht bekommen, ist ebenfalls vor Ort.

Preise: Leihgebühr von Skiern und Skischuhen etwa DM 50 pro Woche, Seilbahn DM 30 pro Tag, Schlepplifte DM 5 pro Tag.

☺ Versuchen Sie immer, in Lei zu bezahlen; das wird für Sie weitaus billiger.

Piatra Craiului-Massiv

Wunderschön sieht das aus Kalkstein bestehende Massiv aus, das mit dunkelgrünen Wäldern bewachsen ist. Es wirkt wie eine riesige schmale Wand. Tatsächlich ist der 20 km lange und bis 2.238 m hohe Kamm selten über einen Meter breit. Am Fuße der gigantischen Abhänge stehend, wird man sich seiner eigenen Winzigkeit so richtig bewußt. Dieses Massiv ist für mich eines der schönsten der Karpaten.

Die im Tal des Bîrsa-Flusses gelegene **Cabana Plaiu Foii** ist der wichtigste Ausgangspunkt für Touren ins Piatra Craiului-Massiv und den umliegenden Gebirgszügen. Am eindrucksvollsten ist eine **Kammüberschreitung**.

Oben angekommen, breitet sich unterhalb des Standortes des Wanderers eine wundervolle Landschaft aus. Sie sollten aber schwindelfrei sein, da Sie sich oft am Rand der mehrere hundert Meter hohen Wände bewegen.

Vor allem die **Westwand** ist ein wahres Bergsteigerparadies. Hier gibt es Routen der unterschiedlichsten Schwierigkeitsstufen. Aber auch noch unbekannte Aufstiege laden zu einer Kletterpartie ein. Übrigens wird das Piatra Craiului-Massiv von den Deutschen "Königstein" genannt.

Tour: Cabana Plaiu Foii - Refugiu Grind

Dauer: 7 Std.

Markierung: rotes Kreuz.

Von der Cabana Plaiu Foii geht es anfangs auf einer Forststraße und später auf einem Pfad durch das **Bîrsa Tamasului-Tal** bis zum **Refugiu Şpirla** (1.400 m). Dann beginnt ein steiler Anstieg hinauf in felsige Regionen. Der Abschnitt "La Lanţuri" ist durch Stahlseile gesichert. Oben auf dem **Grind-Sattel** angekommen, haben Sie einen herrlichen Blick auf das Bucegi-, Iezer Păpuşa- und Făgăraş-Gebirge. Nun geht es in einem äußerst steilen Abstieg bis zum **Refugiu Grind** (1.620 m).

Liegen Sie gut in der Zeit, ist noch eine Besteigung des höchsten Gipfels, **La Om** (2.238 m), vom Grind-Sattel aus möglich. Man rechnet etwa 15 Min. für die "Besteigung" des Gipfels.

Typische Motzenhäuser im Trascău-Gebirge

Făgăraş-Gebirge

"**Transsilvanische Alpen**" wurde das mächtigste Gebirge Rumäniens vom französischen Gelehrten de Martonne ehrfurchtsvoll genannt. Tatsächlich erinnern die schroffen Gipfel an die Alpen. Der schmale, schartige **Hauptkamm** hat eine Länge von rund 80 km.

Es gibt über 30 Nordausläufer, die bis zu 10 km lang sind und steil abfallen. Die Südausläufer dagegen sind bis zu 50 km lange, flach auslaufende Bergrücken. Insgesamt umfaßt das Făgăraş-Gebirge eine Fläche von etwa 4.000 km^2.

Hier sind die höchsten Gipfel der Karpaten zu finden. Von den insgesamt zehn Zweitausendfünfhundertern der Karpaten stehen allein sechs hier (**Dara** 2.500 m, **Viştea Mare** 2.527 m, **Lespezi Călţun** 2.522 m, **Negoiu** 2.535 m, **Vînatoarea lui Buteanu** 2.507 m und **Moldoveanu** 2.544 m). Rund 100 Gipfel sind über 2.200 m hoch.

Zwischen dem 20 km parallel zum Kamm fließenden Olt und dem Gebirge erstreckt sich eine flache **Ebene**, aus der, ohne daß Vorberge vorhanden wären, urplötzlich die Felsbastion des Făgăraş emporstrebt.

Der mittlere Abschnitt ist der spektakulärste des Kammes. Steil abfallende Wände und markante **Felsformationen** prägen das Bild. Das **Custura Săcăţii** (Kirchendach), das **Fereastra Mare** (Großes Fenster), der **Strunga Doamnei** (Frauenkamin) und der **Strunga Dracului** (Teufelskamin) sind einige der wichtigen Abschnitte des Făgăraş-Gebirges.

Am schönsten ist die **Überschreitung des ganzen Kammes**. Sie müssen mit vier bis fünf Tagen Marsch rechnen. Bergerfahrung sowie die entsprechende Ausrüstung sind ein unbedingtes Muß. Zu viele Tote haben die Făgăraşer Berge schon gefordert. Mangelnde Erfahrung und Überschätzung der Kräfte dürften die Hauptursachen der **Unglücksfälle** sein. Wieviele Menschen umkamen, ist mir nicht bekannt; zahlreiche Kreuze in der Nähe des Kammes zeigen aber, daß die Zahl der Unfälle recht hoch ist. Ich weiß von einem Unglück in den siebziger Jahren, bei dem 23 Menschen, darunter 19 Kinder, durch eine Lawine zu Tode kamen.

Im Gebirge gibt es 14 **Hütten**, die aber alle unterhalb der Kammlinie stehen und somit einen oft mehrere hundert Höhenmeter kostenden Abstieg erfordern. Es ist besser, Sie haben ein Zelt dabei und suchen die Hütten nur bei schlechtem Wetter und in Notfällen auf. Die Cabanas sind das ganze Jahr über bewirtschaftet. Sie sind gut eingerichtet, ohne unnötigen Schnickschnack. Die Berghütten verbreiten noch so etwas wie Romantik, die in den Alpen bereits an vielen Stellen verlorengegangen ist.

Für die Ost-West-Überschreitung dient die **Cabana Plaiu Foii** und für die West-Ost-Überschreitung die **Cabana Suru** als Ausgangspunkt. Durch den Bau der Trănsfăgăraş-Hochstraße ist der Abschnitt **Bîlea-See** leichter zugänglich geworden. Die **Cabana Bîlea** liegt auf einer kleinen Insel im Bîlea Lac und kann als Stützpunkt für Wanderungen zum Negoiu- und Vînatoarea lui Buteanu-Gipfel dienen.

Über das Făgăraş-Gebirge gibt es die meiste **Wanderliteratur** und ausreichend Karten. Das Rumänische Touristenamt in Frankfurt hilft gern weiter. Auch die Berghütten haben oft entsprechendes Material vorrätig.

Kulturhungrige finden am Südhang des Gebirges gleich an der Hochstraße die eigentliche Burg Draculas. "**Poanari**" ist leider nur eine Ruine, zwar sehr romantisch, aber bei schlechtem Wetter echt gruselig.

Tour: Kammwanderung Cabana Suru - Cabana Plaiu Foii

1. Tag: Cabana Suru - Scara-Gipfel

Dauer: 7 Std.

Markierung: rotes Dreieck, blaues Dreieck, rotes Band.

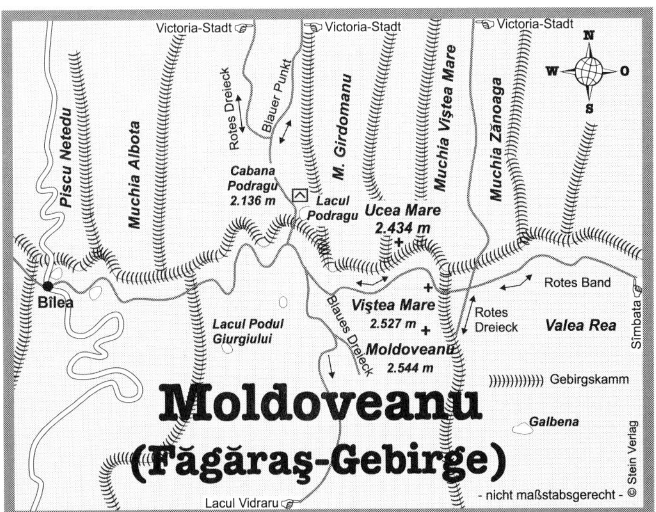

Von der Hütte aus beginnt ein Pfad, der uns bald durch ein Tal und am Denkmal eines berühmten rumänischen Bergführers vorbei bis zu einer Wegkreuzung führt. Wir folgen dem blauen Dreieck bis zum **Apa Cumpănită-Sattel**. In steilen Serpentinen geht es nun aufwärts bis zum **Suru-Sattel**. Jetzt stehen wir auf dem Hauptkamm. Dem roten Band folgend, umgehen wir den Suru-Gipfel auf seiner Südseite bis zum **Budislavu-Sattel**, wo es in stetigem Anstieg auf den 2.371 m hohen Gipfel geht. Sie haben einen herrlichen Ausblick auf die umliegenden Berge.

Leicht abwärts geht es nun bis zum **Şaua Lacului** (See-Sattel). Ein kurzer, steiler Abstieg führt uns zum **Avrig-See** (2.011 m). Der Anblick des wild aussehenden Kessels wird bestimmt von der Ciortea (2.427 m). An einer Wegkreuzung vorbei, die einen Abstieg zur Barcaciu-Hütte ermöglicht, geht es bis zum Westabschnitt des **Gîrbova-Gipfels**. Wir überschreiten den Sattel und gelangen auf der Südseite bis zum **Scara-Gipfel** (2.305 m).

Von hier hat man eine phantastische Aussicht!

Es geht abwärts in Richtung des **Scara-Sattels**. Hier trifft man auf einen Pfad (blaues Kreuz), der einen in zweistündigem Marsch zur **Negoiu-Hütte** führt. Besser ist es aber, sich einen Zeltplatz zu suchen, um den Abstieg zu sparen.

2. Tag: Scara-Gipfel - Şaua Caprei (Gemsen-Sattel)
Dauer: 12 Std.
Markierung: rotes Band.
Es geht weiter, in stetigem Auf und Ab, mehrere Gipfel mit einem schönen Ausblick passierend, bis zum schwierigsten Teil des Făgăraş-Gebirges. Das **Custura Săcăţii** (Kirchendach) ist ein äußerst schmaler Gratabschnitt, durchsetzt mit den eigentümlichsten Felsgebilden. Bei Schnee, Nebel oder nassem Wetter ist eine Überschreitung nicht ratsam. Haben Sie die Strecke hinter sich, wird der Kamm wieder breiter. Einzelne Gipfel werden umgangen, bis Sie schließlich den **Cleopatra-Sattel** erreichen.

Am Wegweiser vorbei führt uns der Pfad auf den **Negoiu** (2.535 m), den zweithöchsten Gipfel der rumänischen Karpaten.

Den Gipfel verlassend, kommen wir an eine Kreuzung, die uns anhand eines gelben Bandes eine Umgehung des **Strunga Dracului** (Teufelskamin) ermöglicht. Geübte Bergwanderer können aber auch weiter der roten Markierung folgen. Durch eine Felsgruppe gelangen wir schließlich in den **Călţun-Sattel**, von dem es nicht mehr weit zum gleichnamigen See ist.

Am **Călţun-See** (2.135 m) steht eine **Notunterkunft**, die im Falle eines Wetterumsturzes sicheren Schutz bietet.

Ein ermüdender Weg führt uns am **Lăiţel-Gipfel** vorüber bis zum Wegweiser, der einen einstündigen Abstieg zur **Cabana Bîlea** anzeigt.

Die wunderschöne Berghütte ist im Sommer 1995 leider bis auf die Grundmauern abgebrannt! Wann ein Neubau erfolgt, hängt vor allem davon ab, wieviel an Spendengeldern zusammenkommt. Wer Spenden möchte oder sonstige Infos sucht, wendet sich bitte an folgende Adresse:

♦ Uwe Steinweg, Osnabrücker Str. 24, 06126 Halle.

Der mit einem blauen Band markierte Pfad führt am Südhang des **Păltinu-Gipfels** vorbei, das **Fereastra Bîlei** (Bîlea-Fenster) durchschreitend bis zum **Şaua Caprei** (Gemsen-Sattel). Der letzte Abschnitt gibt den Blick auf die **Trănsfăgăraş-Hochstraße** frei. Vom Gemsen-Sattel führt ebenfalls ein Pfad zur (abgebrannten) **Cabana Bîlea** (30 Min.).

3.Tag: Şaua Caprei - Fereastra Mare
Dauer: 12 Std.
Markierung: rotes Band.
Vom Şaua Caprei aus folgen Sie dem Weg bis zum **Gemsen-See**, der sich in 2.230 m Höhe befindet. Der Kessel südlich des Arpăşel-Kammes wird durchschritten, bis es wieder steil zur **Portiţa Arpaşului-Scharte** hinaufgeht. Hier steht das eigenartige Naturdenkmal **Fereastra Zmeilor** (Drachenfenster). Der Wegabschnitt bis zu den Abhängen des Arpaşu Mic-Gipfels trägt den Beinamen **La trei paşi de moarte** (Drei Schritte vom Tod). Dieses klingt aber gefährlicher, als der Abschnitt wirklich ist.

Bald wird der Hauptkamm in der Nähe des **Nerlinger Denkmals** wieder erreicht. Auf einem schmalen Grad erklimmen Sie den **Arpaşu Mare** (2.468 m). Vom Gipfel gehen Sie steil abwärts, bis der **Podu Giurgiului-See** vor Ihnen liegt. Gemächlich führt der Pfad bis auf den **Podragu-Sattel** (2.307 m). Von hier gelangen Sie in 30 Min. zur **Cabana Podragu** (rotes Dreieck).

Etwas unterhalb vom Hauptkamm, auf der Südseite, geht es verschiedene Gipfel überschreitend bis zum **Ucea Mare-Gipfel**. Von hier blickt man auf den Moldoveanu, der mit 2.544 m der höchste Berg Rumäniens ist. Der **Viştea Mare-Gipfel** (2.527 m) wird bestiegen, von dem Sie einen Abstecher auf den **Moldoveanu** unternehmen sollten (40 Min.).

Den Viştea Mare-Gipfel verlassend, geht es abwärts zum **Viştea-Sattel** (2.310 m). Ein sechsstündiger Abstieg zur Stadt **Victoria** ist möglich. Wir bleiben aber weiter auf dem Hauptkamm, überschreiten zahlreiche Gipfel und Sättel, um schließlich den **Gălăsescu Mic** zu umgehen.

Am **Fereastra Mică** (Kleines Fenster) können Sie zur **Sîmbăta-Hütte** (1.401 m) absteigen. Wir wollen jedoch zum **Fereastra Mare** (Großes Fenster, 2.188 m), das wir nach Überqueren einiger Ausläufer bald erreichen. Von hier führt ebenfalls ein Weg zur **Cabana Sîmbăta** (1,5 Std.). Hier steigen wir ab oder schlagen unser Zelt in der Nähe des Kammes auf.

4. Tag: Fereastra Mică - Cabana Plaiu Foii
Dauer: 12 bis 14 Std.
Markierung: rotes Band.
Sehr lange Tour, bei der der alpine Bereich des Făgăraş-Gebirges verlassen wird. Man geht immer etwas unterhalb des Kammes, bis dieser einen

Bogen nach Süden einschlägt. Kurz vor dem **Urlea-Gipfel** (2.473 m) zweigt der Hauptweg zur Cabana Urlea (1.533 m) ab. Wir folgen weiter dem mit einem roten Band markierten Pfad am Urlea-Gipfel vorbei, bis der **Urlea-See** zu sehen ist. Hier zweigt gen Süden ein wichtiger Kamm zum **Dara** (2.500 m) ab. In seiner Nähe sind viele romantisch gelegene Bergseen.

Wir überschreiten nun mit Gras bewachsene Berghänge, um nach einem steilen Abstieg in der Nähe des **Gipfels Zîrnei** (2.216 m) die gleichnamige Notunterkunft zu erreichen. Die Wanderung kann hier unterbrochen und am nächsten Tag fortgesetzt werden. Ganz Eifrige halten sich aber nicht lange auf. Curmătura Zîrnei und der Gipfel Ludisoru (2.302 m) sind weitere wichtige Wegabschnitte. Im **Bratila-Sattel** führt ein Weg in das **Iezer Păpuşa-Gebirge**. Wir überschreiten den Kamm in Richtung **Pitrele Popii** (2.229 m) und **Berivoiul Mare** (2.300 m), bei dem sich wiederum eine Notunterkunft befindet.

Der **Buzduganu** (2.176 m) ist der letzte Zweitausender unserer Tour. In weiter Ferne wird das Piatra Craiului-Massiv sichtbar, das wir zum Ziel haben. Am **Comisul** (1.883 m) folgen wir dem roten Kreuz durch den bald beginnenden Wald bis zur Holzfällersiedlung **Rudăriţa**. Von hier aus gehen wir die Forststraße entlang bis zur **Cabana Plaiu Foii** (9 km) am Fuße des Piatra Craiului-Massivs.

Cindrel-Gebirge

Die Hausberge **Sibius** sind leicht mit den Nahverkehrsmitteln der Stadt zu erreichen. Der 35 km lange Kamm hat kaum felsige Abschnitte. Nur in der Umgebung der beiden Gebirgsseen ist ein kleines alpines Terrain zu finden. Der **Cindrel**, der mit 2.244 m alle übrigen Berge überragt, ist ein lohnendes Objekt für Wanderer, die nicht unbedingt in extremes Gebiet vordringen wollen.

Sie sollten aber nicht vergessen, daß **Wetterumstürze** im Gebirge unangenehme Folgen haben können, eine gemütliche Tour kann so schnell zum Alptraum werden.

Am Fuße des **Onceşti-Gipfels** (1.711 m) liegt Rumäniens ältester Wintersportort. **Păltiniş** ist eine ruhige Ansiedlung mit zwei Hotels, die im Baustil Berghütten nachempfunden sind. Weiter laden fünf Cabanas zu gemütlicher Rast ein. Es gibt zwei Abfahrtspisten mittleren Schwierigkeitsgrades, des weiteren zwei Sessellifte und eine Skischule. Umgeben von dichten Tannenwäldern und 2.000 m hohen Gipfeln ist der Ruhe und Besinnlichkeit suchende Tourist hier richtig aufgehoben.

Tour: Wintersportort Păltiniş - Cindrel-Gipfel

Dauer: 6 Std.
Markierung: rotes Band.
Schöne Wanderung über viele der höchsten Gipfel des Cindrel-Gebirges. An einer Sennhütte vorbei wird der **Bătrîna-Gipfel** (1.911 m) umgangen. Kurz darauf befinden Sie sich schon auf dem **Surdu** (1.961 m). Immer weiter den Kamm entlang, folgen bald **Niculeşti** (2.035 m) und **Cînaia** (2.057 m). Beim letzteren führt ein Weg zur Notunterkunft Cînaia. Wir gehen weiter, bis der **See Iezeru Mare** sowie einige andere "Meeraugen" zu sehen sind. Jetzt kommt auch etwas mehr Abwechslung in die Landschaft. In nur wenigen Minuten stehen wir auf dem 2.244 m hohen **Cindrel** und genießen die schöne Aussicht.

Parîng-Gebirge

Das zwischen den Flüssen Jiu und Olt gelegene Felsmassiv wird auch heute noch von nur wenigen Touristen erklommen. Die im Kammbereich völlig fehlenden Hütten mögen ein Grund dafür sein. Davon abgesehen ist das Massiv leicht erreichbar. Ausgangspunkt für Bergfahrten ist in den meisten Fällen die Bergarbeiterstadt **Petroşani**. Hier befindet sich eines der größten Industriezentren des Landes. Sie sollten sich aber nicht durch die äußerst häßlichen, schwarze Wolken ausstoßenden Schlote abschrecken lassen. Schon nach kurzer Zeit verlassen Sie die Stadt und schönste Natur empfängt Sie.

Das Parîng-Gebirge zählt zu den alpinsten Abschnitten der Südkarpaten. Zum höchsten Gipfel, dem **Parîngu Mare** (2.519 m), gesellen sich noch eine ganze Reihe anderer mächtiger Zweitausender. Charakteristisch für das Massiv sind zwei riesige Kessel, die zahlreiche **Gebirgsseen** einschließen. Unterhalb des zentralen Teils gibt es einige Schutzhütten. In der Nähe des Ortes Petroşani ist ein kleiner Sessellift mit dazugehöriger Abfahrtsstrecke vorhanden.

Tour: Petroşani - Cabana Obîrşia Lotrului

Dauer: 14 bis 15 Std.
Markierung: rotes Band.

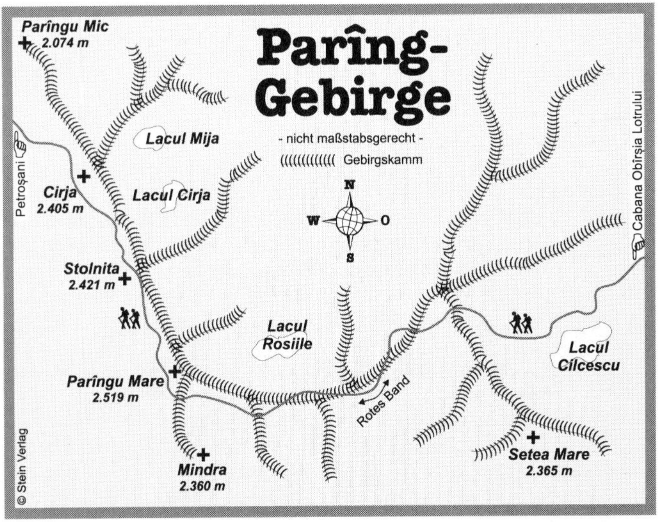

Der Weg führt anfangs über eine Straße bis zur **Cabana Rusu**. Weiter geht es durch ein Waldgebiet, immer in die Richtung der Gipfelstation des Sesselliftes.

Dort beginnt der eigentliche Kamm. Alpine Matten prägen fortan das Bild. Schweißtreibend wird dann der Aufstieg zur **Cîrja-Spitze** (2.405 m). Der über 2.400 m hohe Kammabschnitt führt uns bis auf den höchsten Punkt des Gebirges, den **Parîngu Mare** (2.519 m).

Nach steilem Abstieg gelangen Sie auf den **Gruiu-Sattel**. Es werden zahlreiche, über 2.200 m hohe Gipfel überquert. Im **Piatra Tăiată-Sattel** wird der Hauptkamm verlassen.

Der mit einem roten Kreuz markierte Pfad begleitet uns bis zum **Cîlcescu-See** (1.924 m) und weiter bis zur **Paßstraße Sebeş - Novaci** (DN 67 C). Dort angelangt, folgt man der Straße in einem langen Marsch in Richtung des Tales, wo dann endlich die **Cabana Obîrşia Lotrului** erreicht wird.

☺ Diese sehr anstrengende Wanderung sollte nicht ohne ein **Zelt** im Gepäck unternommen werden. Bei Überanstrengung kann man so die Strecke auf zwei Tage aufteilen. Geeignete Zeltplätze sind überall zu finden.

Retezat-Gebirge

Das Gebirge der 100 Seen ist erst seit den fünfziger Jahren zum Wanderziel interessierter Touristen geworden. Es ist eines der alpinsten Gebirge der gesamten Karpaten. Eine Besonderheit sind die in großer Anzahl vorkommenden **Seen**. Sie liegen häufig in wildromantischen Kesseln, umsäumt von herrlichen Latschenkiefern. In diesem Gebirge befindet sich der größte, der **Lacul Bucura** (8,86 ha), sowie der tiefste Gebirgssee Rumäniens, der **Lacul Zănoaga** (29 m). Wegen der Mannigfaltigkeit der Flora und Fauna wurde das Retezat-Gebiet schon vor Jahren zum **Nationalpark** erklärt. Das Reservat, das einen Teil des Retezat-Gebirges einnimmt, darf nur mit Erlaubnis der verantwortlichen Stellen betreten werden.

Das eigentliche Retezat-Gebirge geht in südlicher Richtung in den **Kleinen Retezat** über, der zum großen Teil aus Kalkstein besteht. Diese Region sowie das sich anschließende Godeanu-Gebirge sind recht menschenleer. Außer ein paar Schäfern begegnet man kaum jemandem, wenn man das Gebiet durchwandert. Rund um das Gebirge gibt es fünf **Hütten**. Sie liegen fast alle in unmittelbarer Nähe des Kammes und können als Ausgangspunkt für die verschiedensten Wanderungen genutzt werden.

Tour: Cabana Pietrele - Cabana Buta

Dauer: 8 Std.

Markierung: blaues Band, rotes Kreuz.

Diese Tour ist die beliebteste im Retezat-Gebirge. Sie führt von Norden nach Süden über den Hauptkamm. Zunächst gelangen Sie in stetigem Anstieg auf den Nordausläufer des Hauptkammes. Dieser wird im **Bucura-Joch** (2.206 m) erreicht. Oben angelangt, sollten Sie etwas verweilen, um den phantastischen Ausblick auf die bezaubernde Hochgebirgslandschaft mit den vielen Seen zu genießen. Ein kurzer, aber steiler Abstieg führt dann zum **Bucura-See** (2.041 m). Es ist lohnenswert, einen Tag lang das Lager am See aufzuschlagen und die Zeit für die Besteigung des sich in der Nähe des Lacul Bucura befindlichen 2.509 m hohen **Peleaga** zu nutzen. Eine Leistung, die von jedem einigermaßen trainierten Bergwanderer erbracht wird. Sie sollten aber immer die Wetterlage im Auge behalten. Bei schlechtem Wetter und starkem Wind ist vom Gipfelsturm abzuraten.

Wen der Gipfel nicht interessiert, sollte sich dort nicht aufhalten. Zügig wird statt dessen der alpine Bereich verlassen. Der Weg führt uns durch **Latschendickicht**, und nach etwa einer Stunde gelangen wir in die Waldzone. Am Ende des Abstieges sehen wir auf einer Wiese, der **Poiana Pelegii**, zahlreiche kleine Hütten vor uns, die aber nur im Sommer zur Verfügung stehen. Weiter unten wird auf abenteuerliche Art und Weise ein Fluß überquert, indem man über einen Baumstamm steigt.

Nach neuerlichem, äußerst schweißtreibendem eineinhalbstündigen Aufstieg wird der **Plaiul Mic** (1.879 m) erklommen. Der Kamm wird überschritten und schon ist die **Cabana Buta** (1.580 m) zu sehen. Der Abstieg lohnt nicht unbedingt, da die Hütte zeitweilig nicht bewirtschaftet wird. Gute Zeltplätze gibt es aber in der Umgebung der Cabana reichlich.

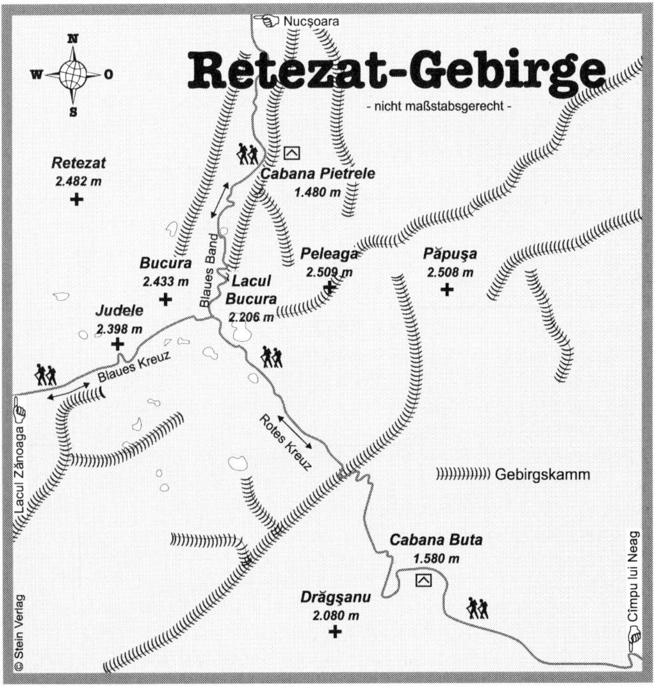

Am nächsten Morgen ist ein Abstieg zum Dorf **Cîmpu lui Neag** möglich (5 Std.). Vom Ort aus verkehren Busse bis zur Bergarbeiterstadt **Petroşani**.

Westkarpaten

Bihor-Vlădeasa-Gebirge

Dieses mitten im Zentrum des sogenannten Siebenbürgischen Erzgebirges gelegene Massiv ist die höchste Erhebung des Gebietes. Die Höhe der Berge ist jedoch für rumänische Verhältnisse mit maximal 1.849 m nicht gerade beeindruckend. Trotzdem findet man hier eine der reizvollsten Landschaften des Landes vor: **Karstgebiete**, **Klammen**, **Dolinen**, **Höhlen** und **Wasserfälle** sind naturgegebene Trümpfe des Gebirges.

Besonders im Karstgebiet von Padiş konzentrieren sich die Naturphänomene. Am bekanntesten dürften die **Eishöhle Scărişoara** sowie die Höhlen **Cetăţile Ponorului** und **Focul fiu** sein. In der Umgebung des Gebirges gibt es vier bewirtschaftete Hütten.

Von der Stadt **Cluj** aus fahren mehrere Busse in die umliegenden Bergdörfer, die als Ausgangspunkt für Wanderungen dienen können.

Tour: Dorf Gîrda de Sus - Cabana Padiş

Dauer: 12 Std.
Markierung: blaues Band, roter Punkt.
Zu Beginn der Wanderung geht es immer den Forstweg entlang, vorbei an imposanten Kalksteinfelsen. Später dann geht er in einen Waldpfad über. Nach ausgiebigem Marsch stehen Sie schließlich auf einer Waldlichtung. Jetzt beginnt das eigentliche Karstgebiet **Scărişoara**. Durch schönste Landschaft gelangen wir dann zur gleichnamigen Berghütte.

Von hier aus lohnt sich auf jeden Fall ein Abstecher zur **Eishöhle Scărişoara** (roter Punkt, 30 Min.).

Nach Besichtigung des eindrucksvollen Naturdenkmals geht es weiter durch Wald, Karst, vorbei an kristallklaren Quellen bis in den **Karst von Padiş**. Von hier sind es nur noch wenige Schritte bis zur **Cabana Padiş**.

Wer Zeit hat, sollte ruhig ein paar Tage verweilen, denn die Gegend ist reich an Naturschönheiten, die einen Besuch auf jeden Fall lohnen.

Trascău-Gebirge

Es ist der wildromantischste Abschnitt der Westkarpaten. Zahlreiche isoliert stehende Kalksteinfelsen und Wände machen den Reiz dieses Gebirges aus. Hier finden Sie zahlreiche Klammen, so auch die berühmte **Rimeț-Klamm** beim **Rimeț-Kloster**. Besonders schön fügen sich die alten Dörfer in die Landschaft ein. Auf den blumenübersäten Wiesen tummeln sich im Sommer Millionen von Schmetterlingen - eine Pracht, die wohl jedem in Erinnerung bleiben wird. Die höchsten Gipfel sind der **Dimbau** (1.369 m), der **Ciresu** (1.239 m) und der **Bedeleu** mit 1.227 m.

Tour: Rimeț-Kloster - Bahnstation Salciua

Dauer: 8 bis 10 Std.
Markierung: blaues Dreieck, blaues Kreuz.
Nach einem Besuch des Rimeț-Klosters, übrigens eines der ältesten und schönsten Anlagen in Transsilvanien, geht es immer die Fahrstraße hinauf. Nach wenigen Minuten steht linker Hand ein Haus. Hier können Sie noch etwas einkaufen. Nach weiteren fünf Minuten sehen Sie rechts die ehemalige **Cabana Rimeț**, die jetzt zum Kloster gehört. Außer dem Namen hat sich aber nicht sehr viel geändert. Wer nur Tagestouren machen will, hat hier vorzügliche Übernachtungsmöglichkeiten.

Alle anderen gehen weiter, bis die Straße aufhört. Jetzt beginnt der **Einstieg in die Klamm**. Zuerst sollten Sie Ihre wertvollen Sachen gut und vor allem wasserdicht einpacken.

Nach etwa 5 Min. finden Sie schon die ersten **Seilsicherungen**. Wem das Hangeln zu schwierig ist, zieht am besten gleich die Schuhe aus und geht durchs Wasser. Kurz nach dem Felsentor kommt die eigentliche Schlüsselstelle. Hier ist es schon etwas tiefer (1,20 bis 1,70 m), und Sie müssen auch noch eine Steinplatte hoch. Die meisten Wanderer gehen hier baden. Die phantastische Landschaft entschädigt aber für alle Mühen. Bald wird die Klamm "zahmer", und am Ende finden Sie das romantische Dörfchen **Cheia**.

Sie laufen den Bach immer weiter, später queren Sie eine Straße, um nach einiger Zeit **Bradești** zu erreichen. Von hier geht es weiter bis **Valea Poienii**. Gehen Sie nun immer weiter den Bachlauf entlang, erreichen Sie eine Brücke, die den **Arieș** überquert, und sind schließlich an der Bahnstation **Salciua**.

Hier fährt die sogenannte **Motzenbahn**, eine Kleinbahn, die durchs wildromantische **Arieș-Tal** führt. Leider verkehrt der Zug nur zweimal am Tag, und zwar in der Früh und am Nachmittag.

Sollten Sie das Bahnerl verpaßt haben, so haben Sie an der Straße gute Trampmöglichkeiten nach Turda oder Cîmpeni.

Zweigen Sie aber nach Valea Poienii links ins Tal ab, erreichen Sie die Höhle **Huda lui Papura**. Da hier immer Rumänen zelten, sollten Sie sich bei einem Höhlenbesuch anschließen.

Bei Regen nicht die Rimeţ-Klamm betreten. Innerhalb von Sekunden kann das Wasser um 1 bis 1,50 m steigen; die Flutwelle reißt zum Teil riesige Baumstämme mit sich.

Sprachführer

Das Rumänische ist leicht erlernbar. Auch die Aussprache bereitet normalerweise keine Schwierigkeiten. Da die Sprache romanischen Ursprungs ist, kann das Beherrschen von Italienisch oder Französisch nur von Vorteil sein. Die Grammatik ist nicht allzu schwer. Präpositionen werden am Wortende als Silben angehängt.

Ausspracheregeln

A, a	wie in ***alles***.
Ă, ă	wie das ***e*** in ***mischen***.
Â, â	im Deutschen unbekannt, etwa wie ein ***u*** mit gespreizten Lippen. Kommt sehr selten vor.
B, b	wie in ***Bar***.
C, c	vor a, a, â, o, u, î und allen Konsonanten außer h wie ein deutsches ***k***; vor i, e wie ***tsch***.
ce, ci	vor a, o, u wie ***tsch***, e und i wird nicht mitgesprochen.
ch	vor e, i wie ***kj***.
D, d	wie in ***Faden***.
E, e	wie das erste ***e*** in ***Leber***.
F, f	wie in ***Fisch***.
G, g	vor a, a, â, o, u, î und allen Konsonanten außer h wie ein deutsches ***g***.
H, h	wie in ***Haus***.
I, i	wie in ***ihr***.
Î, î	ähnlich einem ***ü***, aber mehr i-betont.
J, j	wie das ***j*** in franz. "***journal***".
K, k	wie in ***kalt***.
L, l	wie in ***Licht***.
M, m	wie in ***Mund***.
N, n	wie in ***Nudel***.
O, o	wie in ***Post*** oder ***Ofen***.
P, p	wie in ***pink***.
R, r	gerolltes ***Zungen-R***.
S, s	wie in ***Haus***.
Ş, ş	wie ***sch*** in ***Schlauch***.
T, t	wie in ***Tunnel***.
Ţ, ţ	wie in ***Zeit***.
U, u	wie in ***Unterricht***.
V, v	wie ***w*** in ***Wurst***.
X, x	wie in ***Export***.
Z, z	wie s in ***Sonne***.

Kleines Wörterbuch

Anrede und Begrüßung

Frau	*doamnă*
Fräulein	*domnisoară*
Herr	*domnule*
Guten Morgen!	*Bună dimineața!*
Guten Tag!	*Bună ziua!*
Guten Abend!	*Bună seara!*
Gute Nacht!	*Noapte bună!*

Abschied

Auf Wiedersehen!	*La revedere!*
Tschüß!	*Salut!*
Gute Reise!	*Drum bun!*

Bitten und Danken

Bitte!	*Vă rog!*
Darf man ...?	*E permis ...?*
Bitte, wo ist ...?	*Vă rog, unde e ...?*
Bitte, wo sind ...?	*Vă rog, unde sînt ...?*
Geben Sie mir bitte ...!	*Vă rog să-mi dați ...!*
Danke!/Vielen Dank!	*Mulțumesc!/Multe mulțumiri!*

Fragen

Wo ist ...? / Wo sind ...?	*Unde e ...? / Unde sînt ...?*
Wo erhalte ich ...?	*Unde gasesc ...?*
Was ist das?	*Ce-i asta?*
Wie heißt ...?	*Cum se numeşte ...?*

Sprachverständigung

Ich verstehe nicht!	*Nu înțeleg!*
Ich verstehe alles!	*Ințeleg totul!*
Sprechen Sie Deutsch?	*Vorbiți germana?*
Wiederholen Sie das bitte!	*Vă rog să repetați asta!*

Restaurant, Unterkunft

Herr Ober, bringen Sie bitte ...!	*Ospătar, vă rog să ne aduceți ...!*
Die Speisekarte, bitte!	*Lista de bucate, vă rog!*

Bringen Sie mir bitte ...!	*Vă rog să-mi aduceți ...!*
Die Rechnung, bitte!	*Nota, vă rog!*
Wo ist das ... Hotel?	*Unde-i hotelul ...?*
Haben Sie ein Zimmer frei?	*Aveți o cameră liberă?*
Was kostet das Zimmer pro Tag?	*Cît costă camera pe zi?*
Wo ist ein Campingplatz?	*Unde-i campingul?*

Einkaufen

Wo kann ich ... kaufen?	*Unde pot cumpăra ...?*
Ich hätte gern ...!	*As vrea ...!*
Wieviel kostet ...?	*Cît costă ...?*
Diese Ware ist fehlerhaft!	*Marfa asta are un defect!*
Andenken	*suvenire*
Kunstgewerbe	*artizanat*
Buchhandlung	*librărie*
Lebensmittelladen	*alimentară*
Tabakwarenladen	*tutungerie*
Einkaufszentrum	*magazin universal*
ein Kilo	*un kilogram*
ein Paar	*o pereche*
ein Meter	*un metru*
geöffnet	*deschis*
geschlossen	*închis*

Arzt, Apotheke

Wo ist die nächste Apotheke?	*Unde-i cea mai apropiată farmacie?*
Ich möchte ...	*Aş vrea ...*
... ein Schmerzmittel!	*... un analgezic!*
... ein Schlafmittel!	*... un somnifer!*
... ein Abführmittel!	*... un purgativ!*
Aspirin	*aspirină*
Mullbinde	*faşă de tifon*
Hustenmittel	*medicament contra tusei*
Insektenmittel	*insecticid*
Kohletabletten	*tablete de cărbune*
Brandsalbe	*unguent pentru arsuri*

Watte	*vată*
Verbandsmaterial	*pansament*
Pflaster	*plasture*
Ich brauche einen Arzt!	*Am nevoie de un medic!*
Zahnarzt	*dentist*
Kinderarzt	*pediatru*
Hier tut es weh!	*Mă doare aici!*

Polizei, Post, Telefon, Geld

Wo ist das Polizeirevier?	*Unde-i secția de militie?*
Ich möchte ... anzeigen!	*Vreau să anunț ...!*
ein Unfall	*un accident*
ein Diebstahl	*un furt*
Wo ist die nächste Post?	*Unde-i cel mai apropiat oficiu poştal?*
eine Postkarte	*o carte poştală*
eine Ansichtskarte	*o ilustrată*
ein Eilbrief	*o scrisoare expres*
Briefmarke	*marcă poştală*
Wo kann ich telefonieren?	*Unde pot da un telefon?*
Ich möchte ein Auslandsgespräch nach ... anmelden!	*Vreau să comand o convorbire internațională cu ...!*
Wieviel kostet das Gespräch?	*Cît costă convorbirea?*
Wo kann man hier Geld wechseln?	*Unde se pot schimpa bani aici?*
Ich möchte Mark (Dollar) in Lei umtauschen!	*As vrea să schimb mărci (dolari) în lei!*
Wie hoch ist der offizielle Wechselkurs für ...?	*Care e cursul oficial pentru ...?*
Ich brauche Kleingeld!	*Am nevoie de nişte mărunțis!*

Auto

Auto	*maşină*
Motorrad	*motocicletă*
Wo ist die nächste Tankstelle?	*Unde-i cea mai apropiată stație de benzină?*
Ich möchte Motoröl!	*Aş vrea ulei de motor!*

Wo ist die nächste Werkstatt?	*Unde-i cel mai apropiat atelier de raparații auto?*
Wieviel kostet die Reparatur?	*Cît va costa reparația?*
Anlasser	*demaror*
Batterie	*baterie*
Benzinpumpe	*pompă de benzină*
Bremsflüssigkeit	*lichid de frînă*
Zündkerze	*bujie*
Kühler	*radiator*
Kupplung	*ampreiaj*
Lenkung	*comanda direcției*
Lichtmaschine	*dinam*
Luftfilter	*filtru de aer*
Scheinwerfer	*far*
Sicherung	*siguranță*
Zylinderkopfdichtung	*garnitură de chiulasă*

Verkehrsmittel

Bahnhof	*gară*
Können Sie mir den Weg zum Bahnhof zeigen?	*Imi puteți arăta drumul la gară?*
Wann fährt ein Zug nach ...?	*Cînd am un tren spre ...?*
Wo muß ich umsteigen?	*Unde trebuie să schimb?*
Ist das der Zug nach ...?	*Asta e trenul spre ...?*
Auskunft	*Informații*
Gepäckannahme	*Primirea Bagajelor*
Zu den Bahnsteigen	*Spre Peroane*
Warteraum	*Sală de Așteptare*
Abfahrt	*Plecare*
Ankunft	*Sosire*
Notbremse	*Semnal de Alarmă*
Gibt es einen Flug nach ...?	*Există o legătura cu avionul la ...?*
Wo ist der Flughafen?	*Unde-i aeroportul?*
Wann fährt das nächste Schiff nach ...?	*Cind pleacă vasul următor la ...?*
Fährt hier der Bus nach ...?	*Autobuzul ... circulă aici?*
Straßenbahn	*tramvai*

Wichtige Wörter

ja	*da*
nein	*nu*
Sehr gut!	*Foarte bine!*
Verzeihung!	*Iertați-mă!*
hier	*aici*
dort	*acolo*
Wann?	*Cînd?*
Wo?	*Unde?*
Wer?	*Cine?*
rechts	*la dreapta*
links	*la stînga*
geradeaus	*drept înainte*
gestern	*ieri*
heute	*azi*
morgen	*mîine oder dimineață*
Damen (Toilette)	*Femei*
Herren (Toilette)	*Bărbați*
Lebensgefahr!	*Pericol de Moarte!*
Vorsicht!	*Atenție!*
Wie spät ist es?	*Cît e ceasul?*

Wochentage

Montag	*luni*
Dienstag	*marți*
Mittwoch	*miercuri*
Donnerstag	*joi*
Freitag	*vineri*
Samstag	*sîmbătă*
Sonntag	*duminică*

Monate

Januar	*ianuarie*
Februar	*februarie*
März	*martie*
April	*aprilie*

Mai	*mai*
Juni	*iunie*
Juli	*iulie*
August	*august*
September	*septembrie*
Oktober	*octombrie*
November	*noiembrie*
Dezember	*decembrie*

Zahlen

0	*zero*
1	*unu,* oder *un, una*
2	*două, doi*
3	*trei*
4	*patru*
5	*cinci*
6	*şase*
7	*şapte*
8	*opt*
9	*nouă*
10	*zece*
11	*unsprezece*
12	*doisprezece*
13	*treisprezece*
14	*paisprezece*
15	*cincisprezece*
16	*şaisprezece*
17	*şaptesprezece*
18	*optsprezece*
19	*nouăsprezece*
20	*douăzeci*
21	*douăzeci şi unu*
30	*treizeci*
40	*patruzeci*
50	*cinczeci*
60	*şaizeci*
70	*şaptezeci*
80	*optzeci*
90	*nouăzeci*
100	*o sută*
101	*o sută unu*
110	*o sută zece*
200	*două sute*
1.000	*o mie*
2.000	*două mii*
1.000.000	*un milion*

FĂRĂ CARNE = OHNE FLEISCH
≈ föra ≈

ZAHĂR = ZUCKER
LAPTE = MILCH.

Ă – CAFEA –
Î – DOUĂ = ZWEI (2)
Ș – O CAFEA = ~~EIN~~ CAFÉ
Ț – BRÎNZĂ = KÄSE
„bărnsă"

– POFTĂ BUNĂ = GUTEN APETIT
– FOARTE BUN = SEHR GUT
· PE MÎINE = BIS MORGEN
– LA REVEDERE = AUF WIEDERSEHEN

~~[illegible]~~

· PIAȚĂ = MARKT
piază

NOROC = GLÜCK

- MULȚUMESC – DANKE
  ' MERÇI
- BUNĂ SEARA – GUTEN ABEN[D]
- BUNĂ ZIUA – GUTEN TAG
  „sina"
- PLEACĂ DE AICI = VERSCHWINDE
  „Placa deitsch"
- NOAPTE BUNĂ = GUTEN NACHT
- SOMN UȘOR = SCHLAF GUT

DA = JA
NU = NEIN

- NOTA } VĂ ROG!
- PLATA

DIE = RECHNUNG BITTE

Literatur

Es bereitet große Probleme, die für eine Wandertour benötigten Führer und Karten zu bekommen. Spezielle Wander- oder Kletterführer habe ich in deutschen Geschäften bisher nirgendwo entdeckt. Die einzige Stelle, die Ihnen weiterhelfen kann, ist das Rumänische Touristenamt in Frankfurt. Von dort habe ich schon sehr nützliches Material erhalten (☞ Reise-Infos von A bis Z, Information).

Es bleibt Ihnen also fast nichts anderes übrig, als vor Ort auf die Suche nach Führern und Karten zu gehen. Rumänische Verlage haben eine große Menge entsprechender Literatur auf den Markt gebracht. Es kommt jedoch oft vor, daß vieles vergriffen ist. Ich kaufe fast alles, was ich über Wandern oder sonstige, mich interessierende Bereiche bekommen kann. Die Bücher sind extrem billig (max. DM 5), so daß es sich bereits lohnt, ein Buch nur wegen der darin enthaltenen Karte zu kaufen.

Sehr schlecht ist die Druckqualität. Bilder sind oft kaum zu erkennen. Man kann bei einem derart geringen Buchpreis kaum etwas anderes erwarten. Viele Bücher werden übrigens auch in deutscher Sprache verlegt.

Für die Fahrt nach Rumänien und für Touren innerhalb des Landes sind die entsprechenden Autokarten und Atlanten von den Automobilclubs sehr gut geeignet. Sie können sich zudem z.B. beim ADAC eine günstige Route ausarbeiten lassen.

Sprachführer

Langenscheidts Reise-Set Rumänisch, Sprachführer und Begleit-Kassette (DM 34,80).
Sprachführer Rumänisch, Langenscheidt (DM 15,80).
Sprachführer Rumänisch, Polyglott (DM 4,80).
Rumänisch Wort für Wort, Kauderwelsch Bd. 54, Peter Rump Verlag, (DM 14,80).

Karten

Euro-Länderkarte Rumänien, RV, 1:800.000 (DM 14,80).
Straßenkarte Rumänien/Bulgarien, Freytag & Berndt, 1:1.000.000 (DM 12,80).
Straßenkarte Rumänien/Bulgarien, Hallwag, 1:1.000.000 (DM 14,80).
ADAC-Karte Rumänien, 1:500.000 (DM 12,80).

Shell Eurokarte Rumänien, Mairs Geographischer Verlag, 1:750.000 (DM 14,80).
Ravenstein Straßenkarte Rumänien, 1:750.000, mit Ortsregister (DM 14,80).
Straßenatlas Rumänien, 1:300.000, mit 56 Stadtplänen und Ortsregister (DM 79).
Siebenbürgen (Erdily), 1:500.000 (DM 16,80).
Falk-Plan Bukarest, 1:18.000 (DM 9,80).

Für die Karpaten gibt es touristische Karten in den Maßstäben 1:28.000 bis 1:100.000.

Zeitschriften (Auswahl)

Transsilvanien v. Wolfgang Pritschet. Tours 2/1994, S. 24-28.
Durchs rumänische Banat v. Markus Schönherr. Tours 2/1995, S. 20-24.
Trekking in Transsilvanien: Jenseits der Wälder v. Falk Kienas. Outdoor 4/1994, S. 16-23.
Leben im Donaudelta v. Falk Kienas. Outdoor 6/1995, S. 82-87.

Index

Lieber Leser, liebe Leserin,

wir vom Conrad Stein Verlag möchten Sie näher kennenlernen, damit wir unsere Bücher noch weiter verbessern und uns auf Ihre Bedürfnisse und Wünsche einstellen können. Bitte helfen Sie uns dabei und beantworten Sie die folgenden Fragen.

❶ *Wie alt sind Sie?* ☐ unter 20 ☐ zwischen 21 und 29 ☐ zwischen 30 und 39 ☐ über 40

❷ *Reisen Sie meist* ☐ allein ☐ zu zweit ☐ mit der Familie ☐ als Gruppe?

❸ *Mit welchen unserer Reise- und/oder OutdoorHandbücher sind Sie gereist? (Titel, Aufl., Jahr auf S. 2)*

1 .... 2 .... 3 ....

❹ *Waren Sie zufrieden mit dem Buch/den Büchern?* ☐ ja ☐ so lala ☐ nein

❺ *Wie fanden Sie (falls vorhanden)*	sehr gut	gut	ausreichend	nicht gut
Aufbau und Übersichtlichkeit	☐	☐	☐	☐
Aktualität Adressen, Preise, ☏ FAX	☐	☐	☐	☐
Routenbeschreibungen	☐	☐	☐	☐
Lexikon/Glossar	☐	☐	☐	☐
Inhaltsverzeichnis und Index	☐	☐	☐	☐
Abbildungen	☐	☐	☐	☐
Karten/Pläne	☐	☐	☐	☐
Schriftgröße	☐	☐	☐	☐
Piktogramme/Symbole	☐	☐	☐	☐
Kalender/Maßstabsleiste	☐	☐	☐	☐
Anzeigen	☐	☐	☐	☐
Buchformat und -gewicht	☐	☐	☐	☐
Verarbeitung, Bindung	☐	☐	☐	☐
Preis-Leistungs-Verhältnis	☐	☐	☐	☐

b.w.

✂ ....

❻ *Wie reisen Sie im Land selbst?* (Mehrfachnennung möglich)
☐ Eigenes Auto ☐ Leihwagen ☐ Wohnmobil ☐ Bahn ☐ Bus ☐ Fahrrad
☐ Flugzeug ☐ Trampen ☐ Motorrad ☐ Kanu ☐ Wandern

❼ *Wie übernachten Sie hauptsächlich?* (Mehrfachnennung möglich)
☐ Hotel/Motel ☐ Campingplatz ☐ Jugendherberge/Backpacker
☐ Bed & Breakfast / Pension ☐ Wildcampen ☐ Apartment

❽ *Würden Sie wieder eines unserer Bücher kaufen?* ☐ ja ☐ nein

❾ *Kennen Sie unsere ReiseHandbücher?* ☐ ja ☐ nein
Wie gefallen Sie Ihnen? ☐ sehr gut ☐ gut ☐ nicht so gut

❿ *Welches Thema vermissen Sie bei den OutdoorHandbüchern?* ....
Welches Land/Gebiet/Insel vermissen Sie bei den ReiseHandbüchern? ....
Wenn Sie zusätzlich Kritik oder Lob loswerden wollen, legen Sie bitte ein extra Blatt bei. Danke.

☺ Als Dankeschön für's Mitmachen verlosen wir zum Ende jeden Jahres (unter Ausschluß des Rechtsweges) unter allen Einsendern 20 wertvolle Preise.

1. Preis: ein Tagesrucksack **2. Preis**: ein Fernglas 8x40 **3. bis 5. Preis**: je ein Kompaß
6. bis 20. Preis: je eines unserer ReiseHandbücher nach Ihrer Wahl.
(Wenn Sie eines unserer Bücher gewinnen, welches wünschen Sie sich? ....)

Wichtig! Nur ausreichend frankierte Einsendungen nehmen an der Verlosung teil. Bitte vergessen Sie Ihren Absender nicht.

Name: ....

Straße: .... PLZ/Ort: ....

☞ Kreuzen Sie bitte an, ob wir Ihnen unsere Verlagsprospekte zusenden sollen ☐ ja ☐ nein

TRAVEL
OVERLAND
Billigflüge weltweit!
Wer vergleicht, fliegt sicher mit uns!
Preisvergleich lohnt sich!
TRAVEL OVERLAND
Barerstr.73 · 80799 München
Tel. 0 89 / 27 27 60
TRAVELFAX 089 / 272 55 09